One cannot manage change. One can only be ahead of it.
我们无法左右变革，我们只能走在变革的前面。
—— 彼得·德鲁克

献给中国汽车产业转型升级的
创变者和引领者们

四轮驱动

中国汽车产业的数智化创新之路

[美] 方跃 / 周频 / 崔洪波 著

THE PATH OF DIGITAL INNOVATION
IN CHINA'S AUTOMOTIVE INDUSTRY

机械工业出版社
CHINA MACHINE PRESS

客户、产品、运营、生态四轮驱动，助力汽车产业驶向换道赛车的数智化创新之路。本书分为上、中、下三篇。上篇，产学融合：汽车产业价值创造演变的探索；中篇，四轮驱动：从传统价值链到数智生态链；下篇，中国汽车：面向世界，开往未来。三篇内容以聚焦汽车企业面临的真问题为出发点，通过五步法定义真问题，与企业共创解题新模式，构建引领汽车产业数智化转型的全新框架"四轮驱动价值模型"，从客户、产品、运营、生态四个价值维度，为汽车产业的数智化转型提供高效的决策支持。全书立足全球视野下中国汽车产业的本土实践，凝聚行业资深实践者与顶尖学者的跨界智慧，将管理理论与企业实践充分融合，在深度剖析行业实践案例的基础上，围绕汽车企业应该如何适应数智化时代的新变化，探索 AI 赋能下中国汽车产业的高质量发展之路。

北京市版权局著作权合同登记　图字：01-2024-4451 号。

图书在版编目（CIP）数据

四轮驱动：中国汽车产业的数智化创新之路 /（美）方跃，周频，崔洪波著． -- 北京：机械工业出版社，2024. 10. -- ISBN 978-7-111-76852-4

I. F426.471-39

中国国家版本馆 CIP 数据核字第 2024CG3416 号

机械工业出版社（北京市百万庄大街 22 号　邮政编码 100037）
策划编辑：章集香　　　　　　　　　责任编辑：章集香　刘新艳
责任校对：张勤思　马荣华　景　飞　责任印制：任维东
北京瑞禾彩色印刷有限公司印刷
2024 年 12 月第 1 版第 1 次印刷
170mm×230mm・22.5 印张・1 插页・340 千字
标准书号：ISBN 978-7-111-76852-4
定价：89.00 元

电话服务　　　　　　　　　网络服务
客服电话：010-88361066　　机　工　官　网：www.cmpbook.com
　　　　　010-88379833　　机　工　官　博：weibo.com/cmp1952
　　　　　010-68326294　　金　书　网：www.golden-book.com
封底无防伪标均为盗版　机工教育服务网：www.cmpedu.com

― 推荐序一 ―

陈清泰，中国电动汽车百人会理事长

当前，全球汽车产业正处于百年未有的大变革时代，数智化、绿色化、电动化的浪潮正在改变汽车的属性和定义，正在迅速重塑行业的边界与规则。中国作为全球最大的新兴市场和创新高地，既是这一变革时代的推动者，也是最大的受益者。在这场历史性的产业转型中，机遇与挑战并存，唯有那些敏锐地把握住方向的企业才能在全球竞争中占有一席之地。

我始终认为，数智化的浪潮不仅仅是技术的革命，它更深刻地改变了我们的思维方式和商业模式。汽车不再只是传统的交通工具，它还是智能化、网联化的移动终端，承载着无限的可能性。在这场数智化的浪潮中，中国汽车产业必须摆脱对旧有路径的依赖，探索出一条融合技术创新、商业变革与全球竞争的新路径。

中国汽车产业的数智化转型是一个漫长的过程，但在全球化和技术变革的洪流中，我们不能止步于已有的成就。《四轮驱动：中国汽车产业的数智化创新之路》一书通过对真实案例的深入剖析，为行业领导者提供了宝贵的思考工具和行动指南。我相信，任何身处汽车行业的决策者都能从书中受到启发，助力企业在全球舞台上迈向新的高度。

— 推荐序二 —

汽车产业数智化的"中国深度,全球广度"

汪泓,中欧国际工商学院院长

当前,中国汽车产业正处于至关重要的转折点。"新四化"(电动化、智能化、网联化、共享化)与"经典四化"(标准化、规模化、精益化、全球化)的叠加效应,使得中国汽车产业不仅在国内市场蓬勃发展,也在国际舞台上崭露头角。面对全球汽车产业的竞争与挑战,中国的汽车制造商积极探寻新的价值创造模式,力图在全球化浪潮中占据有利地位。

汽车产业的数智化转型,不仅是中国经济全球化进入新阶段的重要驱动力,更是全球新一轮技术革命的典范。斯坦福大学发布的《2024年人工智能指数报告》指出,2023年,工业界出现了51个具有重大影响的机器学习模型,其中相当一部分应用于智能制造和自动驾驶领域。这些技术进步为全球汽车产业的创新注入了强劲动力,而中国汽车企业在这一次产业变革中的表现尤为突出,多家企业已经在智能汽车技术的研发和应用上走在了全球前列。这些成就不仅彰显了中国汽车产业的创新能力,也为中国汽车产业在全球化竞争中赢得了新的优势。

在新的全球化背景下,中国政府通过一系列政策措施,全面推动人工智能、数字化等新兴技术在汽车领域的广泛应用,为中国汽车产业在全球化进程中赢得了更多的创新空间和市场机会。2024年的《政府工作报告》明确提出,"深化大数据、人工智能等研发应用,开展'人工智能+'行动,打造具有国际竞争力的数字产业集群。实施制造业数字化转型行动"

以及"促进战略性新兴产业融合集群发展。巩固扩大智能网联新能源汽车等产业领先优势"。这些政策表明了汽车产业的数智化转型在中国全球市场竞争战略中的重要地位。

中欧国际工商学院（以下简称"中欧商学院"），是一所由中国政府与欧盟于1994年联合创立的国际化商学院，是中国唯一一所由中外政府共同创建的商学院，更是中国教育对外开放和国际合作的典范。2024年中欧商学院迎来建校30周年。在这30年的历程中，中欧商学院见证了中国经济全球化的飞速发展，特别是在加入世界贸易组织（WTO）之后，中国产业在技术创新、管理实践以及全球市场竞争中取得的显著进步。

30年中，中欧商学院不仅是中国管理教育的先行者，更是中国经济全球化的积极参与者和推动者。著名经济学家、中欧商学院终身荣誉教授吴敬琏曾指出，中国经济的发展不仅需要国际先进经验的引入，更需要在本土化的过程中不断创新，形成具有中国特色的发展模式。在这种理念的指导下，中欧商学院始终站在中国经济全球化的前沿，通过产学研融合的方式，为中国企业界培育了30 000多名遍布全球91个国家和地区的管理精英。这些人才不仅深刻理解中国市场的独特性，在各自领域中发挥着重要的作用，他们还在全球商业舞台上展现出卓越的领导力和创新能力，尤其是在推动中国企业全球化的进程中做出了卓越的贡献。中欧商学院的校友们通过自身的实践经验和对全球市场的深刻理解，不断推动着中国企业在全球范围内的发展。他们的成功案例，不仅对中国经济的发展有着深远的影响，更是中国经济全球化进程中不可或缺的一部分。

作为中欧商学院的院长，我深感荣幸能够为《四轮驱动：中国汽车产业的数智化创新之路》作序。中欧商学院的使命不仅是培养管理精英，更是在中国经济转型的过程中，通过教育与研究为产业界提供智力支持和创新动能。目前，中欧商学院拥有一支由120位国际顶尖学者组成的教授队伍，学院领衔创建"中国工商管理国际案例库"，已收录中国主题案例2 000多篇，为全球管理知识宝库持续贡献中国智慧。另外，中欧商学院还开辟了"2+4+2+X"跨学科研究体系，并拥有多个研究中心和智库，中欧商学院是解读全球环境下中国商业问题的权威组织。

《四轮驱动：中国汽车产业的数智化创新之路》是中欧商学院在产学

研融合上的一次创新实践，为全球汽车产业的未来发展提供了宝贵的智慧。本书创作团队由中欧商学院方跃教授携中欧 AI 与管理创新研究中心、中欧校友产业协会成员及多位汽车行业资深从业者组成。在撰写过程中，创作团队广泛调研，深入探访了多家领先企业，并通过系统的案例研究以及对产业关键问题的深入探讨，提炼出了一套适用于中国汽车产业数智化转型的驱动价值模型。

创作团队在书中各自发挥所长，深入拆解了汽车产业在数智化转型中面临的各种实际问题，并提出了切实可行的解决方案。这种理论与实践有机结合、群体智慧互相激发的创作方式，不仅丰富了中欧商学院的教学内容，也为中国汽车产业的数智化转型提供了新的思路与视角。教授与校友紧密合作，使得书中的内容既涵盖了最前沿的理论研究，又融入了丰富的实战经验，同时也使得本书具有很强的实践指导意义。

对于汽车企业的管理者而言，书中的策略建议和行动思考将可能会成为他们制定企业发展战略的重要参考。在激烈的市场竞争中，如何准确把握数智化趋势，合理配置资源，推动企业实现转型升级，是管理者面临的重大课题。本书将为管理者提供切实可行的解决方案，帮助他们在变革的浪潮中站稳脚跟，引领企业走向成功。对于汽车行业的从业者而言，本书是一本不可或缺的工具书，它涵盖了汽车产业数智化转型的客户价值、产品价值、运营价值和生态价值四个方面的内容，为从业者提供了在数智化技术革命下进化迭代的知识体系和实践经验。

在汽车产业经历深刻变革的当下，希望本书能对中国汽车企业转型、对全球汽车产业价值链生态发展、对国家智能制造战略的推进具有借鉴意义。我相信本书将为广大读者带来重要的启示，帮助大家更好地理解和应对汽车产业的数智化转型。

第二个 30 年，中欧商学院将继续培养更多兼具"中国深度，全球广度"的新一代管理人才，为推动中国汽车产业的全球化发展、推动中国经济在全球范围内实现更大的跨越做贡献。面对未来的挑战与机遇，愿中国汽车企业在全球化的浪潮中继续勇往直前，开创更加光明的未来。

— 赞誉 —

《四轮驱动：中国汽车产业的数智化创新之路》有两个特点。

一是时机独特。世界汽车产业正在经历百年未有之大变局；中国汽车产业风云际会，我们正在由汽车大国走向汽车强国，在新技术发展、新运营模式方面都拥有丰富的实践经验。此时我们再来分析中国汽车产业的发展规律，就会少一些追赶学习阶段的仰望，多一些客观理性的认知。

二是《四轮驱动：中国汽车产业的数智化创新之路》依托中欧国际工商学院教学调研的实践，在理论和实际案例方面都呈现出非常新颖、丰富的内容。

特推荐业界同人研读。

董扬
中国电动汽车百人会副理事长
中国汽车动力电池产业创新联盟理事长
中国汽车芯片产业创新战略联盟联席理事长
德载厚资本董事长 / 基金投委会主席

中国的新能源汽车产业正在改变全球汽车产业的发展轨迹和变革曲线，取得了令人瞩目的成就。这本由中欧国际工商学院的教授、校友和汽车相关行业的专家联合撰写的新书，充分展现了他们对汽车产业变化趋势的深度观察、总结与对未来的思考。

《四轮驱动：中国汽车产业的数智化创新之路》无论是对汽车产业的从业者，还是对其他产业的变革者来说，都具有很强的启发意义。

吴晓波

著名财经作家

在过去的几十年里，中国汽车行业从一个以引进技术和少量生产为主的行业，发展成为具有全球最大的汽车市场和重要的汽车制造基地的行业，这些都离不开技术进步、品牌建设和新能源汽车的崛起。而AI时代的来临，给汽车行业带来了巨大的挑战，如何在自动驾驶、智能网联、生产智能和新能源智能领域更进一步，是汽车行业密切关注的话题。

中欧国际工商学院方跃教授领衔撰写的《四轮驱动：中国汽车产业的数智化创新之路》一书，从不同视角，深度剖析汽车产业的数智化转型；同时它又面向全球，高度聚焦AI这个巨大变量，值得产学研各界同人关注。

叶军博士

钉钉总裁

当今世界风云变幻，国内产业加速转型。汽车产业在转型变革提速的同时，运营压力也在不断加剧。面对复杂的局面，《四轮驱动：中国汽车产业的数智化创新之路》以实际挑战为核，剖析真问题；以理论框架为纲，形成新体系。《四轮驱动：中国汽车产业的数智化创新之路》为汽车行业管理者应对企业运营中的挑战提供了很有价值的参考思路与实践案例，值得一读。

郑赟

罗兰贝格全球高级合伙人，罗兰贝格亚太区汽车业务负责人

当前，瞬息万变的汽车产业正不断涌现出新的机遇，《四轮驱动：中国汽车产业的数智化创新之路》围绕多家企业实践案例展开剖析，既输出了清晰严谨的行业洞察结论，也抛出了诸多具有实际借鉴意义的真知

灼见。

  读罢《四轮驱动：中国汽车产业的数智化创新之路》，我作为汽车行业的从业者感触良多。汽车售后服务市场正面临着行业的洗牌重组和产业链的革新，在数智化与全球化两大浪潮下，用户价值驱动汽车产业变革的趋势与特点日益鲜明，这就要求京东汽车及京东养车在为车主群体提供产品与服务的过程中，既要敏锐洞悉且满足用户的需求偏好，也要将数智化的创新技术融入产品和服务中，充分发挥京东数智化社会供应链优势，持续打磨线上零售与线下服务融合的商业模式，始终致力于服务好中国车主群体，与行业伙伴共同促进汽车后市场健康持续的发展。

陈海峰
京东汽车副总裁，京东养车总经理

- 前言 -

  历时10天的2024年北京国际汽车展览会已于5月初在北京顺义落下帷幕，这场间隔4年之久的行业盛会向世界展示了中国汽车产业近年来所取得的最新成就。展会以"新时代-新汽车"为主题，凸显了新兴力量和自主品牌的崛起，也从多维视角反映了汽车产业正在经历一场前所未有的深刻变革和格局重塑。

  1931年，辽宁迫击炮厂制造出中国首辆载货汽车，标志着中国汽车工业开始起步；1956年，长春生产出首辆解放牌卡车，标志着中国汽车工业开始实现初步发展。此后，以1984年首个汽车合资企业的成立为契机，中国汽车工业经历了从无到有、从模仿到创新、从代工到自主品牌的全面崛起。在这个过程中，中国汽车产业在全球汽车产业中的地位不断提升，正成为全球汽车产业创新的重要力量，并对全球汽车市场格局产生深远的影响。

两浪叠加：汽车产业的进化之路

  在研究汽车产业历史发展的过程中，我们的创作团队发现在"新四化"（电动化、智能化、网联化、共享化）出现之前，传统汽车产业在从手工制造到高度自动化的过程中经历了一系列明显的转变和发展阶段。我们将汽车产业的这些发展阶段总结为"经典四化"（标准化、规模化、精益化、全球化）阶段。这四个发展阶段不仅定义了汽车产业的发展脉络，还深刻影响了全球经济结构和市场策略的演变。

（1）标准化阶段。弗雷德里克·泰勒（F.Taylor）的早期科学管理理论将效率置于最重要的位置，福特工厂的制造流水线是其理论的典型成功案例。生产过程的标准化显著提高了生产效率并降低了生产成本，使汽车从奢侈品变为大众可负担的商品。

（2）规模化阶段。规模经济带来边际成本的持续下降，按照阿罗－德布鲁模型（Arrow-Debreu model），在完全竞争市场中，企业可通过扩大生产规模实现资源的最优配置和成本效率的最大化。汽车产业通过进一步扩大生产规模，实现了更低的单位成本和更高的产量。例如，大众汽车的量产模式不仅满足了市场需求，也推动了制造技术和设施的现代化，同时也确保了企业在全球竞争中的优势地位。

（3）精益化阶段。詹姆斯·沃麦克在《改变世界的机器：精益生产之道》一书中指出，与规模化不同，精益生产是指在投入更少资源的情况下，在确保高质量的同时，多产出经济效益，实现企业升级。在20世纪末期，全球市场竞争加剧和消费者需求多样化使得欧美汽车厂商主导的规模化生产方式面临挑战，例如过剩生产和高库存成本等问题。为解决这些问题，以日本丰田为代表的精益生产模式应运而生，其核心在于减少浪费和持续改善，这一模式不仅提升了生产效率和产品质量，还增强了企业对市场需求快速变化的适应能力。

（4）全球化阶段。这一阶段的出现是基于全球产业分工和比较优势。通用汽车和其他大型汽车制造商通过在不同国家和地区设立生产基地与销售网络，能够利用不同国家和地区在劳动力、材料成本和技术方面的优势，以优化生产效率和成本结构。这种全球化布局策略不仅满足了全球市场的需求，还提升了汽车企业在国际贸易中的竞争力，有效地规避了单一市场的经济和政治风险。

20世纪汽车产业全球化发展可大致分为两个阶段。前50年，由美国汽车产业发展主导，在20世纪20年代，美国汽车产量占全球汽车总产量的比例超过90%，到1930年前后，美国在五大洲已建有66个整车组装厂，其中仅在欧洲就有超过30个。之后的50年，德国逐渐成为欧洲最大的汽车生产和出口国，1967年日本汽车产业超过德国，仅次于美国，位列世界第二，并于1979年在美国市场销售超过240万辆。在这期间，欧洲和日本车企加强海外扩张和兼并与重组，在美国建厂并实施全球扩张战略，到21世纪初，日本丰田成为全球销量最高的车企。

"经典四化"推动了汽车产业工业化的极大发展，使生产力得到了大幅提高，效率提高和管理成本降低最直接的结果是将汽车从奢侈品变为大众可负担的商品。福特汽车的创始人亨利·福特（Henry Ford）曾这样生动描绘他对汽车产业的愿景："我将为大众制造一种汽车……它价格低廉，任何薪水不错的人都能拥有一辆，驾驶着它与家人在广阔天地中享受美好时光……当我实现这一目标时，每个人都会买得起一辆这样的汽车，每个人都会拥有一辆。马匹将从我们的公路上消失，汽车会成为理所当然的交通工具……（而且我们还会）为许许多多的人提供就业机会，让他们获得不错的报酬。"

然而，随着技术的快速发展、燃油车引发的环境问题，以及社交网络和车联网技术的兴起，汽车产业的核心价值观和底层竞争逻辑正在发生根本变化。"新四化"（电动化、智能化、网联化、共享化）就是在这些时代背景下应运而生的。电动化⊖减少了对化石燃料的依赖并降低了汽车尾气排放；智能化和网联化通过整合先进的信息技术，提升了汽车的安全性和用户体验；共享化反映了现代社会对效率和资源优化的需求，汽车正在从单一的交通工具转变为提供多样化服务和体验的综合移动平台。

"新四化"与"经典四化"的两浪叠加给全球汽车产业带来了巨大的变革和发展动力。这种叠加效应不仅延续了"经典四化"在生产效率和规模效应上的优势，同时，还融入了现代技术和新的商业模式，推动了整个行业向数智化方向转型升级。正如工信部原部长苗圩在2024年初出版的《换道赛车：新能源汽车的中国道路》一书中所写："全球汽车产业正经历着百年未有之大变局，我们也面临着百年一遇的'换道赛车'的历史机遇。"的确，中国汽车产业在新的历史机遇下快速发展，不断迭代进化，

⊖ 本书聚焦于目前中国汽车产业发展较快的电动汽车领域，讨论不包括上游相关产业和其他领域，如氢能源。新能源汽车是更广义的概念。

已成为今天全球汽车产业的重要参与者和推动者。

四轮驱动：价值之轮推动汽车产业的未来

在数智化转型升级的推动下，中国汽车产业正经历传统汽车制造商、造车新势力和科技巨头的三方博弈，它们之间的博弈主要集中在三个关键战场：软件研发、商业模式创新和品牌建设。

在软件研发方面，传统汽车制造商、造车新势力和科技巨头都在争夺技术领先地位，努力通过软件定义汽车来提升用户体验和车辆的智能化水平。

在商业模式创新方面，这些参与者积极探索新的盈利模式，例如订阅服务和直销模型，以更好地挖掘和实现用户的生命周期价值。

在品牌建设方面，无论是新兴品牌还是传统品牌，都在竞相塑造各自的市场定位和品牌价值，以吸引全球消费者的关注。同时，随着产业从单一制造向综合服务提供者的转变，汽车产业的生态系统日益复杂。这种复杂性不仅加剧了三方之间的竞争，还深刻影响了战略决策和竞争结果。

这种激烈博弈的现状反映出汽车产业底层竞争逻辑正在发生根本变化，也迫使管理者重新审视企业的价值创造方式。

汽车产业被誉为"工业中的工业"，对推动管理学和产业经济理论的发展起到了显著作用。许多管理学的重要理论和模型，如迈克尔·波特（Michael Porter）的竞争理论和詹姆斯·穆尔（James Moore）的商业生态系统理论，都受到了汽车产业巨头如福特和丰田的业务模式与创新实践的启发。这些汽车企业不仅推动了技术和管理方法的进步，也为管理学提供了实证研究的丰富材料。汽车产业核心价值的变化，促使学术界重新审视和丰富其价值创造的理论体系。

在当前汽车产业面临的复杂变革中，学术界和产业界都迫切需要迭代价值创造理论体系，以便更有效地指导产业实践。这一需求正是我们创作团队写作本书的初衷。本书创作团队汇聚了来自产业、学术和研究机构的顶尖专家，大家致力于以实战问题为导向，以新的价值理论框架为研究基础，深入探索并尝试解答产业界面临的各种难题。

我们的研究过程包括对中国汽车产业中数十家领先企业的现场走访、多个针对性案例的研讨和系统开发，以及利用工作坊多方共创模式激发群体智慧。这些方法不仅帮助我们提炼萃取出行业的"真问题"，而且推动了有效且可落地的解决方案的产生。此外，我们的学术团队也深入研究了汽车产业在不同发展阶段的价值创造活动，并探讨了其他行业价值创造的演变路径。这一理论研究与汽车产业的实战问题相结合，促成了一套适合中国产业创新发展的新理论框架的产生。

与此同时，整个汽车产业也在积极探索新的价值创造模式。然而，无论市场参与者如何变化，无论战场如何转移，我们必须深入探究竞争背后更根本的问题。这要求我们基于研究价值创造的框架，全面考虑客户、产品、运营及生态这四个关键维度。

在客户方面，普拉哈拉德（Prahalad）在《自由竞争的未来：从用户参与价值共创到企业核心竞争力的跃迁》一书中强调，市场正在从以生产和产品为中心转变为以客户体验和参与为中心，价值的创造不仅是企业内部活动的结果，还是消费者与企业共同在互动过程中创造的。

在产品方面，克莱顿·克里斯坦森（Clayton Christensen）在《颠覆性创新》一书中提出，单纯以生产为导向的思维模式限制了企业的视野，企业应以客户价值需求为起点，借助技术进步，不断迭代和创新产品与服务，以满足未被当前产品满足的新客户需求。

在运营方面，理论的演变也体现在对流程效率和灵活性的强调，最终推进全链路的数字化转型。杰弗里·戴尔（Jeffrey H.Dyer）在其著作 *Collaborative Advantage: Winning through Extended Enterprise Supplier Networks* 中提出，现代企业的价值创造依赖于内外部资源的整合与协调。企业应通过与供应商及商业伙伴的合作优化运营流程，并采用类似于"精益创业"的迭代试验方法，快速响应市场变化，以提升供应链的敏捷性和市场竞争力。

在生态方面，价值创造理论已从最初关注供应链管理和合作伙伴网络，演变为更广泛的生态系统创新。詹姆斯·穆尔在20世纪90年代引入的"商业生态系统"概念强调，企业成功依赖于其在互动网络中的角色。随后，亨利·切萨布鲁夫（Henry Chesbrough）进一步提出开放生态系统理论，主张通过跨界合作和知识共享加速创新。这标志着企业从封闭的供应链管理向开放的、协同的生态系统管理的转变，企业不仅需要优化资源配置，还需要与广泛商业网络中的不同参与者共享资源，共同创造价值。

四轮驱动价值模型

上述理论提供了宝贵的洞见和思维框架，让我们从一个全新的角度来研究产业价值创造的复杂性和动态变化，并帮助我们构建了"四轮驱动价值模型"（以下简称4WDV模型）——一个专为适应和引领汽车产业的未来而设计的思考和理论分析框架。

作为本书的思考和理论分析框架，4WDV模型提出了四个关键的价值驱动维度，即客户价值、产品价值、运营价值和生态价值。这四个维度对汽车产业的发展有各自不同的战略贡献，并在相互协同中放大这些贡献，如图P-1所示。

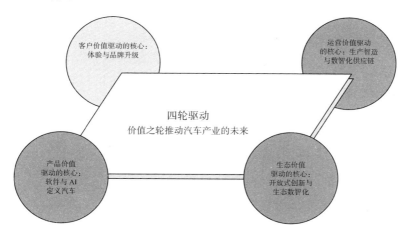

图P-1 四轮驱动价值模型

客户价值驱动：企业在客户维度着眼于提升客户体验和品牌影响力，它如同汽车的方向盘，直接决定企业的市场定位和消费者满意度，指引企业根据客户需求和偏好调整策略，确保企业能够精准定位并满足市场变化的需求。

产品价值驱动：企业在产品维度通过利用前沿的软件和 AI 技术，不断革新产品设计和功能，它如同汽车的发动机，提供动力和动能，推动企业产品的持续迭代，增强市场竞争力。

运营价值驱动：企业在运营维度专注于提升生产和供应链管理的效率，它如同汽车的传动系统，保证企业运营的流畅性和成本效率，支撑企业快速响应市场需求和环境变化。

生态价值驱动：企业在生态维度强调构建开放合作的商业生态系统，促进资源共享和创新合作，它如同汽车的智能网络系统，提供必要的支持，同时连接外部合作伙伴，提升产业链的竞争力和可持续性。

当这四个价值维度相互协同时，就如同汽车的四个轮子协同转动，使整车能够平稳、高效地前进。这种协同不仅加强了各单一价值维度的效果，还创造了一个动态的、互补的系统，使汽车产业能够灵活应对各种挑战，并持续推进创新边界的拓展。

当前，中国汽车产业正面临"内卷"现象，众多企业发现传统的扩张策略和低价竞争越来越难以为继，行业的日子并不好过。为了在这样的市场环境中突围而出，企业必须转向深化内部改革和提升核心能力，修炼内功。

本书的创作初衷是希望 4WDV 模型的思考和理论分析框架能够给管理者提供启发和行动指南，帮助管理者从纷乱的伪问题中辨明核心真问题，走出"内卷"陷阱，在中国乃至全球市场中赢得竞争优势；同时，也是抛砖引玉，期待能够激发更多产业界和学术界人士共同探讨中国汽车产业的可持续发展路径，推动汽车产业朝着数字化和智能化的未来滚滚向前。

本书框架

本书分为上、中、下篇，由 17 章内容以及后记等构成。

上篇"产学融合：汽车产业价值创造演变的探索"，共 2 章，是本书的开篇部分。

在第 1 章中，通过对问题的实践探索与结构化提炼，创作团队共创并总结出了 4WDV 模型以探讨中国汽车产业数智化创新之路。

第 2 章回顾全球汽车产业从工业化到数智化的历程，分析四轮价值驱动在不同历史阶段的体现和演变，以及它对汽车产业核心价值创造的影响。

中篇"四轮驱动：从传统价值链到数智生态链"，共 13 章，是本书的核心部分。

中篇共分为四部分，按 4WDV 模型中客户价值、产品价值、运营价值和生态价值这四个价值驱动的框架逐层展开。

第一部分由第 3～5 章组成，主要聚焦于体验与品牌升级，探讨客户价值驱动的核心。

其中，第 3 章聚焦于汽车品牌和营销的最新变革趋势及其带来的深远影响；第 4 章分析汽车企业 DTC 模式的核心驱动因素、决策挑战及其最佳实践；第 5 章讨论内容营销变革如何重塑汽车品牌传播策略，以及它在品牌运营中的作用。

第二部分由第 6～8 章组成，主要聚焦于软件与 AI 定义汽车，探讨产品价值驱动的核心。

其中，第 6 章探讨软件定义汽车（SDV）带来的产品数智化价值与挑战，并提出传统汽车企业迎接未来的策略；第 7 章分析数智化汽车中硬件部分面临的挑战，探讨以用户为中心的数据驱动的整车产品定义和设计方法论；第 8 章提出数智化汽车非硬件部分的五新模型，驱动软件与 AI 为汽车带来全新产品体验。

第三部分由第 9～12 章组成，主要聚焦于生产智造与数智化供应链，探讨运营价值驱动的核心。

其中，第 9 章探讨从消费者到生产者（C2M）模式的概念及其如何通过数智化重塑汽车产业价值链，并通过上汽大通、吉利汽车的案例对 C2M 模式进行了解析；第 10 章介绍智能制造在汽车产业中的必要性和实践，通过中国一汽和理想汽车的案例，展示智能制造"超级大脑"的重要性；第 11 章讨论传统汽车供应链的痛点及数智化供应链的重塑方向，通过上汽大通、一汽红旗和吉利汽车的案例展示新的探索；第 12 章分析数智化运营对汽车行业的影响，并介绍理想汽车、中国一汽和比亚迪的数智化运营实践。

第四部分由第 13～15 章组成，主要聚焦于开放式创新与生态数智化，探讨生态价值驱动的核心。

其中，第 13 章探讨 ESG 和汽车出海新问题带来的数字化挑战及开放式数智生态的应对策略；第 14 章讨论以人为本的生态构建在商用车后市场的应用和重要性；第 15 章关注数智化进一步跨界延伸到道路交通基础设施所带来的全新生态挑战。

下篇"中国汽车：面向世界，开往未来"，共 2 章，是对产业未来发展趋势的分析和展望。

第 16 章回顾了中国汽车产业在全球化背景下从早期面临各种挑战到实现国际化发展的历程，探讨其通过技术引进、自主创新和政策支持，实现产业快速成长和出口飞跃的关键阶段，以及它对国家竞争力的提升。

第 17 章探讨未来汽车行业在全域化、智能体化这两个核心趋势下的革命性变革，以及它对中国汽车企业全球竞争力的影响。

后记：在后记部分我们提供了成书历程回顾，以及创作团队的介绍和每位作者对产业未来发展的展望。

本书特点

本书的独特之处在于，它由一群经验丰富的汽车行业"老兵"和顶尖学者联手撰写，创作团队结合丰富的实战经验与深厚的学术背景，在理论与实践的紧密交织下，提炼出两浪叠加下汽车产业面临的"真问题"，为企业制定行之有效的策略提供指导性建议。

一方面，本书记录了自 2023 年起，由中欧国际工商学院汽车校友协会发起的一系列行业探访和工作坊活动中所积累的产业洞察与思考。通过这些活动，创作团队不仅回顾和反思了中国汽车产业的发展历程，还通过与产业链上下游各方参与者的深度交流与碰撞，汲取了一线最新的实战经验和教训。

另一方面，本书通过共创解题工作坊，展示了产学研紧密结合的新模式。教授、行业专家和一线从业人员的紧密合作，使理论与实践的界限逐渐模糊，他们共同寻找并解决中国车企面临的数智化转型核心问题。

希望这种跨界合作可以推动学术研究的深化，并为企业实践带来新的策略视角。

以下我们精练阐述本书的六大特点，以帮助读者快速把握本书的核心亮点及所能获得的价值。

管理理论与实战结合：本书以4WDV模型为理论框架，从高层管理者需求出发，不仅探讨产业趋势，更侧重于如何将这些趋势转化为可落地的管理行动，旨在为中国汽车企业管理者提供切实有效的思考和共创框架，帮助读者提升数智化领导力。

实战案例的深度剖析：不同于抽象理论的堆砌，本书每一章均围绕真实的汽车产业挑战，通过深入挖掘国内外典型企业的实战案例，提供具体问题的解决之道。无论是历史悠久的老牌车企还是新兴势力，无论是成功的经验还是失败的教训，希望都能够为读者所在企业的数智化转型提供可借鉴的操作策略与灵感触发。

迭代优化的共创解题：我们采取五步法定义"真问题"，与企业共创解题，通过对"真问题"的层层追问，不断深化提炼、动态迭代企业所面临的关键痛点，并快速反馈给企业，为企业制定行之有效的策略提供指导性建议。

跨界智慧的火花碰撞：本书凝聚了行业资深实践者与顶尖学者的集体智慧，形成了一种独特的学界与业界合作模式。这种跨界合作不仅深化了对产业问题的理解，更为读者提供了多维度的视角和创新的管理策略，助力读者在复杂多变的市场环境中找到破局之策。

共创知识的生态系统：我们倡导的是一种开放的共创文化，鼓励读者积极参与到知识的共创与进化中来。无论是通过书中的互动环节，还是加入我们的产学研社区，读者都有机会与其他行业精英共同探索，不断丰富和更新知识体系。

全球视野下的本土实践：本书立足于中国汽车产业，希望让全球市场更了解中国汽车产业的数智化发展之路，也希望能够激发全球范围内更多的同频者一起探索全球汽车产业未来的创新之路。

此外，我们在中篇的每一部分的结尾为读者精心设计了共创解题的环节。希望读者不只是阅读，还能在共创解题的指导下，有效梳理自己所在企业在数智化转型中的关键痛点，对实际工作有所帮助。

创作团队

（姓名按照姓氏拼音排序）

前言：方跃

上篇：方跃、钱文颖、吴钊、周频

中篇：

第一部分：崔洪波（本部分负责人）、蒋逸明、马玲、王天若

第二部分：樊小莉、蒋逸明、王天若、野边继男、周频（本部分负责人）、竺大炜

第三部分：方跃、高铎、蒋岳、吕星航、钱文颖（本部分负责人）

第四部分：范杰、那莉、彭俊松、杨雷、周频（本部分负责人）

下篇：方跃、钱文颖

后记：创作团队

特别指出，钱文颖女士除作为创作团队的成员之外，还承担了图书创作后期的统稿、优化与编辑等工作。

目录

推荐序一 ◎陈清泰，中国电动汽车百人会理事长
推荐序二 ◎汪泓，中欧国际工商学院院长
赞　誉
前　言

上篇　产学融合：汽车产业价值创造演变的探索

第1章　从产业实战到学术共创　　2

产学融合："1+1 > 2"的实践　　2
共创解题：五步法定义真问题　　4
共创解题工作坊的实践　　6
从 14 个真问题到四轮驱动价值模型　　7

第2章　从历史视角看汽车产业四轮价值的演变　　11

美国汽车工业的崛起　　12
日韩车企全球化发展　　13
德国汽车产业繁荣和全球化提速　　14
全球产业变革加剧与中国市场快速崛起　　15

中篇　四轮驱动：从传统价值链到数智生态链

第一部分　客户价值驱动的核心：体验与品牌升级

第3章　全球新消费周期、新品类创新与汽车品牌的范式变革　23

中国汽车新产业变革与全球新消费周期　23

新品类战略与汽车品牌的范式变革　34

第4章　汽车企业DTC模式的探索与实践　51

数智化时代的 DTC 模式　51

汽车企业 DTC 模式的独特性　52

探寻适合汽车企业的 DTC 模式　53

车企的 DTC 模式实践路径　54

车企做好 DTC 模式转型的六个能力维度　59

第5章　汽车企业内容营销的探索与实践　63

汽车营销新阵地：社交媒体内容营销　63

内容营销加速策略　65

汽车企业内容营销的发展趋势　70

共创解题：如何提升客户体验和品牌价值　72

第二部分　产品价值驱动的核心：软件与 AI 定义汽车

第6章　软件定义汽车的必然与挑战　78

软件定义汽车与 OTA　78

软件定义汽车与 BEV　81

软件定义汽车所需的半导体和硬件冗余　82

软件定义汽车成功的规模门槛：50 万辆　84

软件定义汽车带来的新价值和新变化　84

软件定义汽车推动商业模式的变革	87
2026 年是决定车企生死的关键之年	89

第7章 数据驱动产品转型与创新 91

数智化时代数据获取七步法	91
全新的海量数据支撑产品定义与设计	94
来自新势力车企的借鉴，有了业务驱动，才有数据驱动	98

第8章 软件与AI定义汽车的五新模型 106

新起点：从规模化到价值需求，重塑整车体验	108
新关系：从人机交互到全面的人车关系	112
新场景：从功能价值到全面价值创造	115
新交互：从物理交互到大模型下的自然交互	118
新架构：从封闭到开放的产品结构，从集中到扁平的组织架构	120

共创解题：软件和 AI 如何定义你的产品　　124

第三部分　运营价值驱动的核心：生产智造与数智化供应链

第9章 数智化转型中的C2M模式探索与实践 129

数智化时代的 C2M 模式	129
C2M 模式重塑汽车产业价值链	131
C2M 模式在汽车产业的实践路径	135
案例：中国汽车企业的 C2M 模式探索	137

第10章 数智化转型中的生产制造升级 153

汽车产业发展的必然趋势：智能制造	153
智能制造中的 IT 与 OT 融合	163
AI 的发展和可能应用的生产场景	172

	案例：中国汽车企业从制造到"智造"	173

第11章　数智化供应链重塑汽车价值链　180

　　　　　从传统汽车供应链到数智化供应链　180
　　　　　数智化供应链的关键环节　183
　　　　　案例：中国汽车企业智能供应链的探索与实践　185

第12章　数智化转型中的运营创新　191

　　　　　数智化运营是开启新质生产力的关键　191
　　　　　数智化对汽车行业运营的重塑　194
　　　　　案例：中国汽车企业的数智化运营实践　195

共创解题：生产制造与供应链如何数智化升级　204

第四部分　生态价值驱动的核心：开放式创新与生态数智化

第13章　汽车产业开放式数智生态与可持续发展　210

　　　　　汽车产业在可持续发展领域面临的独特挑战　210
　　　　　碳中和视角下的汽车产业：数字化成为实现可持续发展的关键　215
　　　　　开放式数字生态：打造汽车产业可持续发展的数字基础　218
　　　　　可持续发展与数字化相结合的发展阶段　228
　　　　　借鉴Catena-X，开启中国汽车产业开放式数字生态建设的新篇章　229

第14章　汽车后市场服务生态的开放式创新：以商用车为例　231

　　　　　重新理解商用车后市场生态　231
　　　　　商用车后市场不同运营主体的环境分析　244
　　　　　商用车后市场的四大矛盾　247
　　　　　商用车后市场生态的未来：数据驱动升级，以人为本共创共享　251

| 第15章 | 汽车生态数智化：车联网的发展与升级 | 263 |

- 车联网概念和国内外产业发展历程　263
- 从车路协同到车路云一体化　270
- 车路云一体化架构与"车能路云"融合发展　274
- 车路云一体化的机遇和挑战　276

共创解题：你们的产业生态如何在数智化过程中开放式创新　284

下篇　中国汽车：面向世界，开往未来

| 第16章 | 面向世界：再全球化 | 288 |

- 代工"走出去"：全球化起步阶段　290
- 资本"走出去"：全球化资本扩张阶段　290
- 产品"走出去"：全球化产品输出阶段　291
- 产能"走出去"：全球化产能输出阶段　292
- 从"走出去"到"走进去"　293
- 再全球化背景下的汽车产业"出海"再思考　294
- 案例：打造全球化的汽车品牌　295

| 第17章 | 开往未来：全域化与智能体化 | 300 |

- 全域化：重塑产业边界，构建无缝连接的未来　300
- 智能体化：开启自我进化，重新定义未来出行　302
- 新一轮四轮驱动与真问题探索　305

后记　307
创作团队介绍和未来展望　319
参考文献　331
致谢　332

上篇 产学融合

汽车产业价值创造演变的探索

第 1 章
从产业实战到学术共创

产学融合:"1+1 > 2"的实践

汽车产业正处于一场深刻的转型之中,这一转型覆盖了客户、产品、运营以及生态的方方面面。汽车企业在从工业化向数智化升级的过程中,每天都会涌现出海量的新问题,不断冲击着企业管理者的认知边界。然而,这些问题并非全都是能够推动产业发展的核心问题,许多问题只是表面现象,是容易令人迷失方向的"伪问题"。

面对这种情况,产业界和学术界都在积极探索,试图从汽车产业不断激增的问题背后找出核心"真问题"。产业界通过各种手段进行探索,从产品设计到市场运营,从供应链管理到用户体验,都在不断尝试新技术与新模式。但这些探索往往停留在实践层面,缺乏对问题本质的系统性思考。与此同时,学术界也在进行着自己的探索,然而学术界的研究往往与产业实际需求脱节,停留在象牙塔之中,且往往未能"与时俱进",难以触及当前产业的痛点。

大多数情况下,产业界和学术界的探索各自像独立的"1",彼此之间缺乏有效的融合。丹尼斯·A.乔亚(Dennis A. Gioia)在美国管理学会西雅图年会上就曾这样描述产业界和学术界之间的关系:学术界的研究问题和产业界的企业问题,虽鸡犬之声相闻,却是各说各的。

我们深刻认识到在汽车产业数智化转型创新的过程中产业界与学术界融合

的重要性，这种融合不仅是简单的相互借鉴，更是一种"1+1＞2"的实践。当前产学两界已经出现了一些"1+1＞2"的实践探索。

比如，起源于20世纪初哈佛商学院的案例教学法（Case Method Teaching）。课堂上，教师作为引导者，通过对真实商业案例进行分析，促使学生从多角度分析问题，理论与实践相结合，提高学生的分析和决策能力。然而，它更注重课堂教学效果，对帮助产业界和企业管理者解决当下问题的指导性较弱。

私董会（Private Directors Meeting）则是尝试的另一个例子。私董会是一种高端企业管理咨询形式，旨在帮助企业管理者解决当下问题。私董会通常将来自不同领域的企业高管、专家学者和咨询顾问聚集在一起，组成讨论小组，围绕企业发展的关键问题定期举行会议进行深入讨论，通过集思广益的方式为企业管理者提供多角度分析和解决方案。但是私董会注重的是针对某个企业个性化的实际问题的解决，缺乏对整个产业系统性、普适性的思考和研究。

2023年起，我们以解决中国汽车产业数智化创新之路上的真问题为目标，由中欧校友汽车产业协会发起，聚集了一批产业链上下游的企业高管、以中欧教授为核心的专家学者团队以及产业一线的咨询机构，共同探索产学两界"1+1＞2"的实践。

我们吸收了案例教学法和私董会两种方法的精华，同时将数智化创新中最为重要的快速迭代、敏捷开发的思维引入其中，在大家共同探寻真问题、解决真问题的过程中逐步形成了一种新的产学融合的方法——"真问题五步法"。这种方法的创新性在于其强调实践中问题的定义与解决过程。这种问题的定义与解决不是一次性的，而是迭代升级的；不是仅对个别企业的实践问题有指导价值，而是产业共创的，并且在解题升级的过程中，逐渐转化为案例研究和学术问题研究，推进商学院的课堂教学，并最终形成更有普适性指导意义的学术思考。

这种密切结合学术研究与产业实践的探索方式，不仅显著提高了问题解决的效率和质量，也为企业带来了创新的视角和实用的解决方案。随着这些方法论和解题技巧的持续完善，创作团队认识到将这些实践经验和成果系统化并广泛分享的重要性。因此，创作团队决定编写本书，旨在将这两年的深入探讨和创新研究方法总结出来，以帮助更多企业和行业决策者有效应对数智化转型的挑战。本书是行业一线人士和教授团队共创的结果，反映了最新的产业实践探索和理论升级，希望能够为全球汽车产业带来实质性的价值和启发。

共创解题：五步法定义真问题

我们在研究过程中发现，虽然企业管理者、产业专家和教授学者的出发点和目标都不一样，但是大家的底层逻辑都是要找到产业发展的真问题以及如何解决真问题。

什么是真问题？我们认为，真问题不仅涉及新出现的问题，也包括一些老问题，真问题是那些对企业核心竞争力有实质影响的核心难题。真问题的提炼不是仅对问题的再描述，而是对问题的深入挖掘，将表层问题转化为更具体的、直接指向企业痛点的深层次问题。

比如，我们提炼的第一个真问题就很有商学院校友的味道："人才发展和企业 EBIT（息税前利润）之间如何协调？"它描述了该企业正面临的烦恼。经过与案主的深入讨论，我们发现这不仅是该企业要平衡自身数字化人才培养的成本和收益的问题，它的背后还隐藏着如何帮助案主企业的车企客户解决相关问题，因为这是目前汽车产业普遍遇到的问题。所以我们将问题调整为"企业如何协调好数字化人才培养的投入与企业 EBIT 之间的平衡"后，就开始定向邀约并招募筛选对此感兴趣的相关校友专家共创解题。经过一个下午的引导共创，大家很快就对真问题达成了新共识："如何生态同频共创加速客户转化，提升交付盈利？"

乍一看，最初的问题表述不过是企业内部人才培养的问题，应该找人力资源和数字化人才培训专家一起共创。但实际上它是一个被隐藏在人才发展（Talent Development，TR）背后的业务发展（Business Development，BR）问题，应该以车企客户的需求为中心寻找相应的外部专家共创解题。如果没有让真问题浮出水面，那么私董会 TR 专家团队很难帮助案主高效解决 BR 问题。

就这样，案主在我们的帮助下在 11 天内经历了从 TR 问题到 BR 问题的迭代升级，完成了从组建外部专家团队评估诊断 BR 问题到提出行动解决方案的历程。这次初战告捷让大家相信我们有能力为校友企业共创解决实际业务问题。

同时，这个例子也充分体现了企业提炼真问题的重要性。

那么，如何靠近真问题呢？创作团队经过不断迭代完善，形成了"真问题五步法"（见图1-1）。在五步法框架的指导下，我们可以将问题从最初表象逐步提炼升至能够在学术理论框架下针对问题本质和底层逻辑进行的深入研究，从而弥合产业界与学术界的鸿沟，实现对汽车产业数智化创新更深的思考与总结。

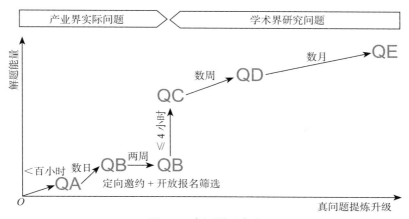

图1-1 真问题五步法

真问题五步法主要包括以下内容。

第一步，探讨表象问题（QA）：案主企业决策层对其当下最紧迫且重要的问题具有已形成初步共识的问题表述。

第二步，达成振前问题（QB）：经过外部引导师共同拆解提炼原问题后达成新共识的问题表述。

第三步，寻找振后问题（QC）：围绕振前问题，经过简易行动学习的同频共振后达成新共识的问题表述。

第四步，锁定共创解题（QD）：通过工作坊或行业论坛，围绕振后问题，破圈连接全球相关专家进一步共创解题。

第五步，解决研究问题（QE）：基于知识共创的成果开发企业案例和教学课程，发表论文或出版书籍实现知识沉淀。

其中，QA和QE分别代表了产业界问题和学术界问题的常态，而中间的QB、QC、QD则是连接产学两界的桥梁。QB是真问题提炼的起点，从QA到

QB 的提炼通常需要数日，确认问题的重要性和紧迫性是 QB 提炼的关键步骤。高质量的 QB 应简明精确，能清楚表达核心挑战，吸引专家参与。QC 是产学两界的会师点，QB 到 QC 通过共创工作坊进行提炼，仅需不到 4 小时的简易行动学习。QC 提炼对于解答问题的实际效果由案主企业评判，高质量的 QC 能够让案主感受到明显的价值增加，也为案主自动匹配后续产学共创落地的优质合作伙伴。

每步的处理都旨在逐步剥离问题的表象，直达核心。特别是经过精心筹备和设计的共创解题工作坊，参与者围绕 QB 进行深入讨论，引导师和专家帮助挖掘问题的深层含义，通过不到 4 小时的同频共振将问题提升至 QC 级，并可望最终形成具有学术研究价值的 QE。

我们在实践中发现，有将近一半的问题提炼到 QC 级时，提出问题的案主企业就已经在共创中找到了问题的解决方案，进入解决方案的落地实施阶段；另一半进入 QD 级的问题，则是产学两界都判定为重要且复杂的前沿问题。我们认为这一类问题在进入 QE 级前，有必要再进行一场共创解题工作坊，或者通过产业论坛等方式在更大的范围内吸引全球更多权威专家进行开放式共创。QD 是产学两界深入融合的起点，也是真问题共创范围进一步涟漪式扩散的起点。

共创解题工作坊的实践

共创解题工作坊是真问题提炼的主要形态，主要目的是将问题具体化并提出创新解决方案。共创解题工作坊在形式上借鉴了私董会，但与传统私董会不同的是，它融入了互联网创新的快速迭代、敏捷开发的思维。它不仅是一个讨论解题思路的闭门私董会，更是一个以解题为目标，不断深入问题、迭代解决方案的共创者的社群。

每一场共创解题工作坊的主题都是从一线实战的汽车企业中征集的问题中筛选出来的。在确定共创解题前，提出问题的案主企业会在我们"真问题五步法"的指导下进行第一轮的问题提炼，从而形成共创解题工作坊最终的主题。

每一场共创解题工作坊，我们都会针对问题的特点，通过定向邀约和开放报名等方式筛选出最适合讨论问题的企业管理者、教授学者和咨询机构。共创解题工作坊期间，我们会通过高效的简易行动学习法，和各界参与者的不断发问，帮助案主企业将问题层层深入，让深层次问题浮出水面；与此同时，也会产出针对深层次问题的解题思路和行动框架。

表 1-1 具体展示了一场共创解题工作坊的标准流程（4 个小时的 8 步标准流程）步骤。

表 1-1 共创解题工作坊的标准流程

序号	标准流程	具体内容
1	全体自我精准介绍	为快速消除陌生感，现场共创专家都按照引导师要求做自我介绍
2	引导师介绍真问题提炼规则	引导师概述工作坊目标，强调共创解题的行为规范，要求严格按照引导流程进行，确保同频共振的达成效果
3	案主介绍问题背景和期待	案主介绍问题的背景、当前状态和共创解题的预期目标
4	校友专家向案主提出高价值问题	基于上一环节已了解到的问题的背景信息，共创专家请案主进一步详述，澄清相关情况。这是最具挑战的环节，引导师必须随时关注现场解题能量的走势，严格把控共创专家只能提问，不给建议，不做评判，不做广告。如果偏题跑题，需要立即干预
5	案主选出最有价值的提问	案主从上一环节收到的问题中选出最具洞察力、最直击本质的问题
6	引导师引导共创解题	基于更全面的输入，共创专家提出解题建议
7	教授或引导师总结	导入最具参考价值的学术理论框架、研究成果和最佳实践，进一步启发案主和专家
8	案主结束环节	案主总结工作坊收获，确认解题方向，并提出下一步行动计划

通过上述流程和方法，共创解题工作坊能够有效地促进问题的深入探讨和创新解决方案的产生，最终帮助企业和学术界共同进步。我们在一年的时间里，通过 14 次共创解题工作坊不断迭代并验证了"真问题五步法"的可行性。同时，我们也在 14 次共创解题工作坊中可喜地发现，这一创新方法有效促进了产学两界的深度交流，产生了"1+1＞2"的效果。

从 14 个真问题到四轮驱动价值模型

在前言中，我们介绍了四轮驱动价值（4WDV）模型（简称四轮驱动）（见图 P-1），并将其作为本书的思考和理论分析框架，提出了四个关键的价值驱动维度：客户价值、产品价值、运营价值和生态价值。表 1-2 和图 1-2 展示了 14 个真问题在振前问题（QB）阶段的描述，这 14 个真问题涉及所有四个维度，有些问题会同时涉及多个维度。

表 1-2　14 个真问题 QB 阶段示例

问题序号	四轮价值驱动	振前问题（QB，按字数排序）
4	客户价值驱动	长周期产品的品牌如何穿越长周期，数字化触达并留存消费者，形成有效的客户黏性机制？可以产生哪些多元化的业务机会与价值？
2	客户价值驱动 生态价值驱动	作为车企数字化供应商，包括电信运营商在内的 ICT（信息与通信技术）企业，如何在车企 DTC（直接面向消费者）的转型中为车企带来价值，同时沉淀自身的数智化能力？
8	客户价值驱动 产品价值驱动 生态价值驱动	以目标客户的需求为中心，通过数据驱动新能源汽车产品设计开发的最大难点及其解决思路是什么？
3	客户价值驱动 运营价值驱动	DTC 的流程和组织变革如何落地？传统渠道和经销商怎么办？客户/用户运营如何涵盖不同渠道？
12	客户价值驱动 运营价值驱动	新能源车有纯直营、代理直销、代理经销三种营销模式，哪种更能顺应数字化时代新营销趋势？
9	产品价值驱动 生态价值驱动	如何驱动汽车产品技术架构升级（如软件定义汽车）和 DTC 直面用户带来的组织变革？
6	生态价值驱动	如何让车企更重视智能网联对交通的赋能和对智能网联汽车安全效率的提升？
13	客户价值驱动	国际客户接受度高但周期长，国内客户高度内卷且教育成本高，如何破局？
1	客户价值驱动 生态价值驱动	企业如何协调好数字化人才培养的投入与企业 EBIT 之间的平衡？
7	客户价值驱动 产品价值驱动	在汽车"新四化"的趋势下，零部件产品和业务模式应该如何创新？
14	客户价值驱动 生态价值驱动	如何将智能充电桩多快好省地接入既有的停车平台？
11	客户价值驱动	如何打造新能源汽车品牌 IP，升级价值观数字化？
10	生态价值驱动	如何高效构建商用车后市场生态？
5	客户价值驱动	车企用户运营如何考量 ROI（投资回报率）？

由于我们与抛出真问题的校友企业有保密约定，所以无法提供真问题的全部内容。为了给大家一个从 QA 到 QE 真问题演变的全貌，下面的云图（见图 1-3）展示了 14 个真问题 QE 环节中关键词的分析结果，在一定程度上展示了最终被提炼的真问题所涉及的核心内容。

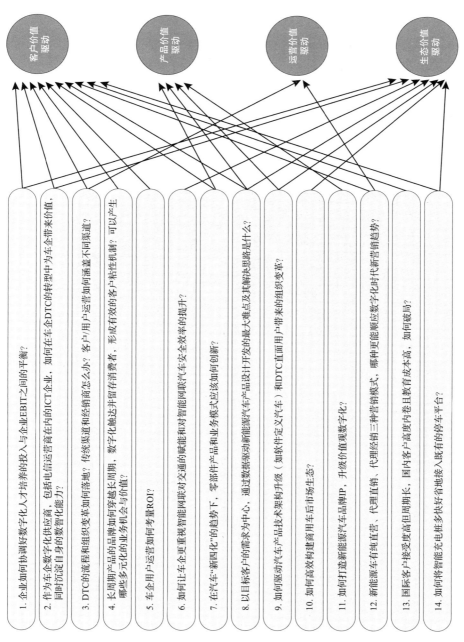

图 1-2 从 14 个真问题到四轮驱动价值模型

图 1-3　14 个真问题核心关键词云图

第 2 章
从历史视角看汽车产业四轮价值的演变

本章我们希望从历史视角来回顾汽车产业从工业化到数智化的百年发展过程。事实上，汽车产业的发展过程很好地呈现了其背后的驱动逻辑——四轮价值驱动的迭代和演变。

全球汽车产业在百年演进中，经历了几个不同阶段的产业突破和技术更迭。尽管每个阶段的汽车行业主题和引领车企各有不同，但是我们可以观察到，无论在哪个阶段，本书提出的四轮价值驱动框架几乎都能找到相应的价值体现和实践案例。

客户价值反映了不同时期消费者对汽车的态度以及用车行为特征。从早期消费者对基本出行功能实现的关注，到对性价比、油耗和安全的关注，再到对个性化驾驶体验的关注，客户价值的变迁与升级也是引导其他三个价值创造革新方向的关键牵引。

产品价值持续驱动着汽车产品的升级和迭代。回望汽车发展的进程，从硬件到软硬结合再到智能体，每个阶段的产品创新本质上都是为了更好地满足客户需求和时代价值主张的产品。

运营价值则持续驱动着产业链体系成熟和运营效率优化，这一点从历史发展脉络中可见一斑。以早期汽车厂商为例，它们对制造环节精益生产的专注，推动了生产流程的革新与效率的显著提升。时至今日，这一不断追求运营优化的传统仍在继续，只不过焦点已转向对全价值链的数智化驱动运营的探索。现今的企业不是仅局限于单一环节的优化，而是着眼于整个业务链条，利用数字化和智能化手段，实现从设计、采购、生产到销售、服务等各环节的全面协同与效能最大化，以此构建更为高效、灵活且响应迅速的价值创造体系。

生态价值则体现在汽车生态圈的不断扩展和产业玩家的丰富度上。具体来看，汽车产业链的玩家已经从最初的零部件供应商，扩展到了零售服务商、数据提供商以及用户运营伙伴在内的多个领域。这种多元化的参与者结构，不仅丰富了汽车产业的生态，也给整个产业链带来了更多的创新动力和发展潜力。

在不同阶段，对于用户出行和用车需求痛点的解决和相应创新技术的推出，在一定程度上决定了相应阶段的全球汽车产业发展的核心价值创造锚点和产业阶段主题，四个价值驱动的阶段重要性不尽相同。

美国汽车工业的崛起

20世纪初，大规模生产和基础技术的完善是这一阶段汽车产业的主线。随着第一次世界大战的爆发，欧洲的工业生产遭遇了严重挫折，而同一时期，美国正处于工业革命的高峰期，成功确立了其在世界工业领域的领先地位。

20世纪20年代，美国汽车产业也随之迎来了快速发展的黄金时期。福特公司引领的流水线生产方式显著降低了单车的制造成本，这也使其成为全球第一家产量超10万辆的汽车制造商。同一时期的美国，还见证了通用汽车和克莱斯勒的崛起，通过多样化的车型和创新的市场策略，它们进一步扩大了汽车市场的覆盖范围。

总体来看，美国汽车工业崛起的这一阶段，产品价值初步呈现，运营价值助力革新。随着汽车产品安全和经济这些痛点的解决，美国汽车产品逐步完成了由奢侈品向标准品的转变，实现了对大众消费者产品价值的普及；汽车产业的制造流程突破带来的运营价值和效率提升也推动了汽车商业化的实现（见图2-1）。

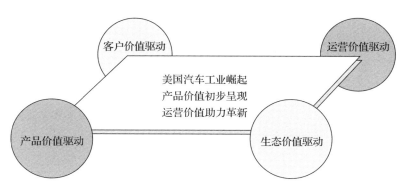

图 2-1　美国汽车工业崛起：产品价值初步呈现，运营价值助力革新

日韩车企全球化发展

20 世纪 70 年代石油危机期间，全球石油价格飙升，使得经济型和燃油效率高的汽车成为欧美消费者的新宠。在这个背景下，包括丰田、本田和现代在内的日韩车企，凭借其在燃油效率和可靠性方面的优势迅速崛起，这印证了产品价值与客户价值高度契合的重要性。

日韩政府也通过相关的产业政策，大力扶持本国的汽车产业。1963 年，日本产业结构审议会将汽车产业确立为战略产业，1974 年韩国出台《汽车工业长期振兴计划》并大力推动出口。

日本车企坚持精益生产和持续的技术创新，特别是在小型车和节能车型领域的领先，使其在全球市场中获得了竞争优势。同时，韩国车企则通过良好的品质和积极的海外扩张策略，迅速在国际市场上建立了自己的地位。此外，日韩汽车良好的供应链体系也支撑其全球化出海，以丰田和现代为代表的日韩车企深度掌控供应链体系，可实现高度自给自足。

总体来看，在日韩车企全球化发展过程中，在日韩车企的合力推动下，客户价值形成新需，产品价值彰显差异，安全可靠和经济高效这些标签进一步凸显；汽车也从标准品转变为耐用品，产品价值开始彰显差异化（见图 2-2）。

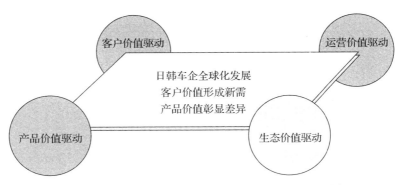

图 2-2　日韩车企全球化发展：客户价值形成新需，产品价值彰显差异

德国汽车产业繁荣和全球化提速

21世纪初，全球经济环境经历了重大变化，包括互联网泡沫破灭和2008年全球金融危机在内的重重挑战对欧美的主流汽车市场造成了严重影响。但与此同时，随着全球化的加速，中国等新兴市场的需求却在持续增长。德国汽车产业在此时依托产业政策支持、技术创新及完善的供应链体系，成了第三次汽车产业发展窗口期的主角。

21世纪前10年，面对消费者需求的多样化和对性价比的持续关注，德国工业采用了以大众MQB⊖为代表的模块化生产方式。这种方式不仅提高了零部件的标准化程度，还极大地缩短了车型的研发周期。这种生产方式的变革使得德国汽车能够更有效地满足全球市场的多元化需求。大众、宝马、奔驰等德系品牌，凭借其在技术、品质和品牌价值上的优势，结合德国博世、采埃孚等世界一流汽车零部件企业带来的成熟供应链体系和生态圈价值，使德国汽车工业在全球市场的扩张中占据主导地位。

总体来看，21世纪前10年，德国汽车工业技术的创新和汽车产业的全球

⊖　大众集团横置发动机模块化平台。

化进程提速,运营价值凸显效率,生态价值逐渐彰显,汽车也从传统的耐用品转变为更加多样化的消费品(见图2-3)。

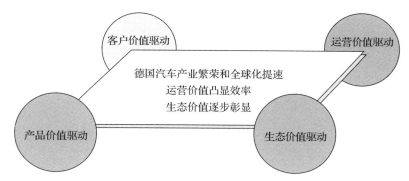

图2-3　德国汽车产业繁荣和全球化提速:运营价值凸显效率,生态价值逐步彰显

全球产业变革加剧与中国市场快速崛起

迈入21世纪,汽车产业的发展之快、变化之剧尤为令人印象深刻。全球汽车销量在过去20年保持了稳定且快速的增长,从2000年的全球4 559万辆的销量一路攀升至2017年的峰值9 000多万辆,保持了每年3%以上的平均增长率。如果按照国家区域进行细分,我们不难看到,全球汽车销量的增量贡献主要来自中国市场,中国市场已经成为全球第一大汽车产销市场,销量占比从2000年初的不足2%,上涨至2010年的20%,乃至近些年的30%以上。

2017—2018年是全球及中国汽车销量的分水岭。在经历了近15年的汽车产销高速增长后,随着宏观经济增速放缓、制造业下行压力加大、贸易冲突加剧、各个区域市场自身消费颓势初现、政策调整等外部环境的变化,全球主要市场包括我国市场的销量均在2018年左右遭遇拐点,呈现出不同程度的下滑。这一下滑之势,在受到疫情冲击后进一步加剧。

经历了5年的持续下滑后,汽车产业已迈过销量拐点并处于U形反弹阶段。虽然负面因素影响犹在,销量压力尚存,但是随着全球宏观经济的逐步复苏及政策的正面引导，全球汽车产业重新开启稳步回暖的新阶段。在这一阶段，中国市场仍将会是全球汽车销量增长的最主要推动力。

中国市场成为全球汽车产业发展新引擎，不仅因为有庞大的消费需求基本盘，更在于汽车产业链的上下游完整能力在经历了过去 20 年的发展后已经取得诸多突破。

从品牌结构上，我们可以看到中国市场经历了长期的由合资品牌主导后，2016 年起自主品牌的占比持续提升，从 2010 年的 30% 左右在近年稳步提高，增长至 2022 年的 45%，在 2023 年更是突破到 56%。相对而言，不同国别合资品牌的市场占有率也出现了一定的波动，德系及日系品牌借助于强大的合资平台实力保持了常年的稳定份额，而法系和韩系等品牌近年受到自主品牌崛起的冲击掉队显著。自主品牌的崛起表面上体现在新能源汽车渗透率的快速提升上，但背后离不开自主品牌对用户体验需求的深度挖掘、高质价比和有品牌特质的智能电动车型的推陈出新、产品研发能力的持续提升，以及本地供应链和服务生态的创新开放。

现今，随着技术突破和消费者需求变化，汽车产业的变革进一步提速。"移动出行、自动驾驶、数字化、电气化"这四个大家耳熟能详的颠覆性趋势正是客户价值、产品价值、运营价值和生态价值的具象呈现，这些新阶段下的四轮价值驱动正深刻地重塑汽车产业格局。

客户价值方面：消费者对于汽车的态度正在发生本质性转变，汽车不再是"车"，它融于"出行"概念之中，成为真正的"智能化移动终端"。

产品价值方面：消费者态度的转变，对于产品价值如何体现提出了更高和多维度的要求。消费者乘坐体验的偏好将成为对产品的核心感知，他们更注重智能、社交、个性：车辆本身既要有符合传统出行目的的安全性能和质量标准，又要有符合新消费者的智能化座舱体验和智驾能力，还要具备彰显个性化的车主标签并满足定制化用车场景，同时，消费者对汽车生命周期的持续性能迭代和多触点体验的需求也日益突出。由终端需求转变催生的新型商业逻辑推动了新型商业模式的兴起。

运营价值方面：进入数智化时代，汽车产业的运营价值经历了根本性变革。

生产自动化、应用智能化提高了效率与质量，供应链管理通过实时数据、物联网技术提升了透明度与响应速度，全链路协同实现数据与物流的高效整合，适应电动车与自动驾驶带来的新技术需求。这一转型不仅改变了生产和供应链模式，也要求企业在技术、管理及文化上创新，以提升灵活性和客户体验。

生态价值方面：进入数智化时代，生态边界也更加模糊和多元，这也带来了更高级别的生态价值需求。商业模式和产品组合的变革推动产业链玩家格局演变，影响汽车行业上下游及同业竞合关系。出行服务商、科技企业、造车新势力等产业链新玩家入局，使主机厂面临着更加复杂的竞争局面。在供应链体系，软件定义汽车、高阶自动驾驶和电气化的兴起提升了软件及三电系统等核心部件的零部件商的价值链地位，促使整车厂面对全新的供应链组合，寻求更加开放的零整合作关系（见图2-4）。

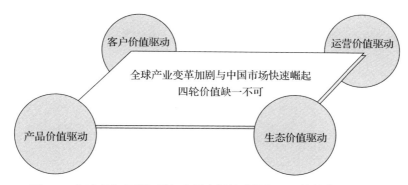

图2-4　全球产业变革加剧与中国市场快速崛起：四轮价值缺一不可

此外，整体汽车价值链利润结构将不断后移，从以"卖车"为主转向以"服务人"为核心的后市场环节。整车研发制造的价值链利润贡献比例将下滑，相应地，"用车服务"和"车后生态"的利润占比相应提高。随着汽车进入存量市场和平均车龄的上升，汽车生命周期价值的挖掘和最大化将逐步呈现盈利重心，充换电服务、二手车、维保售后、改装洗美、保险等汽车后市场都将稳步发展。在中远期的未来，汽车产业链最为关键的机遇将来自对人车生活端的客户和数据生态的挖掘，这也是新一代车企如何发挥运营价值和生态价值实现客户价值的关键考量。

正因为中国汽车产业在客户价值、产品价值、运营价值和生态价值这四轮驱动上的全面升级和突破乃至引领，我们坚信，尽管外部环境仍有重重挑战与诸多不确定性，未来的中国汽车产业必将是充满机遇之地：中长期汽车市场的体量规模与增长前景仍将可观，新兴细分领域的崛起与价值链的演变也将创造新的增量机会，并构建世界汽车品牌。

中篇

四轮驱动
从传统价值链到数智生态链

第一部分

客户价值驱动的核心
体验与品牌升级

导 读

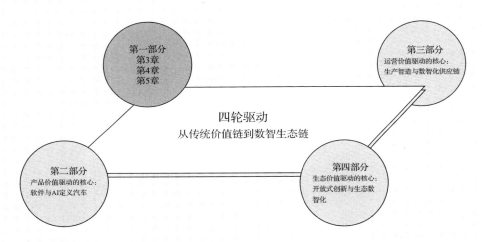

本部分聚焦4WDV模型中的客户价值驱动。

作为汽车产业数智化转型四轮驱动的第一个轮,客户价值之轮强调了在数智化时代,中国汽车产业创新的首要条件是"以客户为中心"。移动互联网和智能网联技术的发展,使得我们可以前所未有地与客户进行高效连接与互动。无论是体现在产品本身与客户的更多交互设计中,还是在品牌与营销技术变革下,通过营销沟通活动可以直接获取客户线索,直接完成客户销售;通过客户体验反馈,企业可以不断从软硬件层面优化产品和品牌体验,客户价值的创新在新的产业环境下也被提到了前所未有的高度。

就新能源汽车的客户价值而言,它是在一个大的产品技术周期、行业消费与零售技术变迁的背景下产生的。在这个全新的周期里，或者我们可以用一个新的时代来定义，无论是消费者还是行业、竞争者、零售和市场环境，都在发生显著的变化。基于信息和知识的平权化，新一代消费者登场，无论是消费行为和习惯、决策路径和方法，还是消费偏好与产品使用体验等，都呈现出与以往不同的变化。在营销侧，超级媒体与超级渠道已经不复存在，以往品牌建立的"超级媒体投放 + 传统 4S 店完成购买"的成功链路日渐式微。与以往将销售线索获取完全交给汽车经销商不同，基于品牌商与经销商的全平台合力营销，第一时间在全平台获取意向客户销售线索，已经成为所有汽车品牌营销的关键绩效指标（KPI），这在传统营销环境下由渠道经销商承载的销售动作日渐成为品牌商的工作重点，平台获取客户信息，匹配给城市经销商或者直接销售顾问，推动完成消费者沟通，推动到店体验和试乘试驾，从而尽快推动完成购买，销售链路的主导权已经向品牌商转移。

消费者在改变，产品也被重新定义和不断创新，汽车产业越来越呈现出"汽车 + 科技"的产业扩容的动态创新浪潮。基于消费者购买决策历程的改变，所有的营销要素、营销路径和购买平台都置身于一个巨大的重构浪潮中，整个汽车行业的营销进入了一个全新的时代。在新能源汽车时代，并不只是简单的产品被改变和定义，更是在整个营销上呈现了一种全方位的改变，我们把这种改变定义为客户价值模型之变。

基于这些新的变化，我们需要重新思考以下一系列问题：

- 汽车产业产销量见顶后的新能源汽车与传统燃油车的结构改变浪潮是两者之间根本性的替代，还是到一定比例后双方就形成稳定的结构，还是会继续衍生出更多样化的新产品品类？
- 新的经济周期中，社会环境与技术持续变化的方向是可预判的吗？
- 新一代车企与传统车企在品牌和营销的范式上，应该如何选择创新之路？
- 未来车企是围绕大众市场开发，还是精准细分市场进行定制化开发？
- 汽车市场会迎来新品类爆发吗？是选择品类创新还是品牌偏好竞争？

- 不同代际的客户有何不同？针对银发一代、"70后"一代、Z世代和千禧一代营销，是一面千人还是千人千面？可以准确描述消费者画像吗？
- 消费者的购买决策历程对汽车品牌营销的改变是怎样的？
- 到底是价格驱动竞争还是创造新价值驱动竞争？
- 直接面向消费者销售是终局还是阶段性战略选择？
- 购买后消费者如何体验和感知产品价值？
- 如何从产品定义开始就设计消费者体验和口碑旅程？

……

以上种种问题，都值得新一代车企仔细审视和回答。

沿袭和依赖以往的路径显然已经无法走通，但是新的路径在哪里？大家仿佛正处在一个混沌的周期。有激进的变革者，有保守的观察者，也有边走边看的小步迭代者。比如对于直接面向消费者销售（Direct to Consumer，DTC）模式，很多传统车企在几年前对此不屑一顾，今天又大为推崇，但往往又不得其门、不得其法。这一方面反映了整个行业的焦虑情绪，另一方面也反映了今天营销新秩序和方法论实际上正处于一个形成期和探索期。

本部分重点围绕在全球新产业和新营销浪潮下，客户需求的变化、行业的变革、产品技术的进步等因素如何影响客户的购买决策逻辑、框架和路径，以及客户体验关注点的转变来讨论。

具体而言，汽车行业如何通过DTC模式进行新的经营探索和改进，如何通过内容营销策略重塑汽车品牌产品体验，这些都反映了汽车产业数智化的首要驱动要素——客户价值驱动下品牌战略路径和逻辑的改变。

在本部分中，第3章重点讨论汽车行业的产业变革与全球新消费周期的关系，以及新品类战略和正在发生的营销范式变革。第4章重点讨论汽车企业DTC模式的核心驱动因素与决策挑战，以及如何做好DTC。第5章重点讨论在品牌传播策略方面，正在发生的内容营销变革对汽车营销的改变。

第3章
全球新消费周期、新品类创新与汽车品牌的范式变革

中国汽车新产业变革与全球新消费周期

时代挑战：从乌卡时代到巴尼时代

我们正身处新一轮汽车工业革命之中，这是人类工业史上一个全新时期，如何形容和定义这个新的时代或周期？从乌卡（VUCA）到巴尼（BANI）或许是一个很好的解释视角。

乌卡（Volatile，Uncertain，Complex and Ambiguous，VUCA）本是一个军事术语，被宝洁公司前CEO罗伯特·麦克唐纳在演讲中引入企业经营和管理中，简单的理解是形容外在环境的变化快速、复杂且充满着不确定性。

随着世界进入一个激烈的动荡期，百年未有之大变局随之而来，乌卡早已不足以诠释今时今日的状态。美国未来研究所（IFTF）学者贾梅斯·卡西欧（Jamais Cascio）在2016年提出巴尼（BANI）的概念，并在2022年发表的文章《面向混沌时代》（*Facing the Age of Chaos*）中引入这一模型，以便描述当今世界的变化特征。

巴尼（BANI）由四个词——脆弱（Brittle）、焦虑（Anxious）、非线性（Nonlinear）、不可理解（Incomprehensible）组成。

脆弱：任何表面运作良好的系统其实都是极其脆弱的，随时可能会坍塌，没有什么是永恒不变的，每个人都有责任持续优化你所在的系统。想要确保系

统不消失，你唯一能做的就是担责，主动为系统做出贡献。

焦虑：由于系统极度脆弱，加上层出不穷的"黑天鹅"事件，不确定性最终导致不同程度的焦虑，这种焦虑其实就是对于一切不确定的不安，人人都无法避免，需要学会与焦虑相处并跨越它。

非线性：过去我们习惯用逻辑去解释发生在身边的现象，然而现今的世界更加复杂，很多事情将不再按照过往的经验与轨迹运行，凡事都未必会有因果关系。我们正处于一个"种瓜不一定得瓜"的非线性时代。

不可理解：信息越来越发达，但未知却越来越多，过去模棱两可的东西在今天看来更是无法理解。混沌不明与高度不确定性成为常态，这就好比唯一不变的就是变化，发生的一切都将超乎你的理解与想象。

1. 特斯拉推动世界新能源汽车革命

如果说全球四次工业革命改变了世界工业发展史的话，那么"源自美国、成于中国"的新能源汽车发展史，无疑是汽车产业的"新一轮工业革命"。

这场汽车产业的"新工业革命"，发轫于美国，但形成完整的产业链、技术链、消费链以及全方位的产品创新浪潮则发生在中国。2023年，全球汽车界流行一句话："如果你不来中国市场看一看，你就不知道这里所发生的一切。"2023年北京车展和上海车展吸引了全球汽车业巨头的高度关注，媒体引用的关键词是很多跨国车企"半个董事会都来了"。这足以说明中国新能源汽车市场发生了举世瞩目的变化，甚至已经在改变和影响全球汽车产业的格局。2023年，中国汽车整车出口491万辆，首次跃居全球第一。"电动载人汽车、锂离子蓄电池、太阳能电池"已经替代传统的"服装、家电、家具"，成为中国外贸出口的"新三样"。

如果我们追溯一下电动汽车的发展史就会知道，事实上，电动汽车并不是一项新技术。在特斯拉出现之前，电动汽车产业就已经"死"过一次了。

早在1881年，法国人古斯塔夫·特鲁夫利用改进型铅酸电池和西门子电动机，打造出一辆三轮纯电动汽车。这辆电动汽车在巴黎市中心的瓦卢瓦街头试车成功，并在巴黎举行的国际电气展览会上亮相，这标志着电动汽车技术的重大进步。

1990年，美国加利福尼亚州（简称加州）为了降低汽车尾气对公众的危害，颁布了《零排放汽车（ZEV）法案》，通用EV1电动汽车就在这种情况下应运而生。1996年12月推向市场的EV1电动汽车，是真正意义上的第一款现代电驱汽车，车身结构采用玻璃纤维制成，32块铅酸电池作为主能源，车体自重1000kg，由两台42kW三相感应电机驱动。EV1最高时速可达到128km/h，从静止加速到96km/h的时间小于9秒，一次充电可以行驶144km。通用EV1从上市起就一直是业界焦点，诸多设计都是革命性的：拥有电力驱动、轻质材料车身、动力回收系统，其率先采用的风阻设计和电驱系统影响了无数后来者，其中也包括特斯拉。

遗憾的是，通用汽车在商业模式上只是将EV1以长期租赁的方式提供给车主，并没有在市场上公开售卖。每辆EV1的组装成本高达25万美元，每月的租赁费用却不过550美元。这显然不是一门可以持续的生意。到了2001年，加州宣布不再坚持《零排放汽车（ZEV）法案》。2003年，通用汽车召回了全部EV1并尽数销毁。

2006年6月，导演克里斯·佩恩作为通用EV1电动汽车的忠实拥护者，拍摄了一部名为《谁消灭了电动车》的纪录片，记录了EV1从"出生到死亡"的全过程，更是让此事广为流传。

通用汽车EV1虽然结束了，但同时也开启了世界电动汽车史上真正产业化的新时代。就在这款电动汽车"去世"的同一年（2003年），汽车工程师艾伯哈德和塔彭宁共同创办了特斯拉，马斯克受到EV1的启发，重金投资了特斯拉。

2003年，全球新能源汽车的产业领导者特斯拉诞生。此后的十年，特斯拉始终命运多舛，游离在生死边缘。幸逢全球风险投资的大潮，特斯拉依靠马斯克等投资人连续数轮的持续投资而艰难创新。

2016年，特斯拉推出Model 3，成为推动特斯拉营收增长以及实现盈利的主要驱动力，预订量迅速超过50万辆。2018年，Model 3开始大规模交付，真正帮助特斯拉度过了生死线，带动新能源汽车进入主流市场。

通用汽车的EV1是典型的没能"跨越鸿沟"，而特斯拉借助Model 3，真正完成了新能源汽车从早期的先导者市场向大众主流市场的"鸿沟跨越"，这也标志着新能源汽车对全球汽车产业的真正改变，同时也激励了中国汽车行业一批新的逐梦者。

2. 中国新能源汽车品牌的 10 年"换挡赛车"

对于全球汽车工业来说，美国是真正的开创者，欧洲是第二轮产业发展的引领者，20 世纪 60 年代到 80 年代日本汽车崛起成就了日本丰田成为全球第一大汽车企业。但是现在中国主导了一场新的汽车产业革命，推动整个新能源汽车的突破式发展。2023 年，丰田全球首款纯电动轿车 bZ3 在中国正式上市，这与特斯拉在中国交付第一辆纯电动汽车（2014 年）相隔 9 年，与蔚来首款纯电动汽车 ES8 上市（2017 年）相隔 6 年。全球第一的丰田汽车与中国的新能源汽车新势力出现了 6 年以上的产品"创新时差"。

工业和信息化部原部长苗圩在《换道赛车：新能源汽车的中国道路》一书中，完整地回顾了中国从新能源汽车的学习者到超速发展的完整历程。我们可以简要回顾一下中国新能源汽车这一段并不漫长的发展历程。

2009 年，国务院印发《汽车产业调整和振兴规划》。

2014 年 4 月，特斯拉在中国首批交付，第一批特斯拉 Model S 车主包括今天中国新能源汽车的领导者理想汽车创始人李想、小米汽车创始人雷军等。事实上，特斯拉从第一款车上市到 2024 年 4 月，真正上市的车型只有寥寥几款。

特斯拉进入中国十年（2014—2024 年），在中国市场最主力的热销轿车车型 Model 3 于 2019 年上市，新能源 SUV 主力车型 Model Y 于 2021 年发售，2022 年正式上市，这两款车型成为新能源汽车行业的真正超级大单品和高利润产品。这与今天中国汽车厂商年年发新车、层出不穷的新车型战略形成了鲜明的对比。

2014 年 11 月，蔚来成立于上海；2015 年 1 月，小鹏成立于广州；2015 年 7 月，理想成立于北京。

蔚来、小鹏、理想这三家分别成立于上海、广州和北京的公司，成为中国造车新势力阵营的领导者，它们相继于 2017 年 12 月（蔚来 ES8）、2018 年 1 月（小鹏 G3）、2019 年 10 月（理想 ONE）发布首款车型。

三家公司无疑都是选择了跟随特斯拉模式的创新之路。

随后，2017—2022年，中国的造车新势力你方唱罢我登场。同时，传统家电厂商、手机等科技和消费电子厂商、传统燃油车厂商等多方力量频频跨界宣布野心勃勃的造车计划。新能源汽车正式进入真正的爆发期，新的进入者把在其他行业的经验和思维带入汽车行业，不同战略思维、品牌营销方式交汇在汽车行业，随之而来的就是汽车行业产品结构的真正改变，以及品牌的快速淘汰赛和激烈的竞争，中国汽车行业"正式"进入创新爆发的"多极时代"。

仅就汽车产品本身而言，我认为有三个方面的根本性改变已经或者正在发生。一是动力系统的变革，一百多年来汽车使用的内燃机动力系统将转变为电动机。二是电子电气架构从分散控制转变为集中的域控制，最后实现整车计算平台集中控制，相应地，整车的软件也将从分散的嵌入式软件转变为全栈式软件。软件代替硬件定义汽车是发展的大趋势。三是产业分工正由行业自成体系向跨行业的开放合作演进，汽车行业原有的整车和零部件的垂直一体化链式供应体系被强力打破，专业化分工体系正在重塑，网状生态产业链、供应链体系正在加速构建。这意味着汽车产业技术的发展方向正在发生革命性的变化，汽车的价值、产业竞争力源泉以及参与者的角色关系都将发生天翻地覆的变化。可以说，我们正处在汽车产业发展百年一遇的历史拐点上。

——选自苗圩《换道赛车：新能源汽车的中国道路》

中国汽车产业变革是全球新消费周期的缩影

中国汽车产业的大变革时代，背后也反映了全球新消费周期给汽车产业带来的影响和变化，我们可以从消费者的改变与人群分化、消费社会之变、技术与产品的融合、产业的分化和重组、去中心化的媒介时代五个角度来具体分析。

1. 消费者的改变与人群分化

中国正在进入一个"少子高龄化"的时代。新生儿的减少带来的未来年轻人口的锐减和老年人口的增加，是中国社会步入新时代的典型特征，一些行业开始进入新消费周期和商业逻辑重塑阶段，很多传统产业产销量见顶之后进入结构调整阶段。中国的消费人群结构正在面临新的划分逻辑和方法，过去我们简单的市场细分维度已经很难反馈这一变化。

比如，随着单身人士和丁克家庭的增加，单身一族或者两口丁克，他们对汽车的选择是否会发生根本变化，他们还需要四座车或者六座、七座车吗？这是否意味着"两座车"可能会形成一个新的市场？五菱宏光 MINIEV 在前几年高爆发，很大程度上就是单身白领或者通勤需求所带来的新市场。在我们制定产品策略的时候，有没有考虑过这部分人的市场需求？事实上，这几年的单身经济，譬如自嗨锅和预制菜的火热，都是用户的分化所带来的。

"人口老龄化"是全球面临的共同问题，银发经济是中国经济下一个黄金赛道。汽车行业也有一个用户分化带来的细分市场——低速电动汽车。在过去几年的发展中，这部分市场以三四线城市为主，很多中老年客群以"老头乐"来定义这个产品，这本身也有银发经济的爆发和助推。

计划生育政策调整后家庭结构的重组则是又一个新的变化。2015 年 10 月 29 日，中国全面放开二孩政策。从三代同堂的五口之家，到六口之家甚至七口之家，成为新的家庭组合单元。理想汽车正是洞察了"超级奶爸"这个用车需求，把家庭用车作为产品的核心定位，从而打开了一个庞大的市场。理想以增程发动机解决"里程焦虑"，以"冰箱彩电大沙发"建立在途舒适体验的品牌相关性，成功成为新能源汽车新势力中增速最快、率先实现盈利的公司。而作为品牌价值要素的这些关键点，正是传统主流汽车厂商不屑一顾的产品逻辑。

所以当我们重新审视消费人群迭代的时候，以这个维度来看，是否意味着更多市场细分的空间？

2. 消费社会之变

日本著名社会学者三浦展在其出版的《第四消费时代》和《孤独社会：即将到来的第五消费时代》中以日本为主要研究对象，系统阐述了消费社会的演进，并将其划分为五个主要的消费时代（见图 3-1）。

撇开中国社会的独特规律，我们仔细来看中国社会正在发生的演进规律，日本社会的演进对中国有极大的参照性。今天我们身处一个信息 4.0 的新消费社会，实际上我们面临的正是几个不同消费时代的叠加，尤其是"第五消费时代"——正在形成的新的消费时代。

National（国家）——Family（家庭）——Individual（个人）——Social（社会）——Lonely Society（孤独社会）

类型	第一消费时代	第二消费时代	第三消费时代	第四消费时代	第五消费时代
社会背景	日俄战争之后	从日本二战战败，复兴，经济高度增长期至石油危机	石油危机经济低增长、泡沫经济、金融破产	次贷危机、经济长期不景气、"3·11"日本大地震（一人经济）	新冠疫情、元宇宙、AI、孤独社会（少子高龄化的现实，一人经济演化）
人口	明显增长（老龄化5%）	大量增长（老龄化5%～6%）	缓慢增长（老龄化6%～20%）	人口减少，少子高龄、单身家庭（老龄化20%～30%）	人口进一步下降、超老龄化、超少子化（离婚率35%）
消费群体	一线城市的中产阶层诞生	一亿人口中产阶层化	社会阶层贫富差距拉大、团块世代、泡沫世代	人口减少导致消费市场萎缩、团块二代	平成世代
消费价值观	重视国家：消费属于私有主义，整体来讲重视国家	重视家庭：消费属于私有主义、重视家庭、社会	重视个人：私有主义、重视个人	重视社会：趋于共享、重视社会	应对孤独：自我责任、个人倾向
消费趋向	西洋化、向往大城市（咖喱饭、炸猪排、可乐饼）	美式倾向、大量消费、大的就是好的、大城市倾向、私家车、私人住宅、三大神器（洗衣机、电冰箱、电视机）	个性化、多样化、差别化、高档化、品牌倾向、大城市倾向、欧式倾向	无品牌倾向、朴素倾向、休闲倾向、日本倾向、低价倾向、低消费倾向	照料倾向（自助）、电商化、虚拟化
消费主题	文化时尚	每家一辆私家车、私人住宅、三大神器、3C产品	从量变到质变、每家几辆车、每人一辆	联系、几人一辆车、汽车分享、住宅分享	慢速的、小规模的（小规模社会）、软性的、社交的、可持续的
消费承担者	中等阶层家庭、时尚男女	小家庭、家庭主妇	单身者、啃老单身	所有年龄层里单一化的个人	所有年龄层里单一化的个人

1912年　　1941年　1945年　　　1975年　　　1998年　　2020年 2021年　　　2043年

图 3-1　日本消费社会的五个时代

三浦展在《孤独社会：即将到来的第五消费时代》一书和相关讲演中，以2021—2043年为时间框架，以"5S"为新框架，定义第五消费时代模式的特征：慢速的（Slow）、小规模的（Small）、软性的（Soft）、社交的（Sociable）、可持续的（Sustainable）。新的消费社会带来消费心理、品牌价值取向以及消费主题趋向和观念的巨大变化。我们可以预见，洞悉社会变化的品牌比木讷于时代变化的品牌，具有更大的成功可能性。

3. 技术与产品的融合

随着"软件"这一竞争要素从手机行业被引入汽车行业,"软件定义汽车"成为新的行业共识。在这个过程中,自动驾驶、AI+汽车、元宇宙等各种层出不穷的新兴技术,正在被大量引入汽车行业。今天的汽车要素组合已经远非昨天的汽车要素。

当前,"技术参数配置"突然之间成了一个高热度的词,所有品牌都需重新定义技术与产品的关系,不断基于新技术和新配置迭代产品。

但冷静思考一下,作为一个普通消费者,有几个消费者能记住不同的版本?能看出不同技术之间的差异?对比智能手机产品,当技术和参数成熟到一定程度,消费者对此间差异已经越来越无感。汽车产品也正在遇到类似问题,当堆砌技术参数成为常态,反而提高了消费者的购买决策成本,也让行业良性竞争走向指标与价格的超级竞争。

如果将竞争战略锁定在创造一台"参数更好"的汽车上,只会将消费者的决策链条锁定在产品本身的物理成本上,这种堆砌参数的"性价比"战略,会让消费者越来越难以选择,加大了决策壁垒。我们认为,此时的中国车企除了思考如何让消费者购买产品,更要站在品牌战略的角度去思考如何创造"不同",与消费者的需求建立"相关性",从而驱动消费者主动定向购买。

4. 产业的分化和重组

当前宏观层面,汽车产业同时面临着全球经济调整周期以及汽车产业进入"总量见顶,结构调整"的产业新周期。但与此同时,这又是一个新技术不断引入的产业革命的混沌期,技术路线多元,各种产品创新层出不穷,大量新兴技术无论成熟与否,大量被引入新能源汽车产业。在这个复杂又充满不确定性的产业变革期,中国汽车品牌应该如何判断产业趋势?如何将科学与技术营销纳入新的竞争要素?如何进行产品创新与体验升级?这又是一些新问题。

同时,AI汽车、智能驾驶、无人驾驶甚至飞行汽车,在新能源的电、氢、混合动力、增程等技术线路选择之外,又不断叠加新的功能与概念,这在不断拉高消费者对未来预期的同时,又推高了产品的成本曲线和购买决策的复杂度。对每一个车企而言,如何做出产品开发的取舍就显得格外重要。

5. 去中心化的媒介时代

当前，消费者购买行为发生了一个非常大的变化，即消费者由被动购买到掌握购买的主动权。今天是一个消费者主权的新时代：消费者从被动依赖品牌厂商传递的信息，到信息互联互通，他们拥有足够的"消费者主权"，更信赖来自关键意见领袖（KOL）、关键意见消费者（KOC）的信息以及朋友的口碑，而非官方信息。

超级媒体时代结束了，没有任何厂商可以封闭和主导信息的流动和传递，这与上一个"中心制"媒体时代截然不同，媒体的分散化和离散型、获取资讯的多元渠道和权威感的重组，是每个公司需要重新面对的挑战。"因言获罪""因事获责"，甚至任何一个小的事件都有可能被无限放大，成为企业新的"危"与"机"。

我有一个朋友是某超级品牌公司的老板，10年前，他跟我讨论过一个话题：你觉得现在做超级品牌的机会有多大？在传统营销时代，一个超级媒体加上一个超级渠道，只要肯砸钱，几年就可以创造出超级品牌。但是今天，媒体无比碎片化，渠道也非常割裂，这个时候整个营销范式就面临着特别大的改变，这是革命性的变化，很多品牌坚持了很多年，却依然无法盈利甚至最后轰然倒下，这种情况在新能源汽车领域更加明显。在这个浪潮中，用一个通用的公式去解决今天的问题，已经不太可能。

还有一个显性变化是，今天新零售技术的改变速度在加快。从实体零售到以淘宝、京东为核心的"货架电商"，再到抖音所倡导的"兴趣电商"和"直播电商"，以及小红书引领的"种草营销"、美团主导的"即时零售"等，新的多样化的零售生态正在对所有行业的营销方式进行重塑。互联网信息传播从图文作为载体到长视频时代，再到短视频时代；互联网电商从货架电商到内容电商，再到直播电商……这些转变意味着，更高的效率和效能，更快地触达客户，更短时间的爆发性流行性营销能力，造就了新的更高效的营销方式。

简单追求营销网点的布局，通过门店来覆盖客户的营销策略显然已经不是首选。在新的营销时代，如何快速触达更多潜在客户，实现从信息传递到直接产生购买决定，成为所有品牌追寻的新方向。从潜在客户到新客户，从新客户到老客户，从粉丝到会员再到口碑推动者，推动更多客户直接产生购买意愿，正变成新的营销技术。一切为了获取客户，为了更有效地撬动客户杠杆，成为新的思考原点。

新汽车品牌赢得竞争的关键之战

新能源汽车正在改变汽车行业的竞争法则，并重塑消费者购买行为和习惯，同时也为众多新品牌的创建带来了全新的历史机会。传统燃油车品类的领导品牌在过去创建品牌时，品牌的相关性都建立在燃油车品类的基础上，消费者对于这些品牌的认知就是燃油车，导致这些品牌失去了与新能源汽车以及新技术的品牌相关性，使得它们在面临专业品牌的竞争时，颇有些"力不从心"。它们既不想与过去一刀两断，又不敢坚定拥抱新能源车重新定义品牌，"鱼与熊掌兼得"的思维阻碍了传统燃油车品牌跨越时代周期的同时，也正在成就新的汽车领导品牌。

在新能源汽车时代，成为品类领导者、成为用户首选品牌、迈向高端品牌是车企三个至关重要的战略着眼点。换言之，新汽车品牌赢得竞争有三大关键战役，即新品类之战、用户之战和高端之战。

1. 新品类之战

从过去的五年来看，以纯电动汽车为主的新能源汽车品类，已经实现了对传统燃油汽车品类的对立和替代性效应。尽管整体汽车市场进入下降周期，但是新能源汽车品类却正处于高速增长期，某种意义上，新能源汽车的先发品牌已经享受了新品类爆发的成果。特斯拉和比亚迪两个品牌已经成为这一品类的事实领导者。

今天新能源汽车品类的大爆发，使得汽车行业又重新回到了产品营销时代。因为消费者对新能源汽车还处于认知导入期，每一个新产品推出，更多都是将"更好的产品"作为主要竞争战略。汽车品牌采用更好的参数、更具杀伤力的价格，不断堆砌产品的配置，但却只能做到短暂的领先，很快就被竞争品牌以同样的竞争战略刷新更高的配置、更好的参数、更低的价格来削弱其优势。

单纯的"参数战""价格战""配置战"并不能赢得长期竞争。从根本上来看，如何创造真正的消费者长期信任的品牌价值才是所有品牌需要重新思考的问题。如何基于消费者的需求来赢得相关性，而不是基于竞争去赢得"差异性"，是未来赢得竞争的关键。在新能源汽车的框架下，开创新的子品类或特性并占据和领导新的品类，才是真正赢得长期竞争的关键。比如，某些汽车品牌说自己是高端汽车，事实上也可能做出了高端汽车，但是严格意义上来说，如果不能在消费者心中形成"我就买这一类的高端汽车"，高端汽车的宣称就没有意义，也就没有品牌相关性。

2. 用户之战

汽车行业最具挑战的是能否清晰地定位目标用户，并为其提供针对性的产品开发和解决方案。大家都争夺大众市场，或者争夺有换车需求的消费者市场，就会陷入市场人群同质化的竞争。"物以类聚"指的是品类之战，而"人以群分"则是用户之战。今天，我们的商业机会恰恰体现在你不敢去尝试的地方——面向新人群开创新品类。你敢不敢去为"银发一族"创造一个新的汽车子品类？你是否能够关注残障人士这一利基市场，并创造新的价值？我们从咖啡行业可以看到这样的案例，面向办公人群，瑞幸以DTC模式创造了"外卖咖啡"这一新品类，引领了中国咖啡连锁的创新变革。当星巴克向上构建品牌力时，其他的咖啡品牌全部向下卷，包括最极致的库迪卖到8.8元一杯，虽然低价有流量，但低价没利润。最终谁能赢得行业的持久利润？到底是价格战笑到最后，还是价值战能赢得未来？核心还是要看是否能够赢得用户之战，我们也叫用户相关性之战。

3. 高端之战

今天讲高质量发展，讲新质生产力，从品牌的逻辑上讲就是迈向高端、向上突破、向好发展。高端能够为产品带来关注，为品牌带来势能，为企业带来利润，为行业带来良性可持续发展。高端之战是汽车企业的必由之路，但企业拓展市场层级有两条路径，一是从高到低发展，二是从低到高发展，后者往往更难。特斯拉从高性能跑车向下延伸到Model 3和Model Y。今天新能源汽车的战略机遇恰恰在于它并不是一个逐渐"生发式品类"，而是对传统燃油车"全品类""全市场"的平行替代，这是一个高端、中端和大众市场中轿车、SUV、

MPV、跑车、房车、货车等全车型的平行切换，怎样进行战略定位，决定了未来品牌的成功与否。

回到根本上，把这三个关键战略想清楚，以战略牵引品牌，以品牌主导营销，让"战略—品牌—产品—营销"完整闭环驱动，才能真正使有限的资源最高效地投入到未来的竞争之中。我们以往习惯的方式是把产品定义好，之后再做推广，但是这种传统思维方式可能本身路径就错了。现在如果战略、品类、品牌的基本战略没定义清楚，后面做产品的时候就会面临巨大的决策风险。

新品类战略与汽车品牌的范式变革

今天赢得竞争的关键已经不仅仅是一个单一要素的成功，而是诸多要素的同时成功，或者组合的成功，这样才能建立更高的壁垒，拥有更强的护城河。正见品牌战略（上海正见品牌管理顾问有限公司）的团队在过去10年对全球成功的品牌进行了深度分析，他们发现品牌的成功从某种意义上都暗合了五个关键决胜点，即新商业模式、开创并主导新品类、定义新品牌、匹配新产品和全域新营销的成功，而这些要素的成功围绕新品类战略展开，他们称这个工具为"新品类战略"的五步曲（见图3-2）。以下我们以特斯拉的新品类战略为例来对这五步曲进行详细的分析。

图3-2 正见"新品类战略"的五步曲

◐ 探索与实践

特斯拉"开创豪华电动汽车"的新品类战略

特斯拉完美演绎了新品类战略的五步曲，可以说是新能源市场的"游戏规则改变者"。

新商业模式

2010 年，特斯拉挖来苹果零售店副总裁乔治·布兰肯西普（George Blankenship），将苹果打造成功的 SPA 零售模式引入了特斯拉，帮助特斯拉突破了传统 4S 店模式，从此开启了城市中心店＋交付中心的新商业模式。

区别于传统车企以 4S 店为实体中心开展维护，特斯拉构建了以客户为中心的智能售后服务体系，提供无缝衔接的线上线下服务：一方面，虚拟服务中心可针对车辆故障实现远程维修，或者进行优化的线下服务预约和资源调拨，减少了车辆"不能使用"的时间和维护成本；另一方面，特斯拉车辆可通过软件升级日臻完善，车主无须换车就能享受到更佳的用车体验。

2021 年 12 月，特斯拉推出车内购买和订阅服务。

2022 年 2 月 7 日，据"知晓内情"的特斯拉投资者透露，特斯拉可能正在开发类似苹果的应用程序商店，它可以让车主自行下载和安装应用程序，由此打造特斯拉自主品牌的软硬件生态链。

开创并主导新品类

尽管新能源汽车的开山鼻祖可以追溯到通用汽车，但是真正将新能源汽车带入大众视野的是特斯拉。特斯拉完整地定义了新能源汽车这一品类，将其准确定义为"豪华电动汽车"，并真正完成新品类的"鸿沟跨越"，从早期先锋市场跨越到大众主流市场，特斯拉主导了纯电动汽车在美国乃至全球市场的品类发展和壮大的产业革命。

定义新品牌

特斯拉定位于"豪华电动汽车"，从高端建立品牌，并不断通过价格优化，跨越鸿沟，最终占据主导大众主流市场的领导地位。

匹配新产品

特斯拉于 2008 年发布一款两门运动型跑车 Roadster，2012 年发布第二款汽车产品——四门纯电动豪华轿跑车 Model S，这也开启了特斯拉品牌真正的定位时代——"豪华电动汽车"。2015 年 9 月，特斯拉推出 Model X，定位于豪华纯电动 SUV；2016 年，推出 Model3，2017 年开始正式交付。也正是这款产品，帮助特斯拉正式"跨越鸿沟"，从早期先锋市场进入大众主流市场，从此持续领导全球新能源汽车的产业革命。

2019 年，Model Y 正式发布，定位于紧凑型电动 SUV，并于 2020 年正式交付，成为电动 SUV 市场的绝对领导者。

与传统汽车厂商频繁发布新车型或者不断迭代车型不同，特斯拉的产品战略非常像早期的苹果，少而精，是非常明确的超级大单品战略。以超级产品的规模化赢得产品成本的降低，从而扩大利润池，再通过价格优化，建立竞争壁垒，完成市场占有率的提高，进而实现规模领先的市场扩张战略。

全域新营销

与传统的汽车品牌大广告、大公关、强曝光不同，特斯拉在营销方面可以说是汽车行业的颠覆者和另类——完全的 DTC 品牌，去广告、强公关、全直营，彻底改变了汽车行业的游戏规则。创始人 IP+ 公关驱动 + 直营店体验 + 用户口碑推动，没有代言人，没有大规模广告投放，甚至都没有媒体公关部门，可以说是最大限度简化的营销沟通的链路和逻辑。特斯拉让汽车行业看到了一种简单高效的品牌沟通模式。

与燃油车从低端到高端的品牌路径不同，中国新能源汽车的变革是产品高度创新，技术全面叠加，高、中、低端全面冲浪的全车型、全体系、全市场的创新与变革之路。在中国发展汽车业的初期，中国公司创建品牌的典型路径是从低端向中端，再向高端冲刺，但是从低端起步的中国汽车品牌，难以在高端市场获得成功，高端市场基本依然由欧美品牌垄断，地位稳固。最终中国的汽车厂商吉利汽车，只能通过收购沃尔沃来完成打造高端品牌的梦想。但是在新能源汽车时代，由于汽车大公司对新兴品类的判断周期和决策敏感度不够强烈，使得新品牌有机会从高端开启品牌之旅。同时，中国新能源汽车新品类的爆发带动了新品牌的大爆发，这也是中国汽车业过去10年少有的新品牌创新大潮。燃油车品牌用百年打造了技术壁垒，但在电机、电控、电池的新技术架构下，中国的汽车品牌，尤其是以新势力+跨界进入的品牌，从高端、中端、低端，以及SUV和轿车等全车型角度实现了全价格段的品牌创新。从2017年开始，中国市场中新创的新能源汽车品牌高达百个以上。新品牌对战老品牌的新格局彻底打开。

品牌竞争战略：品牌偏好战略失效，开创新品类方能赢得长期成功

汽车行业长期以来有两种品牌竞争战略。

第一种品牌竞争战略是品牌偏好战略，也就是让消费者在产品中感知差异化，通过产品方面的改良和努力，针对竞争产品向消费者传递产品更具差异化的卖点。我们把这种竞争称为"产品差异化"或"品牌偏好"之争，这种竞争成功的关键在于让消费者在比较不同产品时，喜欢自己的品牌产品多于竞争对手的品牌产品，这种基于产品特征的差异化通常伴随着竞争对手的快速跟进而变得趋向同质化。用通俗的话讲就是"货比三家"，让消费者选择更能打动他们的品牌。在汽车行业，BBA⊖之争很好地诠释了品牌偏好之争的特点，BBA这三个品牌百年来一直代表着豪华汽车这一汽车行业最重要的战略市场，奔驰品牌定位于"豪华与舒适"，宝马品牌定位于"驾乘乐趣"，奥迪品牌定位于"科技"，很多车主都是在这三个品牌的相互比较中最终做出选择。这种竞争的逻辑在于很明确地认为消费者会在这几个品牌之间选择，"非此即彼"，然后每一个品牌在这种竞争态势下，必须坚持持续的竞争性的品牌投资，降低投资就意味着品牌的市场影响力和客户对品牌的关注度的下降。BBA长期垄断着豪华汽车市场，以至于过去其他竞争品牌（比如沃尔沃、雷克萨斯等）作为这个市场的竞争品牌，很难赢得平等的竞争，只能选择比BBA"同等配置、更低价格"或者"同等价格、更高配置"的相对性价比战略收获部分市场份额。

⊖ 奔驰（Benz）、宝马（BMW）、奥迪（Audi）三家企业的简称。

第二种品牌竞争战略是新品类战略，通过与消费者建立"相关性"而创造新的感知价值。其方法是通过实质性创新或颠覆式创新，开创一个新的品类或子品类，并定义用户必选的品类价值要素，把品牌定位在这个品类上，让品牌成为这个品类的标杆或典范。品牌的本质是帮助消费者做出选择决策！相关性的原理很简单：在消费者决策过程中，品类在先，品牌在后，也就是消费者先选择品类，后选择品牌与产品。如果一个品牌在"品类选择"阶段不能被消费者考虑，那么品牌和产品再好，也失去了与消费者的相关性；如果一个品牌因为一个潜力品类或强势品类而被选定，并且该品牌在消费者的考虑范围之内，那么品牌就具有了与消费者的相关性。戴维·阿克曾一语中的总结道：实现相关性就是要成功打造新的品类或子品类，并使用它们来组织品牌。

新的品牌战略：建立"品牌相关性"，用新品类战略引领战略性增长

特斯拉以颠覆性的豪华电动汽车产品，改变了豪华汽车市场消费者购买的关键要素，实现了在"豪华电动汽车"这一购买相关性上，排除了BBA的相关性，从而使特斯拉在消费者购买"豪华电动汽车"这一决策要素上成为比BBA更具有相关性的新豪华汽车品牌。百年汽车史上，能够撼动BBA的竞争地位，特斯拉是为数不多成功的案例。中国的汽车新势力品牌"蔚来"也是从一开始就定位于BBA的豪华高端市场，通过"用户型企业""换电站"的理念创新与"纯电豪华汽车"这一具有独特相关性的品牌定位和服务策略，赢得了市场竞争。从另一个角度来诠释这种建立相关性的品牌战略我们就会看到，蔚来更注重对用户的理解，而不是与竞争对手做出多大的差异化。在奠定其品牌地位的前几年，蔚来核心的营销策略和销售话术在于塑造用户体验，鼓励消费者用新能源豪华电车替代传统的燃油车品类，而非用蔚来替代特斯拉进行替代性竞争。特斯拉和蔚来这两个汽车行业的后发品牌，建立了全新的"相关性"，占领了"豪华电动汽车"这一关键购买要素，用开创新品类的方法打造成功的品牌。同样，理想的成功，也是基于深刻理解和洞察了"超级奶爸"这一群体在汽车方面的痛点，用"增程式技术"解决了他们的续航焦虑，用"冰箱彩电大沙发"全配套的方式响应了多口之家汽车使用的痛点，致力于为家庭打造更安全、更便捷、更舒适的智能电动汽车，从而开创了"家庭智能电动汽车"的新品类。

特斯拉、蔚来和理想这三个品牌，都是基于与"新能源汽车"这一新的框架建立品牌相关性的方式获得了成功。事实上，它们从 0 到 1 的成功，并不以跟其他新能源汽车品牌竞争"更好的产品"为根本，而是与传统燃油车这一传统品类进行竞争，这种竞争的本质是"创造不同"的品类。正如戴维·阿克所说，成功的关键在于"改变人们要购买的东西"和"成为新的品类或子品类里最具相关性的品牌"。

如果我们再往前追溯，采用同样的竞争方式获得成功的还有别克 GL8 系列，这是中国汽车业最早通过建立"品牌相关性"开创新品类的成功案例。

1999 年底，上海通用汽车将一款中高档商用车与北美同步推向中国市场，并成为上海通用的第二款国产车型，这就是别克 GL8。在初入中国市场的时候，通用汽车参考国外的定位，将其定位为家庭多用途车。但在家庭轿车并不普及的当时，家庭多用途车显然并不是最优的战略。基于市场研究和分析，通用汽车看到了商务用车市场的新机会，当时企业主要使用奥迪 100 和桑塔纳等传统轿车作为商务接待用车，这些车型在乘客容量和后备厢容量方面具有明显局限，也无法展示企业形象，显然不能满足企业真正的需求。2003 年，通用汽车对别克 GL8 在中国进行了新的定位，将品牌定位于高端豪华商务车，开创了"商务车"这一全球汽车行业的新品类，并推出"陆上公务舱"的全新品牌概念。这个新的品类直接将七座车 MPV 切入企业客户的市场，精准抓住了跨国企业、政府和大型公司的接待痛点，使得别克 GL8 很快就占据了中国中高端 MPV 的领导地位。"商务豪华车 =GL8"，这一定位直到今天依然是客户头脑中不可撼动的存在。

2024 年 4 月 24 日，通用汽车发布了全新 GL8 陆尊 PHEV，定位于"长续航插混新豪华公务舱"，以发力新能源汽车市场。

别克 GL8 在 MPV 市场独辟蹊径，通过与商务用户建立"商务豪华车"的品牌相关性，成功在中国市场开创了"商务豪华车"这一全新的品类，从而成为品类领导者和管理者，它将满足企业商务用车的需求作为品牌的核心竞争战略，并不断经营和强化品牌资产，使其竞争优势保持至今。假如当年别克 GL8 依然选择和家庭用户一样讲一个更好的家庭多用途车的故事，可能今天别克 GL8 这一品牌的命运就完全不同了。直至今天，别克 GL8 依然牢牢占据七座豪华车的领导地位，这也是开创具有相关性的新品类并成为新品类领导者这一品牌战略的成功。

事实上我们仔细分析市场就能发现，新品类战略的核心还是基于市场细分战略而展开的，成为"细分品类的垄断型品牌"是这一战略成功的关键，这与当年杰克·韦尔奇在通用电气实践过的"数一数二"战略如出一辙。但须注意，新品类战略的关键在于评估品类成长空间，品类选择不能过窄，否则会失去成长性。由于品类是动态发展的，最好的选择是"今天虽小，明天很大"的成长型品类，让品牌与品类共同壮大。

我们能否跳出产品之争，从"卷参数、卷指标、卷配置、卷功能"等一系列品牌偏好之争中走出来，是未来每一个汽车企业都值得深入思考的问题。

今天，新的人群、新的用车场景、新的需求创造了无数建立新的相关性的机会，汽车企业需要思考的是，帮助客户建立新的决策框架，让品牌代表新的品类，成为细分市场的领导者，这是面向未来的根本战略的底层逻辑。

新的产品战略：细分市场，创造不同，重新定义产品体验

新一轮软件与技术创新为新能源汽车产品带来全新的定义和改变。传统汽车品牌建立的产品壁垒被彻底重塑，所有的产品定义方式被重新改变："软件定义汽车""自动驾驶""智驾""场景""新技术"（"自动倒车"等）陆续被引入新能源汽车。除了传统的基础驾驶模式（运动、舒适、节能、个性化等），"露营""雪地""沙地""湿地"等场景驾驶模式也被引入汽车行业作为竞争要素。

相应地，从最初的交通工具到移动的生活空间，新能源汽车品牌从理念创新开始，在重新定义汽车的用途，改变消费者的消费观，这也使得传统燃油汽车厂商的产品体验优势越来越弱甚至被边缘化。日系车、欧系车和中国车，各自对汽车产品本身的理解也出现诸多不同。即便是现代新能源智能汽车的引领

者特斯拉，也与后面进入的中国新能源汽车品牌在对产品的定义上走向分化。

基于用户细分，对汽车产品做出"不同"的定义，已经成为众多新车企的竞争法宝，它们重新定义了家庭用户需要的智能电动汽车。这是基于对市场的清晰定位、深度研究做出的改变，这一定义方式从最开始挑战行业常识，到最终被用户接受，并被竞争对手跟随，也是以用户细分为中心、重新定义产品的典型案例。

新的渠道战略：提效增质，DTC 化变革

先来简要回顾一下中国汽车行业的渠道演进历史。中国汽车行业过去的主流渠道是将经销商建立的 4S 店作为标准渠道。在这一模式下，主机厂负责产品的定义、生产制造与批发、市场品牌推广，而经销商负责产品销售以及服务、交付。这一通行的汽车营销模式事实上是产销分离、批零分离、各司其职。

1. 4S 店：汽车行业商业模式的第一轮变革

4S 店全称为汽车销售服务 4S 店，是一种以"四位一体"为核心的汽车特许经营模式，包括整车销售（Sale）、零配件供应（Sparepart）、售后服务（Service）、信息反馈（Survey）等。4S 店拥有统一的外观形象、统一的标识、统一的管理标准，以及只经营单一品牌的特点。

4S 店由经销商投资，按照汽车生产厂家规定的标准建造，店内外设计统一，投资巨大，动辄上千万万元，豪华气派，环境舒适，只能销售由生产厂家特别授权的单一品牌汽车，能够为用户提供更低廉的价格、更专业的技术支持和更深入的售后服务。

在广州本田诞生中国第一家汽车 4S 店之前，中国的汽车生产厂家主要负责销售汽车，汽车保养维修都是车主自己的事。

1999 年，广州本田（后更名为广汽本田）汽车公司第一特约销售服务店隆重开业，这也是中国汽车史上的首家汽车 4S 店，带来"四位一体"服务模式的广州本田开创了中国 4S 销售服务的先河。

2005 年 4 月 1 日实施的《汽车品牌销售管理实施办法》奠定了中国汽车销

售的基本模式，即一家汽车4S店只能卖同一品牌的汽车。最高峰时，中国拥有的汽车4S店数量超过30 000家。但今天，4S店模式正在面临激烈的分化，整个4S店行业陷入亏损的格局，新的4S店不再被审批，现有的存量4S店每年以减少2000家以上的速度在慢慢减少。

2024年7月，曾经是中国最大汽车经销商集团的广汇汽车陷入退市危机。从它最近三年的业绩变化可以看出大型汽车经销商集团所面临的经营困境，广汇汽车2021—2023年的净利润分别为16.09亿元、-26.69亿元、3.92亿元。2024年，广汇汽车的业绩正在加速恶化。2024年第一季度，广汇汽车营收同比下滑11.5%至277.9亿元，净利润同比下滑86.6%至7094万元。业绩预告显示，2024年上半年，该公司预计净利润为-6.99亿~-5.83亿元，由盈转亏。

汽车4S店模式已经进入衰落期，新的渠道范式和变革已经成为行业新的共识。

2. 新能源汽车品牌引领的新渠道经营模式

在4S店模式下，主机厂缺乏对用户的深度理解，更倾向于单向传播，用户的体验和使用反馈回路极少到主机厂，对于产品的改良和升级，也仅依靠用户市场研究作为决策依据。这种模式在今天的竞争环境下，显然已经不合适。

在中国市场，4S店模式一直持续至今，依然是中国汽车行业的主流渠道模式。然而这种模式在新能源车时代与互联网电商所带来的新零售时代被打破了。在传统的市场高速增长时期，品牌商投放广告和与各大媒体沟通进行公关传播，提升品牌的势能，经销商负责具体的产品动销和零售。

基于新能源汽车新品类，特斯拉开创了全新的模式，通过建立直营的品牌体验店触达客户，将展厅前置到繁华商业中心，从而进行品牌渗透与消费者教育，最终实现线上下单和购买。特斯拉率先将品牌体验与产品交付、售后功能分离，通过互联网完成最后的销售和现金收款，成为新的范式变革者。也就是说，传统4S店的整车销售功能彻底与零配件供应、售后服务、信息反馈分离开来，取而代之的是1S+3S。

从特斯拉开始，随着越来越多新能源汽车新品牌加入DTC的阵营，汽车行业的渠道进入一个彻底多元化或者说是新模式的探索期。DTC 直营、取消经销制重返代理制，以及事业合伙制、电商直营等，各种方式百花齐放。对于新能源汽车新品牌而言，如何进行渠道创新已经成为战略必选项。

3. 从经销商模式到向 DTC 化变革

DTC 是"Direct to Customer"的简写，是一种旨在"把产品直接卖给消费者"的新型商业模式。

随着互联网电商的崛起，DTC 应运而生。基于互联网直接连接消费者的特征，早期的互联网原生初创电商企业普遍选择了 DTC 模式。最早的 DTC 品牌包括 2011 年创办的"Dollar Shave Club"（"一美元剃须刀俱乐部"），该公司 2016 年被联合利华以 10 亿美元收购。因此，2011 年也被认为是 DTC 概念的元年。自此之后，在美国 DTC 被陆续引入各个行业，因为 DTC 直接面向客户销售，去除中间渠道，早期的初创品牌普遍以此提供比传统公司更低的定价，或者以用户为导向，衍生出了更多商业模式上的变化，比如针对会员的订阅式服务等。

DTC 从初创公司开始，对传统行业的颠覆式创新效应逐渐显现。2015 年，耐克宣布进行 DTC 模式变革，这意味着超级公司也开始以 DTC 重构商业竞争力。在中国，2020 年 8 月，安踏集团正式宣布进行 DTC 变革。2024 年 3 月 26 日，安踏集团发布 DTC 变革第三年的全年业绩公告，2023 年集团收入 623.56 亿元，同比增长 16.2%，连续 12 年位列中国体育用品行业首位，这背后离不开安踏对商业模式做出的改变和调整。

现在越来越多的上市公司都将 DTC 营收单列，并作为关键绩效指标。从某种意义上来讲，DTC 已经成为数智经济时代必然发生的品牌范式变革，是数智经济时代品牌的基本竞争法则。对于汽车行业而言，DTC 绝不仅仅意味着销售方式的创新，更是整个行业经营模型的改变。其具体的改变包括但不限于以下内容。

第一，品牌直连用户，不仅是完成产品销售，更是品牌与消费者的深度连接。可以实现更高效率的营销，同时基于数智时代的大模型，用数字化和更广泛的社交媒体营销触达用户，并对用户使用情况与态度进行精准的分析和了解，从而更好地理解真实的用户，并反向指导营销沟通策略。

第二，基于用户直连，可以快速实现用户共创、参与和指导产品研发。与传统的企业单向视角的研发不同，基于用户直连，企业可以随时随地与用户在线上线下展开沟通，形成良性的共创氛围。比如蔚来通过 app 社区以及线下活动与用户多次共创，持续迭代产品和服务，从而使得其用户体验越来越贴近用户需求。如果没有 DTC 所带来的与用户的无数次直接连接，蔚来想实现"用户型企业"的经营目标还是很难的。

第三，反向指导供应链，重新塑造价值链。基于用户共创和反馈，不断开发新的功能和优化产品体验，带来的另一个好处是新的供应链思维和视角被逐渐引入汽车行业。

汽车行业的 DTC 模式可以追溯到特斯拉。特斯拉是彻底的 DTC 品牌。DTC 是一种商业模式，公司在没有第三方批发商或零售商协助的情况下，直接向消费者销售其产品。通过这种方式，公司可以避开中间商，提高利润率。然而，为了取得成功，直接面向消费者的公司需要建立自己的分销渠道，这是一笔巨大的营销投资，其回报周期相对漫长，在短期内可能会增加更多的营销成本。但从长远来看，却能创造出一种竞争优势。

造车新势力普遍采用的直营店、代理制、线上下订单线下交付、销售与售后分离的模式，开始被传统车企关注并接受。越来越多只具备 3S 甚至是 1S 业务的代理门店出现，这种模式下建店选择灵活，可以进驻到热门商圈，投入成本低，资质要求也不高。

代理制是介于传统授权 4S 店和品牌直营店之间的一种中间模式。某种意义上来说，这是传统汽车品牌在无法直接转向 DTC 的情况下，优化渠道合作模式的一种折中选择。为了应对新能源汽车厂商对竞争的要求，将传统的经销商 4S 店的重资产模式逐渐改革为代理商模式，是一种新的尝试。在这一模式下，代理商负责汽车展示、客户邀约试驾、产品交付和售后；主机厂方面则负责车型定价、交易、调车，根据服务质量和数量向代理商支付佣金。

总之，数智经济时代，获取客户的效率已然不同，从过去的通过 4S 门店"圈地运动"来完成用户的覆盖，转变为通过更高效率的移动互联网获客，4S

店将从数量增长进入质量优化阶段，渠道的"降本增效"变革势在必行。

新的品牌沟通战略：公关战、内容战、"K营销"和私域运营

　　大传播时代终结，大公关时代到来。在媒体碎片化时代，整合传播已经变成一个极度消耗品牌预算的事情，取而代之的是细分沟通平台的深度运营以及更有效率的传播手段。消费者不再仅仅相信一个纯粹的产品和品牌广告，取而代之的是接受推荐、交叉信息验证和自我判断，"你怎么说""谁说你好""谁说你好在哪里"变得更为重要。随着大传播时代的终结，企业必须考虑如何与消费者建立公共关系，将公关战略纳入核心沟通战略。

　　会议营销成为汽车行业最主流的营销方式就反映了这一变化。以往汽车行业的产品发布会主要是针对媒体和经销商群体，偏重于内部沟通，媒体记者根据在发布会获取的信息向消费者进行二次传播。这种方式下，信息发布的主导权在媒体，而非企业本身，企业可以发布通稿，但解读角度和视角更多还是围着企业构建的议题来展开。而今天则完全不同，原有面向媒体和经销商、核心客户的发布会，被向公众直播传递所取代，围绕发布会前、中、后的话题设计、引导、引爆点战略，以及事后的话题构建，即时发布、即时营销、即时收获订单，完成整个营销的闭环。这是一个全新的营销挑战，信息全方位与外界同步，受众对信息的解读不受企业控制，传播信息的海量生成和迅速触达能够快速完成"品效合一"。

　　与此同时，对一场发布会的内容传播，从战略议题的构建，到"金句"与话语体系的设计，以及事件营销等，这些都是公关视角下的如何快速形成裂变营销的新品牌新营销时代特征。

1. "内容战略"成为新竞争要素

　　传统营销时代，聚焦于超级媒体是核心的品牌投资方式，在此投资和营销逻辑下，"毕其功于一役"，打造焦点信息向消费者传播是核心主题战略。因此，代言人、主视觉元素、核心口号、画面的精致度与完美度，是品牌对于消费者而言的关键营销触点。大规模投放改变客户认知，提高品牌知名度，从而带动

客户到互联网获取产品信息，然后到 4S 店看车询价，这是过去的主流方式。

但是在今天的媒体环境下，超级媒体已经荡然无存，取而代之的是消费者更多地主动收集和获取信息，从而影响和改变自己的决策。先"种草"再购买渗透到全行业，在这种情况下，以硬广告方式与消费者沟通单一信息已经远远不够，图文、故事、播客、视频、直播等多元形式给内容创建提供了丰富的载体和空间，消费者对一个品牌的感知要求更加全面，如果你无法披露更多信息给消费者，就不足以影响和改变他们的购买决策。

因此，内容战略已经成为更高水平的竞争，对产品知识的传递和表达、全方位和多角度的品牌信息架构与管理成为新的课题。在内容战略上，我们可以看到，丰富多元的信息如何以更高的传播效率产生爆发式效应，从而完成品牌的波段销售要求，是成功的关键所在。

（1）打造 IP，创建自己的"品牌代言人"。

IP 是知识产权（Intellectual Property）的简称，我们也可以把 IP 战略理解为品牌创造属于自己知识产权的专属内容和故事，从而建立新的认知壁垒和独特点。比如迪士尼就是由无数内容 IP 所构成的。IP 战略可以分为企业自主打造内容 IP、为创始人打造 IP 和借势强势 IP 这三个关键子战略，无论是哪个子战略，都指向创造新的流行性营销能力，以提升独有的品牌内容和传播沟通效率为核心。

拥有 IP 的品牌通常能够获得新的竞争优势，比如我们看到热搜力是很多汽车公司都非常关注的营销指标，但是创始人 IP 的策略往往能获得比官方信息或者热搜更高的市场关注度，给消费者心智印上强烈的烙印。

2024 年 3 月 28 日，小米汽车 SU7 发布会举办，雷军的个人演讲成功帮助小米汽车在 27 分钟内锁定 50 000 台的订单，截至 4 月 24 日，小米 SU7 已经锁单 75 723 台，交付 5 781 台。这一成功与雷军在过去十几年间成功打造的个人 IP 有密不可分的关系。

IP 战略已经是品牌人格化的核心组件，能够创造和打造 IP 资产的品牌往往具有更鲜明的品牌特征。

（2）自建内容和内容自运营能力成为品牌营销的关键。

如何创建品牌的自有内容？是以自建内容团队来完成内容的创建，还是外包给第三方，通过第三方来创建品牌内容？

在内容创建与传播上，传统的方式是委托第三方代理商来完成，这也是汽车行业过去普遍的做法。但是在其他行业，随着内容战略的重要性不断提升，领先型企业，如美妆行业的珀莱雅，已经完成了自建内容团队（In-house）的模式，内容团队完全自建，整个内容投放完全由自己的团队操作，甚至珀莱雅和上美集团还投资了专业的 MCN 机构，将自控达人作为关键战略。2023 年，上美集团通过与旗下 MCN 机构的关键达人进行内容共创，获得了巨大的成功。

品牌必须创建强大的内容资产，才能创造新的竞争能力，这必须在内容直营和代理之间进行平衡与战略选择。

2. "K 营销"决定内容传播成败

随着超级媒体和硬性广告的效力下滑，顾客对产品信息的接收已经从广告传播，转变为达人推荐以及口碑推荐。如果内容的传播和沟通是一枚硬币的话，硬币的一面是媒体传播，另一面则是以"人"为核心的传播，即人与人的信任联结和信息传递。

"K 营销"是新的传播环境下企业必然采取的战略。这里的"K"指的是信息的加工和关键传播者，具体而言，包括以下四个关键的"K"。

关键意见领袖（Key Opinion Leader，KOL）：在传统广告时代，品牌代言人就是最明显的 KOL；今天，代言人依然可以发挥建立信任和树立品牌形象的作用，但是在产品销售的信任建立能力方面则让渡于网红，覆盖各个类别的头部达人凭借长期在粉丝群体中建立的影响力，既可以推荐产品也可以直接带货销售，他们对一个品牌产品的评价和推介往往更具影响力。

关键意见消费者（Key Opinion Consumer，KOC）：他们在自己的朋友圈或者小范围内具有很强的影响力，通常是某领域的发烧友、产品的爱好者或使用者、品牌的粉丝，他们的内容往往对用户更加具有号召力。他们的价值是未来品牌营销体系需要关注的。

关键意见销售者（Key Opinion Sales，KOS）：特指具备专业销售能力及大量垂直行业、品牌知识储备的强内容创作者，一般包括企业自己培养的专业

KOS（品牌主播、专业员工等）以及非企业自有的 KOS（一般行业主播）。

关键专业意见领袖（Key Opinion Professional，KOP）：与 KOL、KOC 不同的是，KOP 通常是专业人士，承担着为消费者进行产品科普等的工作，主要输出专业原理、产品评测、产品横向比较等内容，以更专业的身份和角色来影响消费者。在一个全新产品或者一项新兴技术引入到汽车行业中时，KOP 的评测意见对消费者的影响力往往更大。

从"超级媒体传播"到"K 营销"，大量的战略信息、品牌故事、产品"种草"、用户互动、购买信任都需要通过"K"力量来规模化、精准化传递。

"K"型传播者的集采投放、营销推广以及如何与他们进行品牌内容共创，是品牌能否短期爆发赢得口碑的关键制胜点。

3. 运营"客户关系"：从"公域流量"到"私域运营"

"私域"是最近几年整个中国数字营销领域最热门的话题和概念之一。事实上，就本质而言，"私域"的思维并不算是新鲜事物。从广义上看，可以追溯到 20 世纪 70 年代，在传统营销时代，航空业的会员忠诚度计划、联盟营销以及银行业的信用卡营销，包括开市客在内的会员制连锁超市，都是"私域"概念产生之前对线下"私域"运营的成功范例，只是当时还没有"私域"这个概念。

"流量"，是伴随整个互联网时代的专属技术词汇，如果说在互联网时代之前是"得渠道者得天下"的话，那么在互联网时代就是"得流量者得天下"。然而流量来得快去得也快，如何高效获取和运营流量就成了互联网营销的关键。

在传统互联网尤其是移动互联网高速增长时代，大量新增用户涌入，流量获取成本偏低，大量的互联网公司凭借早期入局的流量红利以及对流量经营的能力，获得了高速增长，这个时期的增长大部分都是来自公域流量。真正的分野源自 2013 年前后，当时阿里巴巴率先提出了"O2O"的概念，开始探索线上流量与线下服务结合。2016 年前后，基于互联网用户进入低增长、传统流量成本高企等背景，营销界开始思考如何更高效率地运营流量，于是开始有了将流量区分为公域和私域的明确说法。这是流量营销的第二次思维变革。

在我看来，探究"私域运营"的概念源泉，可以关联到三个关键词：范围经济、会员制零售、增长黑客。

（1）范围经济的崛起。

从经济学角度，对经济范式有两个常识性定义：规模经济和范围经济。规模经济理论是经济学的基本理论。规模经济范式是指追求扩大生产规模，从而提高经济效益的范式。从经济学说史的角度看，亚当·斯密是规模经济理论的创始人。《国富论》出版于1776年，这也是世界经济史上的新纪元与变革之作。之后整个工业经济时代，世界主流的大公司成长模式皆源于此——将产品生产规模化，降低成本，并销售给尽可能多的购买者。

20世纪80年代发展起来另一种经济范式——范围经济。范围经济范式通常是指向一部分人兜售更多的商品和服务。这种模式的本质是垂直服务于一类顾客，在互联网经济之前，一直用于解释一些中小型企业的发展模式，譬如服务高端用户的五星级酒店等。范围经济的一个极致应用就是开市客与沃尔玛的对垒，开市客聚焦于少量顾客，提供精选商品，沃尔玛是向所有人销售所有产品。两种模式在线下零售业都获得了巨大的成功。

互联网时代到来，基于移动互联网成就了用户的大联结时代，我们看到了一种新的可能，即聚焦于用户的平台规模经济在大范围崛起，我们称这种规模经济为"基于用户的范围型规模经济"。中国的很多互联网公司，在用户数量倍增的前提下，不断扩大业务领域，产生了几乎无所不包的业务聚合，形成了一张巨大的生态网络。阿里巴巴、腾讯、美团等公司的成功皆源于此。从此，以流量获取规模，对用户进行深耕，成了商业成功的不二法则。

（2）会员制零售。

与范围经济的提出时间相近，在20世纪七八十年代，美国的零售业开启了一种全新的商业模式探索——会员制连锁超市。1976年，Price Club在美国加州圣迭戈成立；7年后的1983年，开市客在华盛顿州西雅图成立，两家公司于1993年合并，并在1998年7月正式更名为Costco Wholesale。如今，开市客已经成为全世界销量最大的连锁会员制的仓储批发卖场。开市客的核心理念为：聚焦用户（会员），持续提供高价值、低价格商品，确保用户会员费物有所值。这与沃尔玛等零售巨头提供一站式全人群无门槛的零售业形成了鲜明的对比，也正是这种零售业的新范围经济范式，使得在互联网对实体零售形成巨大冲击的今天，开市客依然能够保持高速增长。可以说，这正是在同一时间，范围经济从理论到实践的典型案例。

（3）增长黑客。

增长黑客（Growth Hacking）是一种互联网时代原生的数字营销方法论，基于用户经营是互联网营销的核心目标，形成了全新的用户增长方式。增长黑客的方法论框架就是互联网的AARRR（Acquisition，用户的获取；Activation，激活；Retention，留存；Revenue，收益；Referral，推荐）用户增长模型。AARRR模型其实是一个漏斗，自上而下从用户获取到激活，到留存，到获得收益，再到推荐传播。

增长黑客是以用户增长作为核心目标的思维模式和方法论，而这一切的背后都是围绕着流量运营展开的。

今天，私域运营的核心思维，从战术层面看，就是一种用户运营和增长手段，是从向外（公域流量）获取到向内（私域用户）营销的改变；从战略层面看，则是范围经济、会员经济与增长黑客三个方法论的整合与新运用。

4. 打造品牌社区，赢得客户忠诚

新能源汽车的其中一个显著特征是电控变革到来后，为了更好地使用产品，汽车品牌app变成每个公司的标配，车主和主要用车人及其朋友、家人被绑定在app上。app将用户充分聚合，形成一个新的品牌社区，从而将品牌的文化价值观与用户进行充分的联结，创造新的品牌差异化要素。这也是新能源汽车区别于传统汽车领域的一个鲜明特征。

蔚来是这方面的先行者。蔚来汽车的早期品牌建设——打造用户型企业，很多行为都反馈在app上，它将app作为粉丝和用户沉淀、交互以及赢得信任的核心阵地。高管与用户通过app进行充分交流和沟通，同时通过用户使用激励、建立用户公约和贡献值、积分、丰富多彩的社群活动等，将蔚来车主圈作为一个独特的品牌社区来经营，使得品牌拥有了超越其他品牌的活跃度。车主的忠诚度和口碑推动是蔚来汽车所具有的另一个独特的品牌价值要素。

第 4 章
汽车企业 DTC 模式的探索与实践

数智化时代的 DTC 模式

在当今快速变化的商业环境中，传统批售模式正经历前所未有的变革与挑战。

首先，传统批售模式遭遇发展瓶颈。在批售模式的经销制下，随着车辆物权被转移至经销商，主机厂惯于利用经销商体系来应对市场变化。主机厂与经销商在互利共生的同时，也存在成本转嫁、利润分配不均的天然矛盾。尤其在汽车市场下行的环境中，压库、搭售以及严苛的商务政策与考核制度使得批售模式的弊端日益显现。不论是主机厂还是经销商，寻找到转型之道将是未来制胜的关键。

其次，消费者对体验一致性及信息透明度提出了更高的要求。汽车消费的特殊性决定了其用户决策周期与链路较其他行业更长。同时，电动汽车兴起与颠覆性玩家进场，也深刻影响了用户心智与认知。在全旅程中，消费者产生了更加多元化与个性化的需求，也越发追求跨渠道、多触点的无缝体验以及透明的价格与配置等信息。这些都在推动车企顺应新零售趋势，直面消费者，进一步挖掘用户价值，提升用户体验。

最后，数字技术的进步推动了主机厂与用户直连。技术发展改变了用户行为和车企触达用户的途径，数字渠道已成为消费者获取信息的首要方式。线上与线下融合，打造全渠道数字化体验，成为主机厂触达用户的新标配。此外，在数字化触点、系统流程、数据平台等一系列数字化工具与手段赋能等方面，主机厂都亲自下场，强化其精细化运营与管理能力。

随着互联网技术的飞速发展与消费者行为习惯的深度变迁，企业为了更贴近市场需求，提升效率与竞争力，开始积极探索和实践新型销售策略。正是在这样的背景下，DTC 模式应运而生，成了众多行业转型升级的重要方向，汽车行业也不例外。

DTC 模式是一种企业直接向消费者销售产品或服务的商业模式，它绕过了中间商、零售商、经销商等传统销售渠道。DTC 模式通过数字化和互联网技术，使品牌能够直接与消费者进行互动，从而更好地控制品牌形象、消费者体验和销售过程。

汽车企业 DTC 模式的独特性

虽然 DTC 模式在其他很多跨领域行业已经有了广泛的应用和成功的实践案例，但我们认为汽车行业具有独特性，不能简单照搬。

首先，从产品购买周期来看，相对于消费品等其他行业，汽车产品的购买本身就具有长周期属性，这代表着 DTC 营销服务的提供需要保持高度的连续性。为了避免出现断点而导致消费者体验的下降是很多主机厂努力的方向，但这也意味着会给主机厂带来巨大的成本。

其次，因汽车产品的属性具有独特性，看车、试驾等线下体验环节无法舍弃，这意味着消费品行业在线上能够完成的 DTC 闭环，在汽车行业却难以实现。反之，汽车企业开展 DTC 运营时，会着重考虑线上线下运营的一致性与连续性，从而确保消费者体验与运营效率的平衡。

最后，从产品的竞争格局来看，汽车产品尤其是新能源汽车产品越发呈现同质化的特征。从购买角度，消费者有众多的"候选清单"，这样一来，价格就成为最重要的购买决策因素之一。在这种情况下，价格的波动将会轻易地影响 DTC 营销的成果。

因此，汽车行业开展 DTC 模式需要结合自身产品的长周期属性、产品体验特征及竞争格局进行思考，从解决服务连续性、线上线下配合度等方面入手进行模式搭建。

探寻适合汽车企业的 DTC 模式

随着消费者需求的多样化和个性化，DTC 模式为主机厂提供了直接与消费者互动的机会。通过建立自己的销售平台和服务体系，主机厂可以更好地掌握市场动态，提供个性化的产品和服务，增强品牌竞争力。如何寻找适合自己的 DTC 模式，中国汽车企业可以从以下几个维度去思考。

首先，DTC 模式对小众品牌从 0 到 1 阶段的业务促进作用明显。用户群越是小众与聚焦、产品越是简单的主机厂，DTC 的效率越高。小众市场通常具有明确的需求和偏好，这使得主机厂可以更加精准地设计和定位产品，因此主机厂可以通过直接与消费者互动，更高效地满足其需求。这种高效性可以进一步提升 DTC 模式下主机厂的竞争力，使主机厂能够更好地控制产品质量和用户体验。

其次，大众化品牌转型 DTC 模式相对艰难，需要主机厂耐心筹谋。对于大众化品牌，传统经销商很难承受巨大投资进行自身能力的提升，主机厂需利用自身的资源优势赋能到零售领域，变成平台，为经销商注入"创新血液"。大众市场需要更广泛的销售网络和服务体系来满足消费者需求。然而，传统的经销商模式存在一些问题，例如渠道成本高、信息传递滞后等。因此，主机厂可以利用自身的资源优势，直接赋能零售领域，成为经销商的合作伙伴和资源提供者。通过建立自己的销售赋能平台和服务体系，主机厂可以更好地掌握市场动态，提供更好的销售和售后服务，从而增强主机厂的品牌竞争力。

最后，主机厂还需思考在零售领域做得多深，才能支持经销商业务。主机厂赋能到零售领域需要投入大量资源和精力，包括建立销售网络、培训销售人员、提供售后服务等。然而，主机厂也需要保持一定的边界，避免与经销商发生竞争，破坏合作伙伴关系。因此，主机厂需要找到一个平衡点，既能够支持经销商的业务，又能够保持一定的独立性和竞争力。这需要主机厂具备良好的战略规划和执行能力，以确保与经销商的合作关系稳定和可持续。

总之，汽车企业 DTC 模式的真正驱动因素与矛盾在于如何在不同市场和产品类型中找到平衡。对于小众市场和简单产品，DTC 模式可以提高效率和用户体验；对于大众市场和复杂产品，主机厂可以成为经销商的资源提供者；此外，主机厂需要在支持经销商业务的同时保持一定的边界。这需要主机厂具备灵活性和战略眼光，以适应不同的市场需求，并与经销商建立良好的合作关系。只有深入思考和不断探索，中国车企才能找到适合自己的 DTC 发展之路。

车企的 DTC 模式实践路径

下面我们将从 DTC 模式中的核心模块——用户运营、门店数字化和区域管理三个方面来具体分析。

DTC 模式的用户运营

我们先将重点放在用户运营上，探讨汽车行业在这一领域的三种主要策略及其对主机厂资源投入的不同要求。

在用户运营方面，汽车企业的 DTC 模式普遍采用三种不同的策略，分别是潜在客户（以下简称潜客）与保有客户（以下简称保客）同等重要、仅关注保客的再购以及潜客与保客一体化。每种策略在资源分配和运营重点方面都有不同的要求和优势。

策略一：潜客与保客同等重要。

这种策略将销量和口碑视为同等重要，主机厂需要在售前和售后两个阶段分别投入资源。在售前阶段，重点放在市场推广和销售转化上；在售后阶段，则专注于客户服务和产品改进。这一策略的优势在于可以在确保销量的同时维护现有客户的满意度，并吸引新客户，从而实现市场多样性的覆盖。然而，这种策略对资源的需求是最高的，需要投入大量的人力和财力来确保在售前和售后都得到充分的关注和支持。

策略二：仅关注保客的再购。

这种策略侧重于关注保有客户，主机厂将主要资源用于提高保有客户的满意度，鼓励他们进行多次购买或使用更多的产品和服务。这种策略的资源需求相对较少，因为其焦点在于提升保有客户的忠诚度。其主要优势在于能够实现更高的客户保留率和忠诚度，但同时也存在市场覆盖面较窄的缺点，因为它忽略了吸引新客户的部分。

策略三：潜客与保客一体化。

这种策略结合了潜客和保客的运营，通过维护保有客户的口碑和忠诚度来吸引新客户。通常需要提供具有竞争力的产品、服务和奖励计划，以满足不同客户群体的需求。相较于前两种策略，潜客与保客一体化需要适度的资源，难点在于需要在吸引新客户和维护保有客户之间取得平衡，确保两者的运营都能达到预期效果。

总的来说，主机厂在选择用户运营策略时应基于自身的资源状况、品牌战略和市场需求进行权衡。每种策略都有其独特的优劣势，因此在实施时需要仔细评估各方面的因素，以选择最适合自身发展的路径。通过合理地实施用户运营策略，主机厂能够更好地应对市场变化，提升品牌竞争力。

DTC 模式的门店数字化

接下来，我们将探讨门店数字化的两种不同方式，说明它们如何在 DTC 模式下细化管理颗粒度并优化销售和交付过程。

方式一：总部直接管理门店的所有过程与结果。

该方式通常见于新兴汽车企业。此类企业在数字化建设上基本从零开始，通过直营模式，总部对区域和门店的管控贯穿始终。从销售到交付的详细过程和最终结果，都由总部直接管理。方式一的优势在于总部可以全面掌控整个销售和交付流程，及时发现并解决业务中的微小问题，通过数据分析找到关键影响因素，并指导业务调整。统一的自营人员能够迅速执行这些调整，推动结果优化。然而，这一方式对主机厂的资源投入要求极高，需要主机厂具备强大的数据洞察能力和销售运营管理能力。

方式二：总部直接参与门店的关键过程。

该方式通常会被大型车企集团孵化出的新能源汽车品牌采用。这些企业在转型过程中利用集团资源优势，选择了介于自营和经销之间的代理制。总部在关键业务流程上对门店进行管控，确保执行细节的规范和一致性。相应地，数字化系统流程也覆盖到门店的关键环节。相比方式一，方式二的管控深度较浅，但仍能确保总部在关键节点上对门店的有效控制。方式二对资源的需求相对较低，但也能通过合理的管控和资源分配，保持较高的运营效率和客户满意度。

上述两种方式的主要差异在于管控的深度不同。通常而言，主机厂越靠近自营模式，越能全局地管控到结果和过程，但需要投入的资源也更多。例如，方式一中的深度管控允许销售和交付环节实时监控业务问题，通过数据分析指导业务调整，并迅速将调整措施传达到一线员工。然而，这对车企的数据洞察能力和销售运营管理能力提出了更高的要求。

通过以上分析可以得出，无论选择哪种方式，主机厂都需要根据自身的资源状况、品牌战略和市场需求进行权衡。有效的门店数字化策略能够帮助车企提高管理效率，优化客户体验，最终提升品牌竞争力。

DTC 模式的区域管理

结合传统车企及造车新势力的模式特点，目前主流市场的 DTC 模式在区域管理方面可以归纳为三种方式，每种方式对资源投入的要求各不相同。

方式一：强总部弱区域。

在这种方式，总部各业务条线职能更强，区域部门扮演二传手角色，贯彻执行总部的要求，并检视经销商的业绩和经营情况。方式一更依赖经销商的自主经营能力，区域部门不需要进行过多的管理干预。对于主机厂来说，方式一对区域的资源投入要求最低，主要依赖总部的支持和经销商的自主能动性。

方式二：区域"小中台"。

大部分主流主机厂都采用这一方式，区域部门在总部经营要求的指导下，扮演"小中台"的角色。区域部门能够根据当地市场的特点，进行差异化的自营和经销商管理。方式二对区域人员的能力要求较高，需要主机厂配置更多的资源，以有效应对不同区域的市场需求和挑战。

方式三：区域"小总部"。

多数造车新势力在直营模式中采用这一方式，以城总制[⊖]进行城市群下各城市门店的管理。城市总经理具有更强的自主性，包括预算分配、资源投放和市场决策等。方式三赋予区域部门更大的自主权和责任，使其能够更灵活地应对当地市场的变化和需求。然而，这也意味着对区域管理人员的要求更高，资源投入也更多。

总的来说，区域"小中台"方式对区域人员能力和资源投入的要求最高；强总部弱区域方式则对区域资源投入要求最低，更多依赖总部和经销商的支持；区域"小总部"方式则在自主性和灵活性上占优，但对区域管理能力和资源要求较高。关于区域管理三种方式的差异，表4-1进行了详细的说明。

表4-1 DTC模式区域管理三种方式的差异

方式	区域组织架构	区域职能	经销商作用
强总部弱区域	区域岗位职能颗粒度粗，仅区分业务线	与总部业务线基本对应，岗位按照区职能细分	与总部业务线对应，且岗位设置更全面
区域"小中台"	区域仅发挥政策、策略解读与经销商工作检视作用	管理更精细化，区域基于总部下发资源，自主开展活动	总部放权，区域拥有独立的资源与预算支持，可自主开展工作
区域"小总部"	经销商自主开展各项工作，自主调动资源	经销商协助区域开展工作，区域提供资源支持	门店负责执行区域策略，配合区域开展工作

通过以上分析，我们可以看到，无论是用户运营、门店数字化还是区域管理，DTC模式在汽车行业应用时都需要根据企业自身的资源状况和市场需求进行权衡与选择。有效的策略能够帮助企业提高管理效率，优化客户体验，最终提升品牌竞争力。这些探讨不仅揭示了汽车产业数智化的复杂性，也为未来的发展提供了宝贵的参考。

探讨完DTC模式在用户运营、门店数字化以及区域管理方面的不同策略

⊖ 城总制是指由城市总经理负责的区域管理模式。

后，我们需要进一步了解不同 DTC 模式的表现形式及其资源投入的程度，这需要综合考虑以下五个前提条件。

（1）产品定位是否高端以及客户群体是否聚焦。

高端车型通常面向高净值人群，这些客户在购车决策过程中更为注重品牌溢价和个性化购车体验。因此，在 DTC 模式中，资源投入程度较重的直营模式在这种情况下更具优势，因为它能够为主机厂提供更大的灵活性，以打造符合高端客户期望的定制化体验。

（2）对现有经销商业务的依赖程度。

如果主机厂已经建立了庞大而高效的经销网络，并且这些经销商在当地市场具有较强的影响力，那么在业务初期可能更适合延续传统的经销商模式或选择 DTC 程度较轻的代理模式，以最大化利用现有渠道的覆盖面与影响力。而对于那些尚未建立经销渠道且具备较强数字化能力的企业，则可以考虑资源投入程度较重的用户直连模式。

（3）主机厂现有数字化能力是否足以支撑快速的 DTC 系统迭代。

资源投入程度较重的 DTC 模式中的直营模式要求车企打造自有的数字化渠道和前端交互功能，以全面获取用户数据，并利用这些数据形成对用户和业务的全新洞见。同时，这也要求车企拥有足够敏捷的系统架构，以支持不同业务场景的灵活调整。然而，许多传统车企的信息化系统仍然是"烟囱式"架构，由不同主体分散管理，导致迭代周期长，难以快速响应市场变化，因此难以支撑快速的 DTC 模式转型。

（4）主机厂内部是否设有"对用户负责"的专门组织及与之配套的跨部门协作机制。

DTC 模式的核心目标之一是提升用户体验，而体验管理贯穿用户全生命周期。因此，建立一个横跨不同职能部门、"对用户负责"的专门组织，承接用户在不同阶段的需求，对于实现 DTC 至关重要。在此专门组织的背后，建立跨部门的横向拉通机制是确保用户体验全面提升的关键。

（5）企业内部对 DTC 能力的认知是否到位且一致。

车企的 DTC 模式转型通常需要大量资源投入，且非一朝一夕之事。如果主机厂内部各层级都能够共享一致的 DTC 模式愿景和目标，就可以极大程度地避免由于内部意见分歧造成的转型阻力，为未来的用户直连奠定坚实基础。

通过综合考虑以上五个前提条件，主机厂可以更有效地选择和实施适合自身的 DTC 模式，这样不仅在资源投入上更为精准，也能更好地实现战略目标，提升用户体验，最终在激烈的市场竞争中获得优势。

车企做好 DTC 模式转型的六个能力维度

车企不管通过怎样的方法实现 DTC 模式转型，欲实现何种表现形式和深度，其共通之处都是要围绕新营销的逻辑构筑一整套 DTC 的能力。车企 DTC 的能力框架可以从以下六个维度来考虑（见图 4-1）。

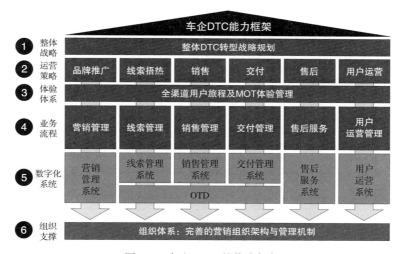

图 4-1 车企 DTC 的能力框架

- 整体战略：明确战略目标，规划各业务模块在 DTC 模式下的衔接关系，制订合理高效的整体计划。
- 运营策略：平衡用户体验与投入成本，在精准营销及运营的同时保证投入产出，明确营销、渠道、用户运营的策略，优化总部和零售端的管理模式并加强工具支持。

- 体验体系：建立以用户为中心的服务体系，从用户旅程出发，梳理跨渠道、多触点、贯穿用户全生命周期的无缝体验设计与管理标准。
- 业务流程：梳理满足用户体验需求的流程设计，重构销售、交付、充电、售后服务客户接待流程及标准。明确新营销模式下的物流、资金流链路。
- 数字化系统：建立与业务紧密耦合的数字化触点、系统流程、数据平台等工具，帮助主机厂实现高效的用户需求分析和精细化的运营与管理。
- 组织支撑：构建基于 DTC 模式和以用户为中心的组织架构，以及与之配套的跨部门协作机制，形成支撑 DTC 模式落地的组织合力。

车企根据其战略目标、企业特点、发展条件等的不同，往往会经历不同的 DTC 模式的能力建设路径。主机厂可以从表 4-2 中的不同维度，对组织整体的 DTC 能力进行全面诊断，有的放矢地进行组织能力变革规划。短期内选择性建设和优化部分关键能力，长期补齐从战略规划到围绕用户体验重塑的全面能力。

车企的 DTC 模式转型不能一蹴而就，需要目标明确、有序推进，也需要充分赋能、拥抱变化。外联用户，内修能力，车企 DTC 模式转型要由外而内驱动，逐步完善 DTC 能力体系拼图，形成组织合力，制胜于未来。

表 4-2 车企 DTC 能力维度的诊断框架

一级维度	二级维度	初步发展	行业领先
整体战略	愿景与目标	• 制定了 DTC 转型的愿景及目标，但未进行很好的内外沟通 • 目标尚未与变革战略完全匹配	• 制定了完善的转型愿景和战略，并在组织内外进行了很好的沟通和传达 • 制定了清晰的目标和 KPI 体系，并与业务目标和变革战略保持一致
	蓝图牵引	• 初步制定了支撑 DTC 模式转型的蓝图，但尚未真正将蓝图落地	• 有明确团队制定、发布了完善的转型蓝图，并在组织内得到了广泛认可，引导转型工作的开展 • 蓝图能清晰回答转型前后业务的变化，明确领域间的边界和范围以及相应的数据、技术需求演变
运营策略	用户运营	• 初步建立了用户运营组织，开始学习成功的新势力车企的做法 • 尚未形成用户全生命周期的统一视角，各部门分头作战，或者关注用户运营的短期价值	• 基于 DTC 高度统一的目标，拆解用户运营工作并有效推进，关注用户的长链条价值挖掘 • 公私域数据整合，统一管理整合线索池，建立了较强的私域运营能力 • 围绕用户满意度，进行潜保客一体化运营，能自上而下地调动组织资源并形成合力

（续）

一级维度	二级维度	初步发展	行业领先
运营策略	总部运营	• 根据DTC模式转型需求调整运营中后台职能规划 • 各职能间（包括总部与区域、门店）的对接管控机制尚未成型	• 建立了成熟而灵活的部门间配合、总部—区域—门店管控机制，有效支撑一线运营工作的开展 • 数字化工具规划有效承载职能变化和业务管理诉求
	零售运营	• 总部对门店管理提出更细致的要求，通过商务政策和激励手段管控运营结果，并取得了阶段性进展	• 总部参与门店运营的关键过程，在流程上管控门店细节，配合数字化系统，获取更全面、真实、及时的用户数据 • 在营销和销售运营过程中，总部有效对零售端提供指引和工具赋能，并取得较好成效
体验体系	全渠道一致	• 部分用户旅程实现自助服务，通过多渠道（如小程序、电话、门店等）为用户提供服务 • 用户的需求、偏好、状态可在各渠道间共享和使用	• 大多数用户旅程都能通过数字化渠道实现 • 用户需求、偏好、背景和状态可在各个渠道无缝共享和使用，用户可在不同渠道间无缝切换服务
	个性化服务	• 开始基于用户角色构建用户细分机制，针对不同用户角色评估需求，提供部分针对性的服务	• 具备完善的用群细分机制，用户洞察与标签精准，可为营销提供有效输入 • 为大部分用户提供量身定制的服务和体验，具备一系列超越用户需求的差异化服务场景
	体验管理	• 构建用户单一视图，在部分场景下使用用户视图 • 在部分业务领域开始对用户体验涉及的数据进行采集	• 具备完善的用户体验管理指标，且有固定团队负责体验管理 • 在用户全生命周期内，采集用户体验涉及的数据，并根据对用户声音的分析，及时采取改进行动
业务流程	流程效率	• 流程设计呼应业务核心变化，如用户运营、零售运营的关键动作，并配置相关工具 • 流程执行以人工为主	• 流程与规则清晰合理，能够反映业务、物流、数据、资金流的变化，全面匹配DTC策略落地 • 流程灵活度高，可根据业务需求高效调整适应市场变化 • 流程执行具备较高自动化程度，可较大程度提升运营效率
	流程质量	• 设置基本的效果指标，可初步评价流程运营效果 • 流程执行能部分满足用户诉求，执行结果与预期存在出入，需持续迭代	• 建立了相对完善的指标体系，包括与业务相关的结果指标和业务流程精细化管理的过程指标，且指标数据真实、可得 • 流程执行结果与预期高度一致，执行过程错误率低

（续）

一级维度	二级维度	初步发展	行业领先
数字化系统	数字化产品	• 有序落地2C数字产品，一定程度覆盖用户线上需求，但体验存在断点，数据收集不完整 • 搭建BI（商业智能）看板，可对业务核心管理部门决策赋能 • 门店管理工具在业务流程变更后调整，有一定程度的滞后，可支持核心业务变化	• 2C触点支撑全渠道一致体验，全面收集用户数据 • 2B数字平台完善，助力跨部门协作、提升工作效率，并有效监测输入数据质量 • 门店管理系统与业务流程高度耦合，有效赋能一线业务并收集实时准确的用户数据，提升总部运营管理效率
	数据管理	• 开始重视数据的管理，初步建立用户全生命周期数据管理体系和系统（如客户数据平台） • 初步搭建用户标签体系，为数据洞察奠定基础 • 开始数据质量评估和改进活动，数据质量与信息架构和应用设计相关联	• 覆盖用户全生命周期的业务流程的数据采集，并有效管理数据，符合不断变化的数据隐私与安全政策 • 完成One ID打通和数据治理，实现内外部数据打通和人—车精准匹配 • 在数据质量问题方面有着成熟的分析改进过程，内部数据质量满足上下游业务的要求
	数据分析与决策	• 数据初步可视，利用数据分析形成日常业务报表，辅助业务决策 • 已有局部业务开展数据分析工作，但缺少统一规划	• 数据分析已成为业务每天不可或缺的必备工具，能有效、准确地支撑业务预警、决策 • 报告间数据一致，结果真实 • 初步实现确定的业务决策执行由机器所代替；能对异常的业务操作进行及时警告
组织支撑	组织架构	• 对标行业进行了组织架构调整，但岗位边界与变革目标和策略契合度不高，可能出现职能水土不服或业务重叠等问题	• 组织调整与转型目标及企业基因高度契合，职能边界清晰 • 在规划时全局考虑组织协同效率，汇报关系和管理机制与组织变化同步调整
	人才使用	• 结合数字化转型业务方向调整，规划人才结构调整及数字人才获取路径 • 人才能力尚存差距，培养体系正逐步建设	• 人才规划具备前瞻性和灵活性 • 培养体制完善，可用内外部资源有效执行当期业务规划 • 人才调配机制灵活，评估机制科学，可敏捷支持DTC落地相关项目工作 • 全面使用数字化工具和流程，高效实现人才的选用育留
	跨部门协作	• 跨部门开始建立起围绕用户体验驱动的沟通，协调相互需求，能初步协调资源和优化流程等 • 团队中的管理者起到主要的协调、沟通作用	• 除了项目的全面合作，部门间还在转型中有深入的合作，各方共同瞄准DTC模式转型目标 • 有相对完善的机制协调资源，可以快速高效地推动转型工作

第5章
汽车企业内容营销的探索与实践

汽车营销新阵地：社交媒体内容营销

  品牌营销旨在通过一系列活动，使消费者对品牌和产品形成认知，并通过传播产品的品质、文化及独特性来提升用户对品牌或产品的价值认可，从而促进销售。汽车企业的品牌营销历经多个阶段，每个阶段都有独特的营销方法和逻辑。

  在传统广告时代，企业主要通过电视、报纸、杂志和户外广告进行品牌宣传，通过大规模投放广告提高品牌知名度，以覆盖更多潜在消费者从而增加销售机会。随着市场竞争加剧和消费者需求多样化，企业开始注重事件营销和公关活动，采用赞助大型赛事、举办发布会和参与公益活动等方式，通过情感共鸣提升品牌忠诚度。互联网时代的到来催生了数字营销，企业利用搜索引擎优化（SEO）、搜索引擎营销（SEM）和社交媒体进行品牌推广，通过精准投放直接触及目标消费者，以此提高营销效果。

  近20年来，汽车品牌的营销模式发生了深刻变化，主要原因在于数字技术和人工智能的快速发展使沟通链路由模糊变得清晰，以及数字媒体的强交互性和开放性改变了全社会的行为模式和媒介格局。这些变化推动了内容营销的崛起。

  内容营销通过创建和分发有价值的内容，吸引和留住目标受众，推动用户采取有利于品牌的行动。与传统广告不同，内容营销更注重与消费者建立长期关系，提升品牌形象和用户黏性。通过内容营销，汽车企业能够更好地满足用户需求，建立品牌权威，促进用户互动和口碑传播，并通过数据分析优化营销策略。

根据美国内容营销协会（Content Marketing Institute）的定义："内容营销是一种通过生产和发布有价值的、与目标人群有关联的、持续性的内容来吸引目标人群，改变或强化目标人群的行为，以产生商业转化为目的的营销方式。"

在多年之前，汽车企业就开始重视内容营销，通过邀请顶级团队为品牌定制杂志、出版图书等方式，增强与用户之间的情感联结，塑造品牌形象，提高用户满意度。

进入新媒体时代，传统媒体的传播方式已无法满足企业的营销需求，汽车企业开始转向新媒体平台，汽车品牌在各平台的官方账号成为新的内容营销窗口。汽车企业可以通过在线官方账号与消费者互动，大幅提升营销效率。

然而，随着社交媒体平台的飞速发展，仅依靠品牌本身发声已无法满足企业的竞争需求。

社交媒体占据了消费者的闲暇与娱乐时间。全球月活跃用户超过 10 亿的社交媒体平台有多个，用户行为多样化，包括浏览视频、观看短剧和直播以及电商购物等。在激烈的竞争态势下，营销沟通抢夺的是用户的关注和时间。如何在社交媒体上做好内容营销，成为品牌管理者面临的重要课题。

社交媒体让内容营销效率大幅提升。汽车品牌利用平台提供的数据支撑，为决策提供依据。丰富的后台大数据如同作战地图，品牌方可以通过分析这些数据了解竞争局势，科学地指导下一步打法。在社交媒体上，用户可以轻松获得其他消费者的评价和专家的意见，辅助自己做出购买决策。特斯拉等品牌就是成功利用口碑效应，迅速实现传播裂变。

综上，随着数字技术和媒体环境的进一步发展，内容营销成为主流汽车企业的营销主阵地，而在社交媒体平台进行内容营销则是汽车企业内容营销的核心。

内容营销加速策略

数智化时代的内容营销探索与实践已成为汽车行业的一项重要议题。从用户需求的角度出发，理解用户的决策路径对于汽车企业创造有效内容至关重要。我们以用户从潜在消费者到车主的一个旅程为例，来探索内容营销在不同阶段的实践和策略。

一个完整的用户旅程通常涵盖以下五个阶段：品牌与产品认知、兴趣与探索、横向对比、购买以及售后与分享阶段。在这个旅程中，用户在不同阶段有不同的需求和痛点。例如，在品牌与产品认知阶段，用户可能通过社交媒体、朋友推荐等渠道了解到汽车品牌和产品。在购买阶段，用户可能会通过在线搜索和比较不同品牌的优缺点来做出购买决策。根据这些不同阶段的需求和痛点，我们需要有针对性地创作内容，以满足用户的需求。

在用户旅程的五个阶段里，每一阶段都包含对内容的需求。用户最初了解的品牌内容来自四面八方，如社会新闻、户外媒体、朋友交流等，一旦有了消费汽车的意愿，就会从被动接收走向主动搜索，尤其是根据自己的预算搜索目标范围内的车型，大型社交媒体平台和垂直类平台（如懂车帝、汽车之家、易车等）被用户高频使用。

在新能源汽车时代，车企要触达用户，陪伴用户旅程的五个阶段，就必须策略性地铺设内容赛道，这样才能在激烈的市场竞争中加速奔跑，夺取用户心智，直到成功实现销售转化。

近年来，整个车市面临产能释放过度与需求相对不足的矛盾，尽管如此，新能源汽车行业不乏创立不久的新品牌，各路英豪抢滩新能源汽车领域的决心和动力极大。在这样一片红海中，市场声音广泛庞杂，一款新车型如何能杀出一条血路？新车上市时在内容营销上遇到的具体痛点有：内容传播方式亟须随平台变化而转型；竞争激烈，对手数量众多且火力很猛；如何在预算有限的情况下追求极致效率。

针对以上痛点，有哪些破局之道？我们的解法是"内容营销的加速策略"（见图5-1），以优质内容贯穿始终，有效驱动汽车品牌在社交媒体的增长。

图 5-1　内容营销的加速策略

1. 引爆点

如马尔科姆·格拉德威尔《引爆点：如何制造流行》一书中阐述的三项法则，成功内容营销的第一步离不开个别人物法则、附着力法则[一]、环境威力法则[二]。数智化时代，在前期充分洞察、大量数据分析的背景下，把这三项法则带入到新车内容营销上，就是找到合适人物、合适介质与最佳场景三大因素。

（1）产品 × 人物。

个别人物分为三种类型：联系员、内行、推销员。营销汽车这类复杂、高价值产品，内行的作用不可或缺。在社交媒体上，内行是那些汽车产品专家型意见领袖，品牌邀请他们，针对新品进行诠释和解读，策划有创意的事件并传播，是成功引爆的第一步。

如何选择合适的内行？在加速策略中，我们强调，以下几个维度至关重要：影响力与知名度、口碑和声誉、与目标受众的契合度、传播能力和效果、客观性和公正性、创意能力。汽车品牌应综合以上维度的评分来选定合适的内行。基于合适的人物，进行新车的独家体验、抢先揭秘等事件策划。

[一] 附着力法则（Stickiness Factor）是关于信息如何被传递和接受的，它强调的是信息的吸引力和影响力，即信息需要具备某种特质，使其能够在人们心中留下深刻印象并促使人们行动。

[二] 环境威力法则（Power of Context）强调的是环境或情境对人们行为的影响，即小的变化或调整可以在环境中产生巨大的影响，从而引发流行潮或改变人们的行为模式。

（2）产品 × 情绪价值。

符合引爆条件的内容，必然会带来大量的互动，这也是社交媒体传播的一大特征。新车上市的内容创作应融合产品本身的亮点，确定不同阶段故事的基调，在此基础上引出我们的乘数之一——情绪价值。"发布产品 × 情绪价值 = 传播主题"。在策划的初期，强调情绪价值，内容不仅要诠释产品本身的特点、亮点，更要结合某种情绪，如快乐、惊喜、感动、敬佩等，情绪价值能够创造新的附着力，这些情绪元素将引发受众的共鸣，共鸣之后，受众会形成记忆点，会主动传播，从而逐步影响更多受众的心智。

（3）产品 × 场景价值。

在全新车型开发期，产品经理通常会构想用户的用车场景，根据使用场景决定相关功能保留还是删减，场景会影响车型定位。新车上市期，通过大数据洞察，我们可以捕捉到潜在用户的高热场景，在内容创作上，"产品 × 场景价值 = 传播主题"就具备了可实施性。例如，定位露营场景的车型会邀请亲子类意见领袖，演绎全家出门露营的快乐时光，汽车在出行途中、在户外现场的种种实用功能和独特卖点，将通过真实场景呈现，让潜在用户如临其境，从而产生特定的代入感、向往感。

综上，在新车上市初期，三大因素糅合而成的"内容火药"可以引爆社交媒体，做到高声量、高质量覆盖。内容营销的传播效果是否达到相应的预期，均可以通过一定时间内的浏览、互动、搜索等数据指标衡量。

2. 相关性

新车型非常多，各类专业术语让人看到眼花缭乱，究竟哪些会与用户个人相关？

内容创作具有层层转译的特点，即信息从品牌到消费者传播过程中逐步转化和丰富。针对汽车这样一个复杂的耐消品就非常适用，简单地说，品牌生产内容（Brand Generated Content，BGC）是由品牌方创作的，可以专业又精确地描述产品；专业生产内容（Professional Generated Content，PGC）是由包括关键意见领袖等专业内容创作者发出的；用户生成内容（User Generated Content，

UGC）是用户发起的内容，以上三者的关系层层递进：BGC—PGC—UGC。

品牌希望车型与用户的相关性高，易被提及、被搜索，这就需要把产品开发时的专业技术用语、性能描述等转译为消费者听得懂、记得住、传得开的语言。例如，新车中配备的一款主打舒适的座椅，在 BGC 的描述中会提及种种参数配置，表达产品的功能性；而在 PGC 的描述中，被称为零重力座椅；真正使用车子的消费者，会用"女王副驾"来描述，就是 UGC 的表达。我们发现，用户创造力无限，由用户发起的一些昵称，常常是传播中最火爆的那条引线，大数据分析让我们能找到这些昵称并快速推广。从用户角度出发，通俗易懂地表达产品特性，往往会让传播事半功倍。

一旦用户有买车的念头，就会发起主动搜索，系统将根据算法推荐，推送相应的产品。搜索行为的前端、后端，都必须有内容策略的支撑。在搜索发生前，我们会通过数据分析判断什么样的内容有利于带动搜索动作。例如，对于三代同堂的用户，MPV 车型的相关性高，大家庭自驾出游的视频或将引发他们搜索相关车型。用户搜索之后由哪些内容承接，继而传递更丰富的产品信息一样值得重视，优质的内容如同顺水推舟，而不合适的内容则可能将用户引入竞争对手的包围圈。

经过对后台用户行为数据的分析，车企可以精确设计搜索关键词，洞察搜索场景，比如是在浏览短视频时搜，还是在评论互动时搜，再有针对性地预埋内容，做到传播信息与潜在用户行为的匹配。

3. 差异化

向前一步，用户在社交媒体搜索后，通常会借助垂直类平台（如懂车帝、汽车之家等）对目标范围内的车型进行横向对比，此时真实全面地评测、塑造差异化、与竞争对手拉开距离、放大亮点、维护好老用户的口碑等，都是切实可行的举措。

在差异化内容的创作上，PGC 起到重要作用，由专业人士提供的对比更具信服力，但必须留意，不要夸大其词，不要恶意贬低竞争对手，要公正客观地表达产品亮点，这才是秉承长期主义的内容之道。

4. 助推决策

汽车是高价值产品，决策周期长于普通消费品。在下订单阶段，也就是临门一脚时，在内容上要给用户足够的信赖感、安全感，并辅以相应激励。例如，在公域通过限时直播的形式为用户送上福利；在私域推送最新政策信息、专家点评等内容，助推用户做出消费决策。优秀的品牌与渠道管理甚至会让销售行为本身作为内容的源头，利用社交平台的传播属性将其放大，进而形成正向循环，持续为品牌增值。

5. 赢口碑

汽车是重服务的品类，在智能化时代，产品本身即决定售后旅程的丰富程度，通过用户app与售后的联动提升服务效率和品质，并激励用户发布内容，将车主发展为拥护者、传播者，将会赢得更大群体的口碑效应，促进更多的潜客转化为购车者。正如"CAAA汽车产业数字化十大真问题之五——新时代车企用户发展秘诀"中提到的：口碑不仅有助于吸引潜客，更可被车企用来做内容分析依据。例如，现有忠诚客户在推荐朋友购买时，会说什么样的推荐语，如能深入分析，对车企后续的传播是极具参考价值的。

数智化时代与传统媒体时代的一大区别是，内容创作完毕，点击发送键之后，内容运营工作并非大功告成，而是刚刚开始。实时监测、动态分析、动态调整是内容运营的基本工作，往往也是决定成败的关键步骤。正是数据后台的开放，让这一切成为可能。通常，新车上市会邀请多位意见领袖来发布，有时是几十位甚至上百位，在第一波内容上线后，通过实时监测，品牌可以第一时间分析不同KOL的曝光表现、互动表现，包括用户阅读内容之后搜索相应新车的比例，然后对效果进行排序，进一步针对表现优质的KOL进行流量加热，甚至是跨平台推广，对于好内容这等于又叠加了一个乘数，成倍提升传播的效率。更为精细化的运营，包括对KOL粉丝评论区的内容进行分析，找出正向评论、负向舆情，并创建评论词云，抓取高热的评论词汇，这一方面能衡量传播效果，另一方面也可以为下一步的传播提供借鉴参考。

得益于以上洞察、创作，运营的闭环周期被大大缩短，品牌的内容营销同样可以通过小范围不断尝试筛选出最佳实践，成功后快速复制，几何级放大传播效果，同时也避免了在传统媒体时代，如果一次大型传播方向跑偏，只能从头再来的低效局面。

效率之外，品质也需要有保障。场景价值的放大、精挑细选的创作型意见领袖给我们的启发是，在社交平台，不仅仅碎片化、娱乐化的内容可传播，高品质、长尾化的内容，也越发受到用户的关注和喜爱，品牌只要把握好内容创意力与话题传播效率的平衡，就能通过内容营销创造更大价值。汽车品牌过去常用明星拍摄新品宣传片，在今天的社交平台上，KOL携流量与人格魅力，一样可以为汽车品牌创造高质感内容。

综上所述，数智化提升了内容营销的效率，也给新车上市提供了无穷无尽的解题思路。加速策略只是解题方法之一，优点是有利于快速创造热点、脱颖而出，打开新车的知名度与创造关注度，放大开口之后，持续精耕细作，用持续不断的内容转化用户，让数智化内容促进业务发展。

汽车企业内容营销的发展趋势

在数智化时代，汽车企业的内容营销正处于一场前所未有的变革之中。从算法与内容的结合到生成式人工智能（Artificial Intelligence Generated Content，AIGC）的影响，再到直播等新兴商业模式的渗透，这些趋势正引领着汽车品牌在内容营销领域的发展方向。

（1）算法与内容的结合加深。

未来，算法与内容的结合将成为内容营销的重要趋势。这意味着汽车品牌在社交媒体开展内容营销时需要深入了解用户的行为模式，并分析平台的算法、推荐策略以及搜索策略等。通过AI分配机制和对人的思维行为分析的结合，汽车品牌可以创作出更优质、更具吸引力的传播内容，增加科学性和技术性的比重，从而实现内容营销的精准化。

（2）AIGC重构创作模式。

2023年开始，逐渐有车企将GPT大模型引入车机，用户驾车时即可体验互动。汽车品牌自身内容传播的素材也不乏AIGC产出，包括图文、短视频等形式，既有天马行空的想象力，又有强大的视觉震撼力，也能做到千人千面，按照不同用户的特征、喜好去定制传播素材。未来车企如能将公域AIGC内容与私域车机生态进行整合，那么必将创造出更多的可能性，引发更热烈的追捧与新的商机。

（3）直播等商业模式在汽车领域渗透将会更深。

直播有着实时性特点，品牌通过平台发起传播，连接用户互动，形成了一种新的共创式内容。平台直播曾经被车企寄予厚望，不过经过几年的实践，在线购车交易并未形成规模，但是，直播为渠道和终端开启了又一个沟通窗口。品牌把握平台的流量分发机制，搭建有吸引力的直播场域，相当于新增了一个获客渠道。随着精准化营销的迭代，线上与线下更深度地融合，不断迭代的直播卖车，或在将来能够成长为一种跑得通的商业模式。

总的来说，随着科技的不断进步和消费者需求的不断变化，汽车企业的内容营销正朝着更加科学、技术化、创新化的方向发展。从算法与内容的结合到AIGC技术的应用，再到直播等新兴商业模式的渗透，这些趋势都将深刻影响汽车品牌的营销策略和方法，为行业带来更多的机遇和挑战。

如何提升客户体验和品牌价值

我们认为，4WDV模型和共创解题方法不只适用于汽车企业，还具有一定的普遍性。如果读者所在的企业也在进行数智化转型，我们也真诚地希望将4WDV模型和共创解题方法传递给你，帮助你所在的企业一起探索并定义针对自己企业的"真问题"。

问题之思

第一部分主要围绕"客户价值驱动的核心：体验与品牌升级"探讨汽车产业如何在数智化创新过程中提升用户体验和实施品牌升级策略，以更好地满足客户需求，从而在激烈的市场竞争中脱颖而出。你所在的企业在客户价值驱动方面有哪些需要解决的真问题呢？

客户心声：你真的听见了吗？

【思考互动】想象你正与一位理想客户面对面交谈，他最渴望解决的问题是什么？他日常生活中有哪些微小但重要的瞬间，让你的品牌可以介入并为其带来惊喜？

【动手实践】尝试绘制一幅包含客户日常生活细节的"情感地图"，并标出品牌可以怎样在其中增添价值。

客户旅程：如何从"足迹"中发现"金矿"？

【问题导引】在客户的购买旅程中，哪一环最容易让他们"迷路"或感到不满？如果让你成为客户的一日体验官，你会如何改善这段旅程？

【共创任务】设计一个"客户痛点抓取器",邀请真实客户参与,收集他们在各个接触点的直接反馈,并共同讨论解决方案。

共创工作坊:如何从一场咖啡讨论开始共创?

【虚拟互动】设想你正在组织一场咖啡讨论,你会如何设计互动环节,以激发大家的创意火花?如何确保每位参与者的声音都被听见?

【策划挑战】列出你想邀请的五类代表性客户,并为每类客户设计一个参与度高的互动环节,让共创不仅仅是说说而已。

品牌灵魂探索:何为你的"不可替代"?

【灵魂拷问】如果你的品牌是一位电影角色,它会是谁?它的故事如何与众不同,触动人心?

【故事共创】邀请你的团队成员每人写下一句关于品牌核心价值的故事开头,然后集体讨论,整合为一个完整且引人入胜的品牌故事。

直面问题:哪个问题才是"真问题"?

【问题征集】在品牌升级路上,最让你夜不能寐的问题是什么?它背后的真正挑战是什么?

【解决方案工作坊】针对你提出的"真问题",列出三个你认为最疯狂但也有可能最有效的解决方案,并在心中为它们打分。

行动 TIPs

✓ 组建"梦想改造家"团队。

　　跨部门召集令!组建一支由各部门精英组成的"品牌升级特攻队",让不同视角碰撞出创意火花。

✓ 启动 MVP 行动计划。

从上述互动中选出一个最紧迫或最吸引人的点子，制订一个一周内的快速试验计划，在方向大体正确之下，不断试错测试、小步迭代完善，打造最小可行性产品（Minimum Viable Product，MVP）。

√ 建立"客户之声"反馈墙。

整合线上与线下渠道，创建一个"客户之声"平台。线上，利用社交媒体、官方网站及 app 内置的反馈系统收集用户意见；线下，在门店或服务网点设置智能反馈终端，利用 AI 技术即时分析客户情绪与建议。确保每一个客户接触点都能成为收集宝贵洞察的前线，定期汇总分析。

第二部分

产品价值驱动的核心
软件与 AI 定义汽车

导　读

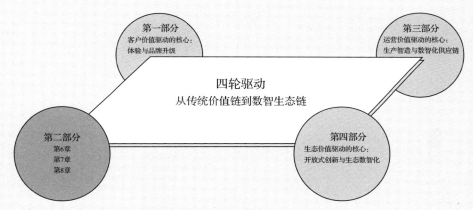

本部分聚焦 4WDV 模型中的产品价值驱动。

作为四轮驱动之第二个轮，"产品价值驱动"进一步强调数智化汽车产品更需要"以用户为中心"创造价值。"产品价值驱动"之轮表现为软件定义汽车（SDV）为汽车硬件不断迭代升级体验，是"客户价值驱动"之轮的延伸。我们更强调数智化产品设计需要以汽车使用者为中心，而不以汽车购买者为中心，所以在第二部分中，我们更多采用"以用户为中心"的表述。

汽车产业数智化是传统汽车升级为数智化汽车的过程。讨论数智化汽车时，人们经常提到 SDV 这一概念。尽管该表述已被业界广泛接受，但也有人认为它过于强调软件、贬低硬件的价值。事实上，SDV 最早是由具有数智化前瞻眼光的汽车人在 2014 年率先提出的。提倡 SDV 并非否认硬件的重要性，而是汽车人对于未来数智化汽车发展方向的准确预判。不管是硬件定义、软件定义，还是AI大模型定义，这些都属于本部分所讨论的数智化汽车产品范畴。

电动化和数智化标志着汽车产品发生质变。数智化使得汽车产品同时展现其完整的一车两面（身体和灵魂）三大件（车体、座舱和自动驾驶）。汽车产品的硬件部分依然存在，它看得见、摸得着；数智化部分虽然看不见、摸不着，但它越发影响用户的体验和购车决策。2016年上汽集团联合阿里巴巴推出全球首款互联网汽车，当时的调研结果表明，排名第一的购车原因是互联网体验，而不是品牌、价格和外观这些传统的购车决策要素。

汽车产品的硬件部分像车的身体，软件、数据、AI等软件部分像车的灵魂，二者不可分割，而且互相影响、互相成就。产品数智化不仅发展软件和AI，还改造硬件，例如，一些实体按键虽然消失了，但它们转化为屏幕上的"软按键"，甚至转变为语音命令和手势操作。数智化的软件部分依赖新的硬件部分来完成和丰富用户的体验，例如，芯片、硬盘、摄像头成为汽车中重要的硬件实体，算力的重要性甚至超过马力。在自动驾驶模式下，整车驾驶单元的硬件不再被人操控，而是直接为产品的数智化部分服务。

从一车一面升级为一车两面的数智化汽车，汽车的硬件架构和软件架构都变了，企业需要根据全新的产品分层架构调整内部组织架构和开放式创新生态的跨组织设计（见中篇第四部分）。近年来，传统燃油车产品的高度确定性和数智化汽车产品的高度不确定性之间存在巨大反差，这让原有汽车企业的组织和人才在一车两面的融合过程中感到极为不适。达成高度确定性一贯是汽车制造业卓越管理的象征，但以流程为中心和以老板为中心的思维方式使得传统车企在数智化转型过程中很难实现以用户为中心的产品价值驱动。

除了一车两面，数智化汽车还具备新的三大件：车体、座舱和自动驾驶。车体部分具备高确定性，智能座舱恰好相反，自动驾驶则介于两者之间，由软件和AI驱动。特斯拉为行业贡献了更高的确定性：端到端的数据驱动。以全球化的硬件（包含底层软件）结合部分本地化软件，实现合规落地和场景适配已逐渐成为汽车行业的共识。端到端AI大模型的进步可以为人机交互带来全新的演进形态和模式，使软件定义由原来的基于机理模型走向基于数据模型，这才是真正的数据驱动，特斯拉 FSD V12 版就是很好的范例。

面对"一车两面三大件"的产品架构变化，汽车企业需要针对不同的"面"和"件"，在不同市场采用不同的组织架构、不同思维方式的团队和不同的外部生态伙伴来协同应对。本部分中，我们会直面数智化汽车"一车两面三大件"的复杂性。

"丰田生产体系之父"藤本隆宏教授 21 年前就预测过，熟谙平衡之道的中国将走到全球汽车产业数智化和电动化转型舞台最前沿。本部分内容将充分展现数智化技术正推动全球汽车企业认真设计"一车两面三大件"充分融合的产品，我们将先从全球汽车产业中早已实现高度确定性的领先国家的视角，分析数智化汽车产品带来的挑战和应对思路，再切换到最擅长应对不确定性的中国，层层拆解数智化汽车产品的挑战表象和底层问题。第 6 章从海外专家的视角介绍 SDV 带来的产品数智化价值和挑战。第 7 章聚焦于硬件部分的挑战，产品要以用户为中心，以数据驱动整车产品定义和设计的方法论。第 8 章聚焦于非硬件部分的数智化产品设计，提出五新模型，以此驱动软件和 AI 为汽车贡献前所未有的产品体验。AI 时代的数智化汽车让人车关系（Human Vehicle Relationship）重新定义。

"产品价值驱动"之轮是四轮驱动整体框架下承前启后的关键驱动轮，数智化产品"一车两面三大件"融合的过程必然伴随数智化创新生态的构建，为"生态价值驱动"打下坚实的基础。

第 6 章
软件定义汽车的必然与挑战

软件定义汽车与 OTA

特斯拉自 2016 年起开始通过空中下载技术（Over-the-Air Technology，OTA）更新车载计算机，随之开始极大改变汽车价值的软件定义汽车（SDV）的概念就开始流行起来。

SDV 到底是什么？首先我们需要明确它能给我们带来的好处。实际上汽车早在 20 世纪 70 年代导入的软件，即使到现在还是相当先进的。那为什么现在 SDV 依然是热门话题呢？到目前为止的汽车软件和 SDV 的差异点就是汽车的功能和性能可否通过 OTA 迭代更新。实际上，在许多讨论中，SDV 通常是指像智能手机或电脑一样，能够对操作系统和应用程序进行功能更新的汽车。

最近的电动汽车（BEV）很多都使用来自摄像头、毫米波雷达、激光雷达、超声波等传感器的数据进行分析，在汽车行驶中实现"环境状态把握"。此外，通过电子控制单元（ECU）等控制系统设备，可以实现"驾驶状态把握"。通过在云端深度学习这些环境和驾驶相关的海量数据，可以开发决定汽车"在不同环境分别如何驾驶"的优化算法（见图 6-1）。

在电动汽车中，需要进行内燃机（ICE）汽车所不需要的计算。例如，普通的 ICE 汽车在减速或停车时主要利用刹车片的机械摩擦，而电动汽车通常会利用电机将运动能量转换为电能来减速和停车，这一过程被称为"再生制动"。这样的电子调整功能由软件定义和执行，因此需要能提供更大算力的半导体。

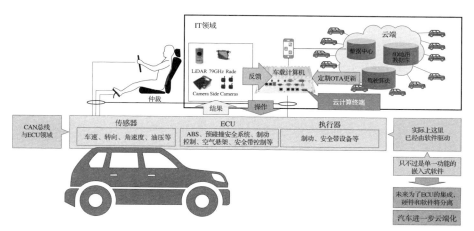

图 6-1　软件定义汽车（SDV）示例

这里介绍一个鲜活的例子。特斯拉开始发售 Model 3 之后，业界著名媒体《消费者报告》指出，"与更大的 Ford F-150 皮卡相比，Model 3 的制动距离较长"，并因此将特斯拉 Model 3 的评级降为"不推荐"。然而，第二天，马斯克通过推特发文称可以通过 OTA 软件更新缩短刹车距离。结果，特斯拉第二周就通过 OTA 更新将制动距离缩短了大约 6 米。于是，《消费者报告》将评级改为"推荐"。

特斯拉就这样通过软件提升了再生制动的控制水平。通过软件远程更新就能改善驾驶系统功能，对于当时的汽车制造商来说是一件令人震惊的事情。就连可以说是汽车功能中最重要的制动控制也能够通过软件定义，这正是 SDV 的精髓体现。

奥迪的汽车工程师认为"包括约 30% 的紧急减速，刹停最多 95% 由再生制动器处理"。简单地说，加强电控即可缩短制动距离。由于电流由半导体和软件控制，制动也就变成由软件定义。即使是相同的电池容量，通过与行驶环境和行驶状态相对应的能源控制，更正确地预测续航里程，也能提升续航里程。这正是目前重要的技术开发领域。

从全球用户的角度来看，选购电动汽车的最大关注点就是更长的续航里程。电池容量大小当然会影响续航里程，但消费者更关心实际的续航里程有多长。实际的续航里程因行驶环境的不同而差异很大，所以很难准确预测。此外，持续高速行驶途中需要快速充电时，电池温度高可能导致充电效率降低。针对这种情况，最近热泵及其软件管理已经可以结合三维 ADAS（高级辅助驾驶）地图和车辆到达充电站前的行驶条件，对电池温度进行调控。对于长途旅行，缩短充电时间可以缩短抵达目的地的时间，为用户创造新价值。

改进软件更新的算法需要从更多汽车收集更多数据到云端。特斯拉已交付用户使用的电动车数量众多，再加上它们拥有强大的深度学习技术，因此可以迭代出更领先的软件算法。通过 OTA 更新这些软件，特斯拉汽车可以始终提供与新车相同的体验，不仅适用于正在销售的新车，也适用于更早售出的特斯拉汽车。具体来说，一年前购买特斯拉汽车的车主，现在依然可以享受与最新款特斯拉汽车相同的功能和性能。正如智能手机能够通过不断地系统升级，让用户体验使用最新手机的状态和感觉，不同于过去模拟通信时代的功能手机一样。

软件更新可以增加功能，提升性能，创造更好的产品和服务。不仅是特斯拉这样的电动汽车企业，更多传统汽车制造商也在跟进 SDV。OTA 每天能更新的不仅是信息娱乐类软件，还能改写与行驶控制、行驶、弯曲、停止等行驶功能和安全功能相关的软件。

当然，车载摄像头本身的性能也可以通过软件更新。最初，摄像头的性能是由出厂时的配置决定的，但可以通过更新半导体（如与摄像头相关的图像传感处理器）上处理图像的软件来改进摄像头的功能。以特斯拉最近的 OTA 为例，通过软件提高了倒车和夜间的能见度。此外，不仅是摄像头，雷达、超声波、激光雷达和其他硬件也可以单独更新，不同类型传感器分别获得的传感器数据可以在软件中融合，以便在更远的距离进行更准确的识别。

例如，通过软件改变传感的动态范围和照度，相同的画面几乎同时拍摄三种左右的图像，选择各自容易识别的地方进行合成，让摄像头能够处理并产出更好的 HDR 效果。这是更早就被数码相机和 iPhone 等使用的软件技术，所以也可以导入车内。这样也有助于安全驾驶。如果进一步提高图像识别水平，则道路周围的动体（人、车、自行车等）、白线、停止线、红灯的识别会变得更准确，配合地图数据，可以大幅降低因为遗漏关键的信号导致违反道路交通法的概率，提升安全性能。当然，如果认真分析"在不同环境分别如何驾驶"的海量数据，驾驶辅助算法也会得到改善。

为了确保 OTA 对大量汽车进行软件更新，从而实现 SDV，需要 IT 和 IoT（物联网）领域的丰富技术经验、信念和勇气，这是决定未来汽车产业命运的关键。

软件定义汽车与 BEV

SDV 的另一个要点是，为了进行这样的计算处理，至少需要 100TOPS（TOPS 是每秒进行 1 万亿次运算的计算量）级算力的半导体。目前能够进行 1TOPS 计算的半导体功耗约为 1 瓦特，这意味着车载半导体需要 100 瓦特左右的功耗。这对 ICE 车辆来说可以算是巨大的耗电量，因此 SDV 更适合搭载大容量电池的电动汽车。

顺便说一下，ICE 车辆搭载的电池容量只有 0.5kWh，混合动力汽车的电池容量虽然逐渐扩大，但通常只有 6kWh，即使是插电式混合动力汽车（PHEV），电池容量也不过 12kWh。相比之下，BEV 平均搭载的电池容量约为 60kWh（相当于四口之家一周使用的电力），这是从功耗角度考虑 BEV 与 SDV 更匹配的另一个原因。但是，如果混合动力汽车和插电式混合动力汽车的电池容量扩大几个 kWh，那么搭载 100 瓦特以上功耗的半导体也是可能的，也就可以考虑 SDV 化了。

此外，为了持续运用 OTA，不断为新车和已经上路的汽车提供软件的新功能和新环境，有必要分析车辆销售 4～5 年后对软件的需求，并搭载满足这些要求的"有冗余性能的半导体"（所谓的硬件预埋）。只有这样，才能通过软件更新让汽车功能在数年内不会变得落后，甚至可以实现更先进的 SDV。

再过四五年，升级旧车的车载电脑主板就能得到一辆功能加强版的二手车，让汽车也能迎来第二次生命。这样，二手车的价值就会得到提升，从而进一步扩大二手车市场。

必须指出，在传统模式下"硬件预埋"是不可接受的，因为这会使得汽车成本更加高昂，但这可以通过"改变商业模式"来解决。反之，如果既有的商业模式不改变，汽车产业向 SDV 的演进升级就可能会被扼杀。

1995 年基本上无法进行软件更新的文字处理机，很快就被能够使用各种应用程序并且可更新的个人电脑所取代。此外，从 2008 年底开始，支持 3G 的智能手机（iPhone 和安卓操作系统手机）开始出货，随着云端技术的发展，智能手机变得可以在全球范围进行软件更新，并且每天数量都在不断增长。同样，假如未来不断 IT/IoT 化的汽车不能进行软件更新，很可能被市场抛弃。

智能手机的世代更替周期为 2～3 年，个人电脑为 4～5 年。然而，汽车一旦进入市场就会在道路上存在 12～13 年，因此世代更替也需要与此生命周期相匹配。但即使时光流逝，传统燃油车也没有"重生"的概念，而可更新的电动汽车则可能成为汽车行业的游戏改变者，就像今天的智能手机一样，信息终端的更新已是司空见惯。其中，如"行驶里程的延长""充电速度的加快"以及"驾驶辅助功能的提升"，甚至当下市场非常期待的"更准确地预测你能开车到哪里"已经是重要的电动汽车购车决策因素。更重要的是，"更准确地估算续航里程"有望成为自动驾驶汽车的第一批杀手级应用程序。

这种变化可能会从二手车用户认知、二手车市场的评估项目和标准、二手车再销售价格等方面大幅改变二手车市场的形态。当然，通过获取和分析各种数据，保险系统等也可能发生变化。此外，通过软件连接整个开发、制造、销售、回收等生命周期的相关数据，已经出现了从各个方面改变汽车行业整体结构的迹象，包括缩短开发周期等。所有这些都可以通过数据联系起来，某种意义上，汽车产业本身也可以说是由软件定义的。

软件定义汽车所需的半导体和硬件冗余

实现 SDV 所需的硬件算力冗余很重要，因为软件需要不断更新，所以产品硬件和半导体芯片一开始就要有冗余设计。如果硬件起初没有冗余，以后就无法通过软件更新来增加功能。更新时，软件的代码数稳步增加，没有冗余的系统就会变慢，导致无法达成预期的升级效果，甚至软件不能正常更新。购买电脑和智能手机也一样，为了几年后还能继续使用，即使不是旗舰级顶配，也最好购买相对高配置的产品。

也就是说，支持 SDV 的产品设计思路应该是，汽车在刚上市时不要 100% 利用硬件资源，即"硬件能力是为了将来可能需要的软件负荷来设计的"。恰好相反，迄今为止的汽车电子控制单元（ECU）嵌入式软件开发总在追求将硬件资源用到极限。所以，需要从根本上改变传统的汽车开发思维方式。对于日本汽车产业和大多数传统国际车企来说，开发思维的转变是一个亟待解决的问题。

ECU 使用的半导体几乎都是微处理器水平，不分操作系统和应用软件，更没有用于开发应用程序的软件开发包（Software Developer's Kit，SDK），开发人员就在半导体上费劲地开发软件，改写软件的一小部分会影响整体的品质。如果不抛弃这种 ECU 软件开发的思维方式，就不要谈什么 SDV 了。

车载信息技术的设计有两个主要方向：一个是中央集权式地统合传感器和 ECU 以方便低成本修理周边设备，另一个是强化各周边功能并实现分布式处理。最近前者更加流行。例如，在防抱死制动系统（ABS）中，有一个滑动主控功能，当收到制动信号时，该功能会解除制动连接，并控制滑动后的释放，机械制动机构本身保持最终状态。然而，为了获取更广泛的传感器数据并自动控制车辆的机动性和稳定性，需要一个更快的集中式车载计算机，毫秒级独立、综合地控制所有车轮。承担如此整体资源管理的车载计算机和软件要不断增加新功能，这就需要半导体的支撑。另外，单一功能控制系统从某种意义上可以说是成熟技术，其运行的安全性和可靠性已经得到充分验证。事实上，它所需的软件基本上不需要改进或升级，使用起来应该安全稳定，不需要进行 OTA 更新，也不需要做冗余设计。

此外，考虑到四五年后要处理的数据类型、数据量、所需的实时级别、GPU、CPU、FPGA、ASIC 等的利用率、存储容量（外部存储、缓存存储、DMA）、半导体之间的数据总线宽度、多任务、多线性、与外部的通信速度（车载以太网、CAN、移动网络）、各种传感器的数量和配置、ECU 之间的传感器数量和配置以及其他因素，有必要准备比目前所需功耗高几倍的硬件容量。如果预估未来的软件架构和半导体设计，包括各种传感器的数量和配置、与 ECU 的联动、CAN 总线网络安全的回归、双导线的使用、功耗、OTA 实现和时序与计算机仿真，即使是现在做设计，也已经需要确保至少约 400W 的平均算力。

软件定义汽车成功的规模门槛：50 万辆

SDV 使得汽车企业能够处理各种数据，与此同时，深度学习技术也以惊人的速度发展，所以原本无法想象的事情在汽车上成为可能。但是，即使汽车产销量再高，如果不能大量使用数据，也就不能得到这样的效果。特斯拉已经在全球累计销售了 500 多万辆电动汽车，仅美国就有 200 多万辆汽车可以自动驾驶，从而能够得到更好的深度学习结果。这样的积累构建起特斯拉可持续的竞争优势。同时，这样的先发优势将使得竞争对手越晚进入市场，就越难赢得竞争优势。

日本汽车制造商也在关注电动汽车的发展，但如果不尽早扩大量产，就很难获得竞争优势；电动汽车的量产效率要高于内燃机汽车，原因有很多，其中包括电动汽车的运动部件较少。此外，为了提高深度学习的能力，必须收集大量数据，但要做到这一点，首先必须提高一定区域内行驶车辆的地域密度。为此，仅仅日本国内市场的数智化汽车规模就必须达到 50 万辆左右，才能开发出具有国际竞争力的算法。这就需要日本跨企业间的合作，即使合作困难，至少也需要具备平台思维，统一应用程序编程接口（Application Programming Interface，API）并实现数据共享，否则很难很快扩大规模。

软件定义汽车带来的新价值和新变化

SDV 不仅能提高汽车的性能，还能提高生产效率。为了防止生产制造出错，已有汽车企业在工厂生产制造的早期阶段就装配了车载计算机，并启动

"工厂模式"。这种模式在组装工厂组装部件时，在连接线束或部件时，对连接场所或连接顺序等进行自检，检查是否有错误，还可以找到容易出错的工序并进行改善。

"工厂模式"之后，即可切换到该车载计算机的"服务模式"，汽车在上市交付前，需要连接 WiFi 并确认预装应用软件的功能正常，也有屏蔽本地 GPS 信号测试基于不同目的地的导航软件应用的情况。出厂时，再将该车载计算机从"服务模式"切换到"商业模式"。当然，产品交付后，依然能够通过 OTA 对该车载计算机升级追加服务内容和功能。这些能力都是 SDV 的精髓所在，有助于提高生产效率。

丰田在不久前的技术说明会上宣布，由于电动汽车不会从发动机中排出二氧化碳，所以在工厂内汽车本身也能移动，无须随着生产线移动，而是一边自动行驶，一边组装零件。燃油车时代几乎没有这种在自主行驶的汽车上安装零件的想法。

最后，SDV 的最大价值体现在商业模式的改变。除了少数爆款，无法通过 OTA 实现升级迭代的新车，上市后销量会随着时间的推移而降低。与此相对，经常通过软件赋予整车全新体验的 SDV，总能根据既有用户的意见调整产品，通过持续改善软件提升现有用户的忠诚度，用户下次购车再选择同一品牌的概率也会增加，同时也更容易获得新客户，从而提升销量。尽管未来数年硬件冗余的初始成本会因为 SDV 而增加，但随着整车销售数量的增长而实现盈利的思维方式是未来汽车企业的战略性研究课题。特别是基于车辆数据的软件更新，能够增加续航里程，优化驾驶支援功能，在能源管理中将电池老化速度降到最低，从而进一步提升电动汽车的残值。

能源管理的目的就是增加续航里程。天气状况、车外气温和风力都会影响电池消耗。道路被淋湿与道路干燥的情况相比，续航里程相差 1% 左右。所以不仅是天气预报的数据，SDV 还可以实现与行驶在各处的车辆的雨滴传感器和雨刮运转状况的数据融合计算分析。如果是顺风，电池消耗会降低；如果是逆风，续航里程会降低。横风当然也有影响。顺风的能量如果能转换成电能就好了。总有一天，有可能像帆船一样，汽车配置吸取风能的板，对其进行软件控制。所以，SDV 的价值不仅体现在控制车内能源方面，还体现在吸收外部能源方面。尽管根据天气预报大致可以知道风向，不过，SDV 使得分析其他车辆上传的众包数据与自己汽车的本地实时数据融合计算成为可能，从而提升能源管理的效率。

作为能源管理的另一种形式，可再生能源的稳定电力供应对于电动汽车非常重要。电动汽车与电网的能源管理协同也将变得至关重要，因此电动汽车更需实现 SDV 的标配，新的服务和商业模式也将由此产生。

从人才的角度来看，SDV 带来人才变化也是必然的。对于汽车维修技师来说，不仅需要掌握传统的机械知识，还需要掌握计算机和网络知识，需要系统工程师的技能知识。维修技师的再培训也变得非常重要。

汽车可能变得更加难以修理。随着一体成型技术在生产制造过程中的普及，车身变得更加坚固，部分修复和更换变得更加困难。目前行业正在考虑解决这些缺点的策略，但在优化成本计算、修理频率、保险适应等方面的基础上，考虑修理期间和修理成本，特别是对于廉价车，"更换新车体可能更快、成本更低"的情况可能会在未来出现。

从另一个角度来看，随着 SDV 的发展，还需要考虑网络安全。随着车载计算机的集中化，"聪明的计算机因为聪明，同样容易成为高级网络攻击的目标"。虽然这听起来像孩子们的游戏，但使用更先进 IT 技术进行的网络攻击，也需要用同样先进的 IT 技术来防御，车企也需要建立能够处理这一问题的体制。

针对外部网络的入侵，未来也将使用金融系统采用的那种复杂身份验证。最近，业界正在考虑在计算机启动之前就能够排除可能的攻击因素的高科技手段。

顺便提一下，特斯拉通过举办黑客大赛等活动，与善意的黑客（白帽黑客）广泛合作。如果黑客成功攻击并获胜，特斯拉就以 Model 3 作为奖品。特斯拉会随后立即修正相关软件，并通过 OTA 对所有车辆进行更新。特斯拉汽车现在被认为是最难被黑客攻击的汽车之一。然而，正如 IT 行业的宿命，这场"猫捉老鼠"的游戏还将继续下去。

软件定义汽车推动商业模式的变革

传统燃油车在其产品生命周期中几乎没有功能更新，而是设定一个"销售开始日期"，针对这个日期进行市场营销、经销商培训等集中行动。此外，生产线和生产数量的计划以及所有的开发工作，都是以"销售开始日期"为目标开展的。之后，开发团队转向下一款汽车的开发，与客户的关系几乎完全断开，这就是所谓的"一锤子买卖"型商业模式（见图6-2）。

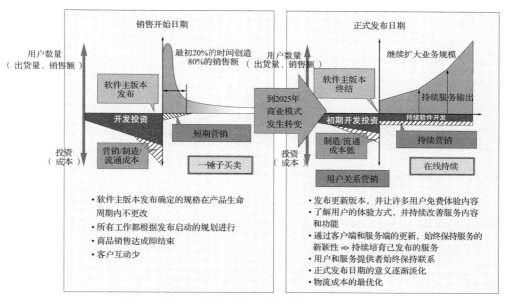

图6-2　从"一锤子买卖"到在线持续业务的转变

SDV则在发货后继续软件开发，通过分析用户的驾驶方式、乐趣、不满和期望等实际数据，以及对应用程序进行改进，即使在汽车发售后，也能持续改善功能和服务。这种"在线持续"型商业模式，即在销售后反而加强与客户的关系，类似于互联网服务业务。此外，经销商角色的作用也可能因销售后顾客关系重要性的增加而发生变化和增加。例如，未来汽车企业可能会在现有的经销商等处设置充电站，作为重要的用户触点，用于市场营销和销售等。

例如，未来业界可能会考虑将特斯拉超级充电站或欧美的梅赛德斯、奥迪、宝马等正在规划的快速充电站，作为扩大主体业务的战略营销场所。对于日本系车企来说，利用国内外已经建立的现有经销商网络的策略将变得更加重要，这就是所谓的"网上点击到实体店"（即O2O，线上到线下）战略。

此外，除了特斯拉汽车，最近越来越多的其他品牌汽车也实现了硬件的"运行变更"。也就是说，汽车不仅在软件方面，而且在硬件方面也可能像电脑和智能手机等信息终端一样改变商业模式。

硬件的"运行变更"对降本增效很重要，随着软件开发成本等固定成本的降低，硬件的"运行变更"预期会产生降低盈亏平衡点的重大效果。反过来，如果不导入这样的成本结构，汽车制造商就无法在降价的血海竞争中立足，可能会被迫退出市场。这样一来，汽车的商业模式也将类似于智能手机等数智设备。预计2025年左右，一些汽车制造商将大幅改变其商业模式。

此外，作为汽车服务业务的一个例子，许多汽车公司都推出了订阅业务。可惜，这些订阅服务并未成功。

软件和服务的功能不仅针对汽车，还会随着处理数字内容的技术的发展以指数级的速度发展。如果是自动驾驶汽车，通过云端服务，可以轻松地提供用户便利性；如果能够开发出类似带自动清洗功能便于维护常新的车灯，不让用户感到产品过时，那么未来汽车订阅服务就可能被市场接受，并且有扩展业务的潜力。

因此，汽车行业本身的业务结构，正在从大规模生产"高质量的复杂机械产品"的模式，转变为通过结合产品研发、用户互动与实时市场分析和软件更新，提供增量新价值的数智化架构（见图6-3）。

当然，正如本书"产品价值驱动"部分所强调的"一车两面三体"，汽车不仅包括数智化部分，还必须有生产制造出来的硬件部分。汽车产品要被制造出来，才能不断通过SDV实现增量新价值，可以预见，未来汽车产业SDV领导者的垄断趋势将扩大。

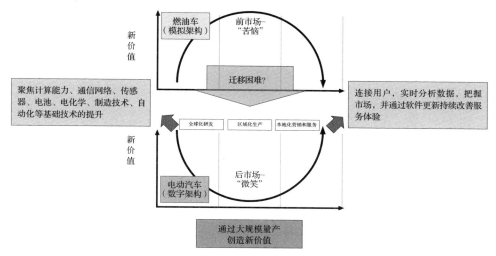

图 6-3　燃油车的苦恼曲线到电动汽车的微笑曲线的转变

2026年是决定车企生死的关键之年

总结来说，未来半导体和软件、深度学习的发展将推动汽车的 SDV 化，更安全、更节能的汽车将占领市场。特别是最近，海外许多公司都表示，2026 年之前许多 SDV 化的下一代电动汽车将投入市场。

为此，各大车企已经在自动驾驶 / 驾驶辅助功能、电池、传感器、车载半导体、软件、云连接、电力网连接等传统汽车产业不涉及的技术上进行了巨额投资。

在日本，SDV 的战略实现需要一种拥抱未来的新思维方式：在新车销售时就搭载足够硬件冗余的车载半导体，能承担未来四五年的软件算力需求。通过软件更新体验来提升用户忠诚度，从竞争对手截获新客户来收回高昂成本的策略将变得极为重要。

对软件需求的预测具体包括：未来处理的数据类型和数据量、计算机处理所需的实时性能水平、分散和分级的内存配置、与外部通信速度（车内以太网、

CAN、蜂窝等)、各种传感器数量和布置,以及数据融合与各ECU的联动和数据处理方法、安全性、功耗、OTA更新的方法和时机等。还有必要进行计算机仿真,预测所需的软件算力要求,思考未来几年可用的半导体和基板设计。

为了使汽车企业在这场竞争中生存下来,在这场竞争决出胜负的2026年之前,日本必须首先在日本国内市场投入大量的支持SDV的电动汽车,尽快形成50万辆数智化汽车的规模,从而产生足够的数据用于进一步提升数据学习技术,打造全新的量产体制,推出在海外也有竞争力的数智化汽车产品。

幸运的是,欧美一些老牌汽车企业,除了部分高端品牌,目前由于各种原因在电动汽车市场上停滞不前。它们已经宣布推迟目标出货时间和削减投资金额。因此,传统汽车制造商制订2026年的计划,现在看来可能还赶得上。不过,这仍有可能是背水一战的最后机会了。

第7章
数据驱动产品转型与创新

数智化时代数据获取七步法

过去，行业仰赖"以用户为中心"的产品思维以及产品开发经验，持续推动受市场欢迎的汽车产品诞生。但在持续数年的发展后，新能源汽车的崛起，造车新势力的涌入，加速了汽车行业全面进入"软件定义汽车"时代。得益于造车新势力扁平的组织架构、敏捷开发的流程以及跨领域技术人才的涌入，我们可以看到整车范围内的功能类型与数量都出现了爆发式的增长。因此，汽车行业也进入了新一轮的同质化瓶颈，它迫使如今的汽车产品定义工作重新思考，汽车产品定义需要更具精准度的方法。

在经典的汽车产品定义与概念设计的方法中，需要大量来自用户与市场端数据的输入。咨询公司普华永道曾经基于与各类型车企合作的成熟汽车创新经验，推出过汽车产品定义的体验创新"七步法"（见图7-1），在这个"七步法"中，就需要大量的数据输入。

在执行过程中，产品经理不仅需要有强大的洞察与判断能力，还需要具备数据驱动的思维模式以及数据分析能力。其中多个步骤都需要产品经理提出相应的数据需求，以获取不同类型的数据进行赋能与验证。例如：

在"明确品牌/产品价值"步骤，需要根据市场构成、细分市场特征、用户客群特征、销量数据等进行市场态势分析，明确品牌定位、产品定位以及市场进入策略。

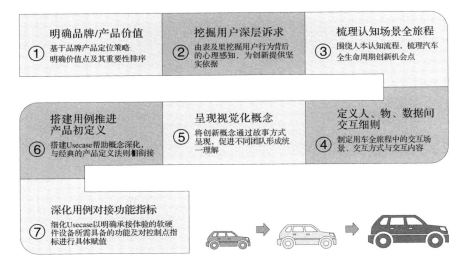

图 7-1　普华永道推出汽车产品定义的体验创新"七步法"

注：Usecase 为用例，描述人机交互的场景、用户需求与机器反馈方式。

在"挖掘用户深层诉求"步骤，需要根据丰富的用户行为特征、用车场景、情感需求等数据进行深度解读分析，挖掘用户行为背后的真实需求，为确认产品机会提供坚实依据。

在"梳理认知场景全旅程"步骤，需要收集用户用车数据（包含生物特征、车辆运行、人机交互、行为感知、应用程序使用等），梳理用车全场景下的重点创新机会场景。

在"定义人、物、数据间交互细则"步骤，需要收集用户交互行为的特征数据（包含交互形式偏好、信息偏好、视觉元素偏好等），设计完整交互流程中各个触点的交互场景、方式与内容。

在原来数据提供的丰富度与颗粒度都不够充分的发展阶段，上述数据收集工作只能通过静态的方式分批次获取，且极大程度上依靠产品经理自身的"经验"与"假设"，在结论的时效性、准确度与颗粒度上都存在很大的优化空间。带有极强"经验判断"与"假设性"的用户需求解读，难以为产品的成功研发提供信心。

"以用户为中心"的产品思维是建立在真实、深度的用户需求之上的，这要求研发人员与产品经理充分了解用户的行为特征、用车场景、情感需求等深度的用户信息。这些信息除了来自调研工作的洞察，同样也需要大量数据的支持。而过去车企具备的数据大多是车辆数据（如车辆生命周期数据、基本运行数据）以及车主身份信息等基础数据。数据量、数据精度以及数据迭代效率均不能满足数据驱动的需求。数据的缺失导致产品定义阶段主要依赖负责人（如产品经理）的"经验判断"及"假设判断"。

数据成为影响产品定义的重要驱动力，是智能时代的产品特征，数据影响产品的定义、开发、市场、迭代等产品全生命周期。而以数据为核心的产品定义模式要求整体流程由个体专家知识为基础的中心化模式，转变为去中心化的自组织模式，即从个体的技能驱动（Experience-Driven）转向群体的数据驱动（Data-Driven）。这一特征在互联网科技领域已经较为成熟。

数智化时代，OTA 对数据获取的速度要求变高。OTA 技术的成熟加速了产品功能的优化与迭代，无论是车辆数据，还是数字化触点上通过用户运营产生的数据，都提供了大量真实的、实时的、颗粒度丰富的代表用户需求、行为以及态度的数据，这为 OTA 提供了数据基础。与此同时，快速的 OTA 更新周期对车企的数据管理能力也提出了更高的要求，尤其体现在数据埋点策略的制定与数据管理分析平台的搭建上。

在产品定义的前期工作中，车企需要设计具有前瞻性的数据埋点策略，为后期功能上线后的优化迭代工作提供必要的数据支撑。但由于产品经理大多在埋点策略上并不专业，导致后期很多数据采集工作存在诸多问题。因此对于车企来说，为保证埋点策略的严谨与持续领先，应配备足够数量的数据产品经理，并对不同类型的功能提前制定相应的埋点规范。产品经理则可以遵循埋点规范的要求进行埋点策略设计，这能在极大程度上规范开发流程。有了规范化的埋点策略及统一的数据录入标准，可以极大程度地方便后期产品经理调用数据，尤其是跨部门、跨模组的数据调用，会大大提高效率。

数据管理平台则应具备高适应性和灵活性，并具备数据建模、结构化数据、智能集成工具等能力。以便快速响应突发的临时需求、复杂交叉的数据调用需求等特殊情况。

全新的海量数据支撑产品定义与设计

数据驱动的产品定义与设计方法依赖多种数据来源，包括但不限于市场调研数据、社交媒体数据、车辆数据。这些不同来源的数据为主机厂提供了一个全面的视角，帮助它们理解用户的需求、偏好及产品实际使用情况。数智化时代所特有的全新的数据，可以与原有的"以用户为中心"的产品定义方法相融合。比如，通过分析社交媒体上的用户互动评论，主机厂可以获得有关用户价值观、需求和期待、吐槽点的相关输入，这些内容可以与传统的用户调研数据相结合，形成更全面的用户画像。这些融合可以在产品上市前的定义阶段与上市后的迭代阶段，发挥不同的作用。

在产品定义阶段，主机厂可以利用大数据，更高效、更精准地获取更丰富、更立体的用户画像。

主机厂可以利用大数据来收集和分析用户的行为数据、社媒评论等，结合以人为本的用户定性研究方法（比如人类学民族志），更高效、更精准地获得用户洞察。比如，主机厂可以通过社交聆听的用户研究工具，输入想要了解的品类、品牌以及产品，可以通过数据脱敏的方式，实时收集各大社交平台上的新帖、热帖及相关评论，高效洞察用户。

在这个过程中，我们不仅依赖大数据，还需要将大数据与传统用户调研的小数据结合，充分发挥大数据在时效性和数量上的优势，也深度挖掘小数据在颗粒度与归因性上的特点。在定量大数据与定性小数据相结合的用户洞察方法论中，可以采用如下方法高效输出用户画像及用户洞察。

（1）定量大数据：产出初步用户洞察，分析初步的用户画像，包括梳理不同客群购车需求、产品认知、触媒偏好、商圈偏好等。

（2）定性小数据：追过小样本研究深入洞察用户决策链路和生活方式场景。

我们以某汽车品牌的全旅程购车服务体验的用户洞察方法为例（见图 7-2）来做具体分析。该方法以大数据产出的多类人群画像为基础输入，结合定性调研的小数据，精准识别该品牌的目标人群，并明确目标人群在全量基盘人群中的占比。过去通过线下问卷调研，很难对目标人群在全量基盘中的占比有精确的判断，大数据让这样的判断变成了可能。基于大数据的定量数据输入，汽车品牌也进一步获得了目标人群的价值观、对智能网联功能的价值需求倾向等信息。比如通过大数据，可以针对"需要温暖陪伴的人群"在全量基盘用户中的占比做出判断——人们普遍都有"车像人一样和我交流，让我感觉真实和不孤单"的价值需求。结合小数据输入，可以为该品牌的产品概念提供产品定义的方向性输入。

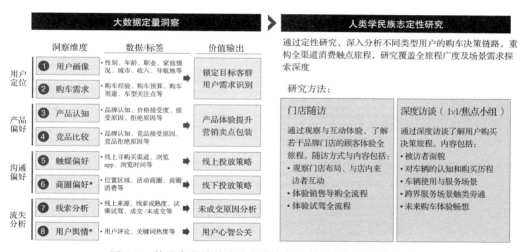

图 7-2 某汽车品牌的全旅程购车服务体验的用户洞察方法

在产品迭代阶段，利用海量的车辆数据进行因子分析，对车机体验迭代提供改进方向，提升体验迭代效率。

众所周知的特斯拉 OTA 更新，为车辆引入了新功能和功能改进，这一过程很大程度上依赖车辆数据和用户反馈。通过分析车辆使用数据，特斯拉能够识别哪些功能受欢迎，哪些需要改进，然后通过 OTA 快速实现迭代升级。OTA 的普及让主机厂在产品迭代的阶段可以不断更新，提升用户体验。主机厂可以收集和分析车辆数据（如驾驶行为数据、用户交互数据、车辆性能数据和故障日志）来进行因子分析。这些数据可以帮助主机厂识别人机交互中存在的问题和不足，从而提供改进的方向。举例来说，如果数据显示大量用户在使用某一功能时遇到困难，主机厂就可以针对这一功能进行优化，以提升用户体验。

主机厂可以通过三个步骤，从用户、数据与对标研究角度，归纳影响车机体验结果（如车机卡片点击率）的因素，并提出针对性的卡片设计的迭代策略建议。其具体工作主要包括以下三种。

（1）数据归因与洞察：结合车辆和用户标签数据，识别影响车机体验结果（如车机卡片点击率）的关键因素及因子。

（2）制定数据驱动的业务策略：基于数据归因结果和行业实践洞察，从"用户、内容、交互"三大维度提出运营策略。

（3）试点运营与优化：制定 AB 测试方案，对运营策略实时效果进行监控和分析，并不断复盘迭代。

我们曾经利用上述方法，帮助某合资车企客户在试点运营阶段，对三个策略点进行多轮 AB 测试，取得平均车机卡片点击率提升超过 5 倍的效果。

在产品迭代阶段，主机厂可以利用营销端丰富的用户运营数据，进行汽车产品功能与体验的共创，这实际上是一种深度的用户参与策略。通过社交媒体、在线论坛和用户调研等多种渠道，激励用户分享他们的用车体验、改进建议以及针对新功能的想法。此类互动不仅能为产品的持续优化提供实时、具体的输入，还能在用户群体中建立起更强烈的品牌认同感和忠诚度。

数据驱动产品创新对主机厂提出新的能力要求

在汽车市场竞争越发激烈的背景下，本质上，产品还是车企的核心竞争力，限制传统车企产品力提升的根源还是组织能力。为了在数智化时代保持竞争力，快速响应市场变化，车企需要具备整合产品开发（IPD）的能力，打破部门墙，形成端到端流程，实现产品价值创造与产品价值传递的产品全生命周期的协同管理，还需要能支撑实现上述流程的"多面手"产品经理。

1. 重新定义产品经理的能力体系

汽车产品经理是为终端用户服务并负责产品全生命周期的人。他们对特定产品负责，协调企业中其他相关职能部门和人员，协同完成产品的需求、设计、研发、测试、上市、运营、制造、推广、服务和退市等工作，帮助车企实现商业利益与可持续发展。数智化趋势下的汽车产品经理，其能力也需要被重新定义。

因为汽车的复杂性和专业性，汽车产品经理负责的产品范围需要更加细分。例如，在硬件层面，从整车到座舱再到装备，在软件层面，从智能模块（如自动驾驶、语音）到垂直应用模块（如导航、播放器），都在汽车产品经理负责的范围内。此外，随着软件在汽车产品中越发重要，产品经理牵头的流程分类也更加精细化。从产品全生命周期来看，内外部需求的管理、敏捷的管理、交互体验的设计、软硬件的开发、上车前测试、上车后运营都有需要专职产品经理来进行牵头推动的工作。

2. 重新拓展数据团队的能力要求

在整个产品研发团队中，运营环节是整个产品研发闭环的最后一环，也是产品商业价值的实现环节。其核心之一是数据的反哺，所以数据团队也越发重要。数据团队在以前主要负责数据的管理工作，包括数据清洗、数据合规、取数等。但在数智化时代，数据团队需要更好地与产品研发团队形成合力，并发挥自身专业优势为整个产品的成功赋能，因此数据团队需要拓展其能力的广度，如理解产品需求与定义、掌握产品体验的评价方式、熟悉产品运营的成功要素等。只有具备了以上能力，数据团队才能更好地配合做数据埋点策略，主导数据的洞察、支撑产品的评价等，为产品的持续成功发挥数据作用。

3. 重新梳理产品研发的协作流程

随着对产品研发的效率和体验质量要求的提高，各大车企都已开始陆续引入如整合产品开发这样的端到端研发流程。但传统车企变革的难度与投入巨大，在过渡期只能小步快跑，从试点入手，重新梳理组织协作流程。

重新梳理产品研发的协作流程，需要沿着产品全生命周期的阶段进行，秉持跨部门工作最大限度并行的原则，同时确保协作的职责到位与流程互锁，比如：

- 在需求管理阶段跨部门收集内部外部需求。
- 在规划立项阶段共创产品卖点与营销策略。
- 在产品交付阶段配合制定营销与销售策略。
- 在上市阶段协同定价。
- 在上市后配合产品与营销运营，保障 OTA 的生态运营等。

对于所有车企，运用数据驱动产品都是一个学习的过程。而传统车企还面临着更多的挑战。

传统车企应从领导层开始，树立"数据是新石油、新黄金"的理念，要求各级部门特别是 IT 部门或者大数据团队挖掘数据价值，也积极引入互联网公司和科技企业的数据工具和方法论，但在实践中会遇到以下问题：

"数据驱动"成为一个新的高度关注领域，衍生出运动式的数据治理项目，从上到下缺乏明确的业务改进路径。

将"数据驱动"误解为"数据部门"驱动；各业务单元的工作路径没有发生实质性改变，数据部门停留在制作数据看板等形象工程上。

互联网平台的方法论、科技公司的工具都有基础环境的要求，车企要想有效使用其方案，要在各个业务环节将数据充分打通，这会存在巨大的管理成本，车企往往对此预期不足。

对于传统车企来说，核心问题其实不在数据，而在"驱动"。数据只是手段，整合数据为业务服务才是目的。特别是今天我们谈"以用户为中心的数据驱动"，要"面向用户"，摆正姿势，才能看得到用户数据，才能用得上用户数据。

来自新势力车企的借鉴，有了业务驱动，才有数据驱动

理想、蔚来、小鹏这样的新势力车企，在数据驱动产品和运营方面取得了

非常不错的效果，它们是怎么做的呢？

第一，新势力车企非常善于私域用户运营。截至 2023 年底，蔚来汽车 app 用户数超过 500 万，其中实际车主 45 万，也就是潜客占比超过 90%。传统车企车主 app 中潜客占比则远低于此数值，而且还有相当多车主根本没有注册车主 app。

第二，新势力车企更看重核心用户产生的涟漪效应。根据易车研究院的调查，2023 年理想汽车的净推荐值（NPS）达到 69%，而传统合资品牌均未超过 50%，大多数在 20%～30%。

第三，新势力车企更注重产品力的打造和产品迭代。2023 年小鹏汽车有 21 次 OTA，而传统车企通常在 12 次以内，一般为四五次。

这三者和数据驱动的关系是什么？

我们所说的数据驱动中的数据，具体是指现有用户的行为数据和产品使用数据。新势力车企的用户群体在自己的池子里，通过涟漪效应去扩展新用户，而吸引用户的最大因素，又源于自己的产品力。

因此，新势力车企可以做到，也愿意去做以下工作。

（1）基于私域数据监测用户增长，观察用户特征，发现更细分的用户群体。

（2）基于车联网和车主 app 的数据监测用户使用情况，分析用户偏好，评估产品力和用户实际需求匹配程度。

（3）基于销售和用户转介绍数据分析用户增长，发现什么样的用户更容易被吸引，什么样的功能更容易吸引用户。

上述流程形成一个类似互联网模式的引流、获客、锁客、再引流的闭环。潜客数据、舆情数据、销量数据和车机使用数据在这个过程中自然打通，而打通这个动作又要求车企本身业务流程和组织结构的改变。

传统车企的转型症结：用户数据与业务决策的关联度不够

与新势力车企相比，传统车企在"数据驱动"上的核心问题在于用户数据与业务决策的关联度不够。关键业务单元（如销售、营销和产品）均受制于原组织结构和运营模式。

1. 销售端

在销售端,传统车企过于依赖"流量思维"。传统营销模型基于线上线下流量池筛选线索。对于销售部门来说,数据几乎等同于"线索"。与新势力车企相比,传统车企销售部门并不在意存量用户数据的"驱动",更关心外部线索的数量、质量和成本。

传统车企与BAT(百度、阿里巴巴、腾讯)等大厂合作时,也往往会遭遇数据资源与数据能力的错位。互联网大厂希望将平台的数据分析能力赋能车企。这些能力在其自身业务活动中,都已历经千锤百炼,而车企则更关心大厂的线索资源。例如,近几年车企青睐与字节系的合作,并不是因为字节的数据技术能力胜过BAT,而是车企看中了字节在抖音、懂车帝领域的流量优势。

因此在合作初期,双方都有各自的美好想象。互联网平台希望可以复用自己的数据分析引擎,还希望推广云平台,而车企首先希望获取优质线索,还希望获得完整的数据分析工具。但互联网平台数据分析引擎脱离了其平台环境,效果就可能大打折扣。例如,淘宝用户的交易频次、字节用户的新闻浏览频次和汽车用户的交易频次完全不是一个量级。如果以高频的出行行为作为数据,分析发现用户的出行需求,从而建立模型倒是有相似之处。但是车企销售部门并不掌握此类数据,也不关心存量用户的行为模式。

2. 营销端

在营销端,存在一个"标签转化"的问题。线上平台能为广告主(车企)提供多种多样的用户标签和画像。例如,某类喜欢追美剧,晚上10点以后必点外卖宵夜的一线城市未婚女生,或者某类热衷健身和潮玩的已婚未育男性,等等。但是,如何将在线平台的用户标签转译为车企产品的用户标签呢?

这里很容易出现一种误区。车企用自己的"理想用户形象",去匹配关联外部平台的用户画像标签。这类"理想用户"通常年轻、新潮、热爱科技。这其实是汽车品牌一厢情愿的想象。即便有数据说明实际用户并没有那么高端、那么年轻,但作为品牌投放,也许处于惯性依然要保持这样的设定。

一个参考案例，某品牌新车型的定位是适用于年轻家庭外出露营，偏美好生活的风格。但上市后的数据统计发现，很多车主是摊贩，用车来拉货做小生意，看重的是该车的大空间。但是车企决定坚持原有品牌定位，并没有在内部分享统计数据，因此车辆设计也延续原有方案。真实用户所需要的产品特性，比如车辆要更耐脏，后备厢要更适应可折叠货箱的存放，要保温等，也无法被数据驱动得到进一步优化。

3. 产品端

在产品端，传统车企则容易陷入"售后"思维。研发端往往有自己的开发计划和研发周期，并不希望被频繁且无规律的用户反馈打乱节奏。常见操作方式是从车联网数据中读取故障码，分析错误日志，帮助解决较严重的故障。但是如果要从海量数据中去发现用户的隐藏痛点，挖掘深层需求，则需要用极强的产品思维去引导数据分析。在传统车企，耗费巨大精力开发的新功能只要不存在严重故障，很少会有人主动提出质疑。但其实只要新功能的用户使用率不高，这种投入就是一种巨大浪费。

总体来看，传统车企的数据驱动问题主要表现在以下方面：

- 存量用户数据驱动不了销售，销售需要的是流量和线索。
- 存量用户数据驱动不了营销，营销有自己的品牌定位。
- 存量用户数据驱动不了研发，产品更新节奏无法与之匹配。

对传统车企的转型建议：整合业务目标，分级实现数据驱动产品

对于传统车企来说，实现数据驱动的关键是能与业务目标进行有机整合，无论目标大小，只要能做到有的放矢，而不是沉浸在"大数据"的迷思中，以为只要收集汇总的数据越多越全，就自然能产出成果。

常见的业务目标可以分为三种类型。

（1）整车规划级别的大产品定义。

品牌的主力车型是走纯电路线，还是混动路线？增程模式是否有长期竞争力？

传统车企在新市场挖掘和产品创新上往往采用跟随战术，在标标杆车型之后一哄而上，做SUV，做增程车，等等。

如何能真正利用数据驱动领先一步？对于这样的问题，分析数据往往在车企体系之外。人口统计、经济指标、生活消费风向以及社会心理状态等，才是值得研究的数据内容。例如，面对晚婚少子的社会大趋势，在家庭用户之外，是否还存在新的用户群体可以作为目标对象；城市化进程是否会继续，公共交通建设对私家车的影响程度如何；各地经济发展趋势与网约车市场饱和程度的关系；等等。

（2）车型功能层面上的发力点。

续航里程究竟到多少合适，城市自动驾驶应该覆盖哪些城市，音频应用程序应该集成哪家的资源，座舱要配置多少个音箱，后轮转向是否要标配等，基于车联网数据，完全可以对以上问题进行深入分析，发现不同类型用户的实际使用偏好。

对续航里程的分析，不应该局限于电动汽车数据，还应该包括同价格区间燃油车的出行和加油数据，而这恰好是传统车企的数据优势。通过数据分析，我们可以找到用户需求和功能成本的均衡点。传统思维就是与竞品对标续航里程参数，往往是挣了面子亏了里子。即便是为了对标，有了真实使用数据也可以做到心里有数，在高配版本设定最强配置体现技术实力，在走量款设定合理配置保证收益，而不是盲目对标。

这里更有意义的一点是，通过对同类型用户不同功能使用偏好的分析，可以构建更好的功能组合套餐。例如，对续航里程要求较高的网约车司机用户，对辅助驾驶和音响未必有需求。因此就可以通过数据驱动来设计不同细分功能组合，而不是采用简单粗暴的高中低配模式，这样也可以摆脱与竞品全方位比长板的恶性竞争。例如，理想汽车放弃百公里加速的指标竞争，而是在座椅音响等舒适度指标上精益求精，就源于对自身用户和产品的深入理解。产品经理和用研团队对如何使用这方面的数据，应该有更深入的认知。

（3）营销和销售端的发力点。

明确要基于数据去定义用户群体，基于数据去定义本品的最大卖点。通过抓取用户搜索数据，打通潜客和存量车主之间的身份关联，跟踪用户转介绍内容，借助 app、车机和传感器，主动收集用户出行和用车反馈。车企可以找到最符合当前用户群体的产品介绍方案，而不是千篇一律人云亦云的"年轻""科技""潮流"等通用词。营销团队和用户运营团队要从用户的全生命周期梳理数据，挖掘出本品的特色，做到某个细分市场的最佳。

数据力的核心在于帮助车企更好地了解用户、产品，更好地了解产品力与自身用户需求的匹配度。如果车企在业务执行策略层面仍停留在竞品对标模式，对方有的我也要有，那么永远走不上数据驱动产品设计的道路。

传统车企转型过程：持续迭代，长期优化

最后需要说明，数据驱动本身是一个不断迭代优化的过程。新数据的出现、新数据源的组合、对数据的新解释，不断有新的变化。就像石油的勘察、开采一样，加工技术一直在更新，对数据这种"新石油"的研究也在与时俱进。这个过程本身就是一场探索，数据分析能够提高业务决策的成功概率，但绝不是一劳永逸的神器；过于拔高数据驱动的地位，反而会造成一旦不如预期，整套流程就停滞不前甚至推倒重来的后果。

下面我们以某家新势力车企数据驱动产品的发展过程为例，做进一步的说明。

第一步：由总部牵头成立数据研发团队，尽可能收集数据，并打通研发、制造、供应链、售后等各方面的数据源。其间会产出一些有效分析结果，比如雨刮器的使用频率、零部件的损耗趋势、用户的驾驶风格等。这些结果能够帮助产品、制造、售后团队完成相应的优化。从整体投入产出来看，像是"大炮打蚊子"，效益提升的收益远不如投入的成本。这个阶段的实际目的是，打通流程，提供操作样板，给团队树立信心。

第二步：将数据能力开始下沉到各个子部门，产品、制造、售后、营销都有自己的数据分析团队，基于已经建立的流程，在子部门中复制数据驱动的模式。企业也会通过更大规模的数据使用，再度优化数据采集工具和公有数据集

的搭建和访问。这期间就会有更多成果涌现，比如：发现用户的操作习惯，从而设计新的场景模式；发现某些零部件的维保规律等。当数据能力下沉到业务单元后，对各种数据采集的频次、精度会有更清晰的要求。

第三步：在各业务单元都有数据分析能力的前提下，再度在总部层面汇总数据分析结果，为整体决策提供支持，创造更大的价值。例如，增程车用户用油用电的比例、充电的频次等可以为公司的纯电动汽车规划提供依据。

上述三步是一个循环。每一步会整合更多的数据、更多的业务、更细颗粒度的数据精度、更复杂的业务命题。与互联网公司相比，车企的数据不是天然存在的，车企需要将线下实体的内容转化为数据，这是一个"啃骨头"的过程，是对高层战略定力和各业务单元执行力的挑战。

幸运的是，越来越多的传统车企认识到，这样的迭代优化是必须经历的过程。

● 探索与实践

数据驱动的探索与实践

车窗应该打开多少

某车企产品团队想设计一条语音命令——"我想要抽烟"，然后车窗就会自动打开。这时，车窗应该打开多少呢，是1/3、1/2还是全打开？产品团队希望数据团队能够提供支持。数据团队遇到的难点在于，车内还没有专门捕捉烟雾信号的传感器，只能借用空调的空气质量传感器，根据空气质量变化推测用户有抽烟行为，再收集之后车窗状态变化的数据。

从实际数据发现，车窗打开的比例并不是产品团队原本猜想的固定值，如1/3或1/2，而是与当前的车速有关，车速越快，车窗降下越少。这其实也符合实际用车场景。

这个例子说明，数据基础不足并不会完全妨碍数据驱动模式，总可以找到间接方法获取数据，而数据又能够帮助我们突破刻板思维，优化产品方案。

如何设计后座车门

某车企数据分析团队针对车联网数据进行清洗、聚类等分析，发现后座车门的打开次数远远低于前排车门。数据分析团队将分析结果提供给车企的售后和生产制造部门。但对于这些业务部门来说，此数据没有帮助，售后和生产制造部门并不会因此调整车门配件的数量和质量。

然而市场部门发现，通过计算各个车门开关次数，可以推导车内前后排是否有乘客，有助于了解实际出行人数。这对于分析实际用户人群分类很有帮助。

以上两个实践说明了数据分析结果在不同部门间分享和流转的意义。此问题也衍生出两个迭代方向：其一是结合出行行程，进一步了解用户的出行场景，如送孩子上学、到商超购物、送亲友去机场等；其二是推动更丰富的数据埋点，如收集安全带状态等，从而支持更准确的分析。

第 8 章
软件与 AI 定义汽车的五新模型

1885 年,卡尔·本茨发明了第一辆汽车,这标志着现代汽油内燃机汽车的诞生,此后汽车的产品和架构一直以硬件主导的封闭整合形式存在。然而,自 20 世纪中叶以来,信息技术领域发生了一系列根本性变革,极大地推动了汽车产品和架构的改变。这些变革催生了"软件定义汽车"的概念,即在模块化和通用硬件平台的支持下,软件技术决定了整车产品的体验。

人工智能(AI)的发展也是这一变革的重要推动力量。2016 年,DeepMind 推出的 AlphaGo 在与世界围棋冠军李世石的比赛中取得了 4 比 1 的胜利,标志着人工智能在复杂计算中取得了重要进展。2018 年,OpenAI 推出了 GPT 系统的第一个版本 GPT-1,随后经过多次迭代,AI 的飞速发展使得基于神经网络的复杂计算成为现实。AI 的不断发展重新定义了软件,未来以人工智能为核心的软件技术将决定整车产品的体验。

在技术发展的历程中,先进科技的应用和发展往往是由多个阶段的浪潮叠加推进的。随着奇点的到来,技术的应用和迭代速度将会呈现爆发式增长,而汽车软件的发展正处于这个爆发的前夜。回顾工业革命,诸如 1712 年托马斯·纽科门设计的第一台实用的蒸汽机,1765 年詹姆斯·瓦特对蒸汽机的重大改进,1780 年理查德·阿克莱特将蒸汽机大规模应用于纺织工业等,这些创新不仅提升了生产效率,也促进了工业革命的发展。

与过去类似,我们正处于 AI 新科技应用落地的起始点,需要以更积极的态度和姿势抓住智能化变革的产业契机。20世纪70年代，欧洲汽车品牌重新定义轿车，提出了汽车应该更小、更高科技、更运动的理念。现在，21世纪20年代，汽车正全面转向电动化和智能化，背后的软件定义汽车和产品数字化实现了用户体验的场景化和个性化。汽车已不再仅仅是一个交通工具，更是一个高度智能化、互联互通的移动空间。如何定义这种体验则取决于人的需求。在这种背景下，我们提出了软件与AI定义汽车的五新模型，如图8-1所示。

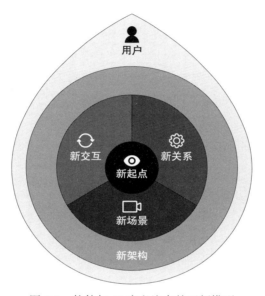

图 8-1 软件与 AI 定义汽车的五新模型

新起点：重新定义整车体验的出发点，从规模化复制、交付产品，到从文化和用户需求切入，正向定义产品和服务体验。

新关系：重新定义人与车的关系，从聚焦狭义的人和车机的交互体验，到关注广义的人和车的关系。

新场景：重新定义人与车的互动场景，从以产品为中心创造功能价值，到以产品和服务为中心创造功能、情感和成就价值。

新交互：重新定义人与车的交互体验，从以按键和图形界面为主的封装式交互，到以大模型为基础的高效自然的交互。

新架构：重新定义产品架构及其背后的组织架构，从整合封闭式产品架构到模块开放式产品架构，从集中多层级的组织架构到同时创造敏捷和稳定的扁平化组织架构。

新起点：从规模化到价值需求，重塑整车体验

探究人的需求需要在一个更广泛的文化语境下进行探讨。文化通常被定义为一群人共享的价值观、信仰、习俗、行为和物质对象。这些元素构成了一个社会的生活方式，影响着每个人的思想、情感和行为。同济大学 AMMI 人车关系实验室基于 Hofstede Insights 的研究，将文化的评价分为五个维度：权力距离、集体 / 个人主义、长期 / 短期导向、不确定性规避、克制 / 放纵。中国消费者在这五个文化维度上表现出了与欧美国家消费者完全不同的倾向，这种不同的倾向也反映在了不同的产品设计上。

中国社会的集体主义倾向更强。相对于欧美国家，中国社会的集体主义倾向更强，在家中看重"家庭"的归属感，作为车主则希望通过"车友社群"找到这样的归属感。同济大学 AMMI 人车关系实验室通过调研发现，处于有集体主义倾向社会中的个体，对"陪伴"的内在需求会更强烈，我们可以在人工智能产品上看到这一差异：欧美的人工智能产品，更多以"抽象"的图形作为人工智能的形象，比如苹果的 Siri、亚马逊的 Alexa 等；中国的人工智能产品，则更多拥有"拟人""实体"的形象，以满足消费者对"陪伴"的内在需求，比如蔚来的 NOMI、小鹏的小 P 等。

中国社会对不确定性的接受程度更强。相对于欧美国家，中国经济一直处于高速发展中，每一个个体对不确定性的接受程度更强，尝试新鲜事物的意愿更强，对风险的接受程度也更高。同济大学 AMMI 人车关系实验室通过调研发现，处于不确定性接受程度高的社会中的个体，对"丰富且复杂的信息"的接受程度会更高，更愿意去学习更新的体验设计。我们可以在"车灯"的创新交互设计上看到这一差异。2023 年 12 月发布的智界 M9 在车灯的体验上做了突破

性尝试，不仅创造了丰富的"灯语"交互，包括示宽灯、行人行走灯、投影大灯等，车灯还可以作为"屏幕"呈现多种信息，表达自己的情绪，并与车外的人和环境进行互动。

以文化作为背景和铺垫，再来看人的需求。人的需求是驱动人的行为的动机，了解用户的需求可以深入了解用户可能希望获得的体验。人类需求模型中早期最流行的是20世纪中叶美国心理学家亚伯拉罕·马斯洛（Abraham Maslow）提出的需求层次理论，它将人类的需求分为五个不同的层次，包括生理需求、安全需求、社交需求、尊重需求和自我实现的需求。受马斯洛需求层次理论的启发，2016年贝恩咨询公司（Bain & Company）提出"The Elements of Value"的模型，将消费者价值分解为一系列具体的、可操作的要素，以帮助企业更好地理解和提供客户价值。"The Elements of Value"模型将价值要素分为四个层次，从基础的功能性价值到情感价值，再到改变生活的价值，最后是社会影响价值。

结合中国的文化环境，回到汽车消费场景，我们将人的需求总结概括为三个层次：功能需求、情感需求和成就需求（见图8-2）。满足人的需求层次越多，对人产生的影响就越深刻。功能需求是最基础的需求层次，涉及产品和服务的基本功能和性能，包括省时间、更简单、更有条理、降低成本、省力气、降低风险、感官愉悦、多设备互联等。情感需求涉及产品和服务带来的情感体验，包括缓解焦虑、身心健康、有趣、美学享受、提升信心、有归属感、身份认可等。成就需求是最高层次的需求，关乎对个体和社会的影响，包括成为更好的自己，带来鼓励和希望等。

1. 功能需求

功能需求是开车出行的基本需求，功能需求关注的是车辆的基本性能。汽车消费场景的功能需求主要表现在以下方面。

（1）省时间：非常高效地从A点移动到B点。比如，导航系统实时规避交通拥堵，为用户提供最快捷的路线，显著节约出行时间。

（2）更简单：拥有和使用车辆变得更容易。比如，通过语音控制和触控屏操作，使得车内功能的使用更加简单直观。

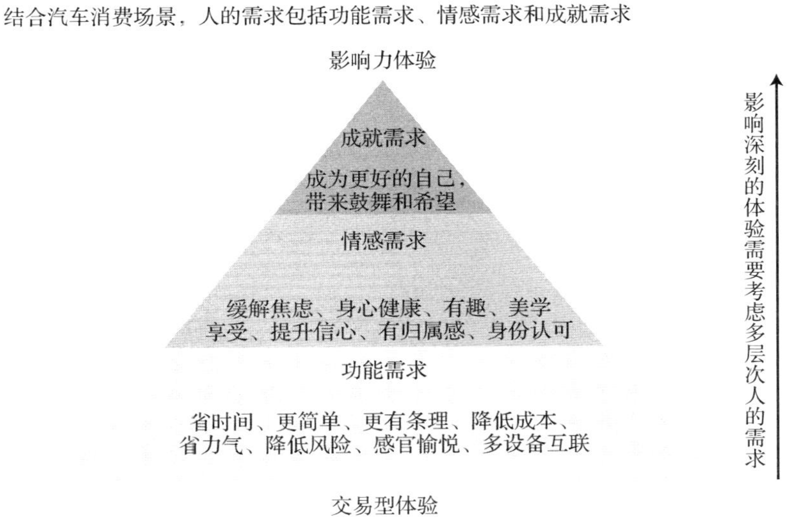

结合汽车消费场景，人的需求包括功能需求、情感需求和成就需求

```
                    影响力体验
                    ┌─────────┐
                    │ 成就需求 │
                    │成为更好的自己，│
                    │带来鼓舞和希望 │
                    │  情感需求    │
                    │缓解焦虑、身心健康、有趣、美学│
                    │享受、提升信心、有归属感、身份认可│
                    │     功能需求          │
                    │省时间、更简单、更有条理、降低成本、│
                    │省力气、降低风险、感官愉悦、多设备互联│
                    交易型体验
```

影响深刻的体验需要考虑多层次人的需求 ↑

图 8-2　汽车消费场景的"马斯洛需求"

（3）更有条理：出行中各大事项组织得有条不紊。比如，多账号系统实现不同用户的偏好设置，为每个用户提供快速、方便的访问权限，保护用户的个人信息，做到隐私保护。

（4）降低成本：降低拥有和使用车辆的经济和时间成本。比如，根据驾驶习惯和环境，智能规划充换电，以降低用户的用车成本。

（5）省力气：减少驾驶时的体力消耗。比如，自动泊车、高速和城区自动辅助驾驶为驾驶者提供了极大的便利，减少了驾驶时的体力消耗。

（6）降低风险：提供主动安全功能来降低事故发生的可能性。比如，自动紧急制动系统（AEB）能有效降低交通事故的风险。

（7）感官愉悦：通过设计和技术提供愉悦的驾驶体验。除了高质量的音响系统、座舱 DJ，还能根据用户的偏好提供个性化娱乐体验。

（8）多设备互联：在汽车内部实现各种设备之间的网络连接和数据交换。这些设备包括智能手机、平板、仪表盘显示器、车内大屏、抬头显示器（HUD）、后座娱乐系统等。多设备互联旨在提供更加无缝、集成和互动的驾驶和乘坐体验。

2. 情感需求

满足最基本的功能需求之后，我们还需要进一步关注情感需求，这涉及开车出行时的感受，主要关于汽车如何影响你的情绪和情感状态。汽车消费场景的情感需求主要表现在以下方面。

（1）缓解焦虑：提供一个安静和舒适的环境来放松身心。比如，宽敞舒适的车内空间和高效的噪声控制技术能为乘客提供一个安静的环境，帮助缓解旅途中的焦虑。

（2）身心健康：通过先进的健康和安全功能来提升乘客的身心健康水平。比如，舒适的座舱空间帮助乘客实现中午到车上小憩，下班在车上停留，完成回家前仪式感的转场。

（3）有趣：驾驶乐趣和娱乐性能。结合不同路面和场景切换驾驶模式是一种驾驶乐趣。同时座舱成为游戏厅也带来了娱乐的乐趣。

（4）美学享受：外观和内部设计的美感。比如，随音乐律动的灯光可以营造座舱的氛围。

（5）提升信心：通过驾驶获得的完全掌控感，可以提升自信心。更灵活的底盘悬架控制系统可以轻松应对各种路面。

（6）有归属感：意识到个体与品牌或群体的情感联系。比如，打造车主社群、车主嘉年华等活动，加强车主互动与参与。

（7）身份认可：对个体身份和角色表达的认可。比如，打造"车主福利合伙人"运营机制，赋予车主"车主合伙人"的称号。

3. 成就需求

成就需求是最高层次的需求，成就需求与个人目标和自我实现有关，与通过使用车辆获得的自我价值和满足感相关。汽车消费场景的成就需求主要表现在以下方面。

（1）成为更好的自己：实现自己多重角色的价值。比如，汽车可以满足日常通勤、商务接待、周末出游的多场景需求，让车主成为一个有责任担当的父亲。

（2）带来鼓舞和希望：体验丰富多元的文化，看到更美的远方。比如，车主可以开车与家人一起体验户外露营生活，感悟自然的力量。

新关系：从人机交互到全面的人车关系

人的需求体现在功能、情感和成就这三个维度，而车则从不同的维度为人创造丰富而多元的价值。这些价值的综合体现，不仅使汽车成为人们生活中不可或缺的一部分，还让它成为连接我们与更广阔世界的桥梁。在软件定义汽车时代，我们正在寻求一种新的"人车关系"。"人车关系"的概念于2006年由同济大学汽车学院与设计创意学院双聘教授马钧首次提出。马钧教授在2014年正式成立首个人车关系实验室，持续完善且多次发布人车关系评价体系及研究报告。马钧教授指出，人车关系的建立需要依托人、车、品牌三者之间的相互关系和作用，如图8-3所示。

人和车的关系由人、车、品牌三者之间的关系相互影响而形成

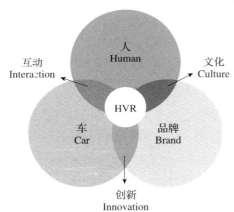

图 8-3　人、车、品牌的关系

资料来源：人车关系实验室与德勤联合发布报告《如何打造面向未来的智能网联汽车》，2020年。HVR 为 Human Vehicle Relationship 的首字母缩写。

（1）车与品牌之间的关系是相互依赖和互相增强的。

品牌是车的身份的象征，而车则是品牌承诺的实现。人们对于产品的感知

会影响其对整个品牌的看法。同样，一个清晰强大的品牌形象可以提升产品的吸引力。车和品牌的持续创新共同构建了消费者的整体体验，从认知到购买，再到使用和推荐。车和品牌在每个环节中共同发挥作用，影响人的满意度和忠诚度。比如，理想汽车的品牌定位为"创造移动的家，创造幸福的家"，因此理想汽车推出的系列产品是紧紧围绕家庭用户的需求来打造的，包括 L6、L7、L8、L9 四个 SUV 车型，覆盖从 20 万元到 50 万元的更广的价格范围。而在座舱后排安装娱乐屏，满足出行过程中儿童娱乐的需求，则成为一个合情合理的决策。

（2）人与品牌之间的关系超越了纯粹的交易层面。

人与品牌之间的关系更多体现在由一个个触点的体验叠加而形成的文化共鸣。品牌通过推动与科技、艺术、生活方式的交融，创造出独特的品牌文化和价值观。这种文化共鸣不仅体现在汽车本身的设计上，还体现在品牌的呈现、沟通、社会责任活动中。在拥有和使用汽车的全生命周期里，人与品牌持续互动，建立起深层次的情感联系和认同感。比如，蔚来汽车基于"创造愉悦的生活方式"的品牌定位，推出满足人的愉悦生活方式的 NIO Life 系列产品，围绕用户社群推出"车主福利合伙人""用户社群"等。

以人工智能为核心的软件技术让汽车具备了机器智能，汽车成为一个有智慧的"生命体"，进而促进一种新的人车关系的建立。著名的未来学家凯文·凯利在《科技想要什么》(*What Technology Wants*)一书中指出，"技术就像一个活生生的、不断演化的生命体，有自己的需求和趋势"。具备科技属性的智能汽车的目标是让我们通过它的眼睛认识世界，车并非外在于人，它需要具有一定的亲和力，需要与人建立一种亲近感，知道如何与生命和睦相处。人与车之间的交互，不是拥抱，而是共进退。为了使个体的体验更好，一方面车需要使每个个体以最不费力的方式享受合理的、一致的、完整的体验，另一方面车又需要在全球范围内提供尽可能多的产品和服务，努力满足每一个人的需求。车与人在交互过程中，会不断提升彼此的透明度、合作度、灵活性和开放性。

基于人、车、品牌三个角色的互相影响，由以人工智能为核心的软件定义的汽车将以非常清晰的方式改变我们的生活，在不同的场景下，通过长期的一致和可靠行为建立起与人的信任关系,由此带来人与车的关系的不断升级和转化,这种关系包括助手、管家、伙伴三层维度(见表8-1)。这三层维度的关系可以同时存在和推进,也可以逐层递进。

表8-1 人与车的三层维度关系

	人与车的关系	需求满足层次	情感联结和信任关系	适应和学习能力	交互形式
1	助手	执行简单的特定任务,满足功能需求,如打电话、播放音乐等	态度中立,是一个工具	有限的适应能力	基于人的指令来执行
2	管家	完成复杂任务,满足功能和情感需求,如调度安排、日程管理等	依赖度增加,形成初步的信任和依赖关系	适应更复杂的环境和需求	主动交互,并提供服务
3	伙伴	进一步满足情感和成就需求,如共情同理、共同成长等	形成更深层次的情感联结和信任	学习用户偏好和习惯,提供个性化服务	共同合作,互相影响

助手是指帮助他人完成特定任务或活动的人或工具,助手在不同的环境和领域中发挥作用。当人与车的关系是助手关系时,车可以帮助执行简单的特定任务,而且是基于人给出的明确指令而做出的反馈,比如出行助手、用户助手、娱乐助手等。出行助手实现用户从 A 点到 B 点的出行目的,同时推荐目的地的美食好去处并发起导航;用户助手回答用户提出的与用车相关的问题,或者基于指令执行与车辆控制相关的操作;娱乐助手则根据用户的指令播放歌曲、播放故事等。

如果说助手基于用户的要求被动地做出反应,那管家则更强调对用户的期待做出预判,主动识别问题、提出问题并解决问题。管家最初指的是管理一个大型住宅或庄园的家庭事务和日常事务的人,通常需要具备出色的组织能力、人际交往技巧、多任务处理能力,还需要对所服务对象的需求有深刻理解。比如发现车主的右前轮扎了钉子,管家主动安排预约上门补胎服务等。

汽车与人类的终极关系是伙伴。伙伴关系基于互相尊重、信任和合作。在不同的情况下,伙伴可以提供支持、鼓励、专业知识或共享资源。我们认为汽车与用户之间的关系是相互尊重的、有耐心的且充满好奇心的。汽车试图理解用户的意图，并总是提出澄清性的问题而不是假设已知答案。汽车还为用户节省大量时间，让他们有更多时间与亲人相处、追求爱好或提升自己。伙伴的目标不是让用户分心于当下的人际交互，而是帮助他们在与他人的互动中做到最好，而且当用户遇到挫折、陷入负面情绪时，伙伴会主动提供情感支持。伙伴可以记住过往的对话，进而个性化其风格和语调以适应用户的偏好。伙伴会提供探索世界的浏览器，帮助用户探索不同的兴趣领域。比如，车会记住与人相关的大日子、大事件，在生日当天借助车的空间打造一个独特的庆祝仪式；车会记住所有有意义的出行，给你带来独特的回忆。

新场景：从功能价值到全面价值创造

人与车的关系包括助手、管家和伙伴，人与车的关系会由于共同经历的事件和体验而不断形成和巩固。在智能化的时代，除了智能化的产品，还需要构建智能化的服务，并以此为媒介促进人与车的关系的养成。我们需要在恰当的场景下提供由智能化的产品和服务创造的完整体验，让服务更智能、更主动且实时在线。构建智能服务需要四大能力：用户画像分析、场景识别、服务体系构建以及用户运营，如表8-2所示。

表8-2 构建智能服务的四大能力

项目	用户画像分析	场景识别	服务体系构建	用户运营
具体内容	对用户画像的理解 对用户偏好需求的判断	通过主动输入识别场景 通过舱内数据、车辆数据、环境数据识别场景	打造全服务生态，包括满足用车核心需求、探索世界的延展需求 为小概率事件做好准备	基于场景识别触发交互 通过用户运营持续迭代服务
核心要素	建立用户唯一ID 用户多维数据聚合	原子化能力和场景引擎的构建 触发交互的体验设计	车辆使用和维修服务 围绕探索世界的服务	数据沉淀和闭环迭代 对个体认识的强化 更懂用户

（1）用户画像分析：用户画像是基于用户跨触点的数据整合而产生的洞察，

包括用户的基本信息如性别、年龄等，关系信息如主用车人、共同用车人等，以及反映行为和态度偏好的数据。

（2）场景识别：场景识别包括基于用户数据、舱内数据、车辆数据、环境数据等建立的一套完整的场景识别和触发机制，用于判断用户所处的场景，并根据用户的偏好，主动预测其需求。场景识别是指打通整车和座舱多层感知的原子化能力，构建场景引擎，以实现除了基于用户主动输入的被动场景识别，还有整车的主动场景识别。整车和座舱的多层感知的原子化能力则又分为输入端的感知能力和输出端的执行能力。输入端的感知能力包括获取整车数据、车外感知数据、车内感知数据、环境数据等的能力。而输出端的执行能力则包括满足用户所有需求的座舱内和座舱外的所有执行器的原子化的能力。

（3）服务体系构建：服务体系构建的目的包括满足核心需求和延展需求。核心需求包括与车辆使用和维修直接相关的服务，比如洗车、补胎、补能、维修保养等。延展需求是指与探索世界相关的需求，包括通信、会议、游戏、视频、音乐、社区、教育、购物、资讯、直播等。其中有些是品牌方的自有能力，更多的则需要通过合作伙伴生态的建立来实现。我们需要将更多服务生态伙伴进行整合，形成一个大的汽车平台，实现各种定制服务。与更多服务生态伙伴的接入包括从技术上开放 API，到开放规范的商业合作接口。在设计服务体系时，除了关注通过标准的服务系统提供个性化的服务，还需要为小概率事件做好准备，并为系统的迭代升级预留空间。随着市场和技术的发展，服务体系也需要不断进化。因此，设计时要考虑到未来的扩展性和灵活性，确保我们能够顺利地引入新功能和改进功能。

（4）用户运营：用户运营是指基于场景识别和触发的一系列交互，以及交互过程中的数据沉淀和闭环。我们的体验不是一成不变的，而是需要根据用户反馈不断进化。我们需要建立一个机制和系统，持续收集和分析用户反馈，用户的每一次反馈都是一次对用户的主动强化学习，需要将这些洞察转化为对个体认知的强化和对个体体验持续改进的机会点。

完整地建立人与车的新关系的场景需要横跨人与车交互的全生命周期，从相识到一起出发，再到一起娱乐和生活，共同成长，并且产生共同的回忆。

图 8-4 展示了从完整的用户旅程看人车关系建立的新场景,表 8-3 展示了用户体验旅程各阶段细部场景,感兴趣的读者可以参看。

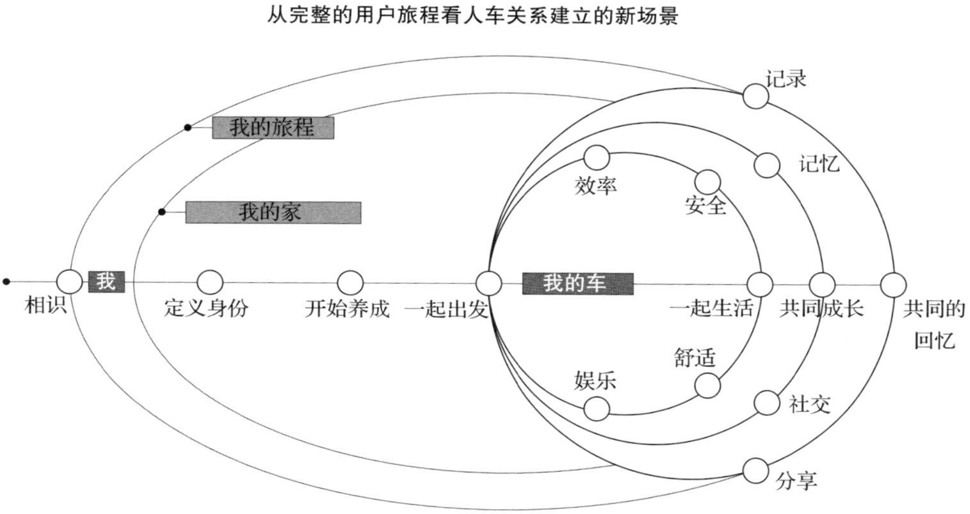

从完整的用户旅程看人车关系建立的新场景

图 8-4 从完整的用户旅程看人车关系建立的新场景

表 8-3 用户体验旅程各阶段细部场景描述

	体验阶段	活动描述(不完全举例)
1	相识,准备出发	人与车相识,准备一起出发,开始对车的养成 车通过一个物理载体和一个虚拟化身与人进行交互 定义车的名字、虚拟形象、声音以及底层的人设和交互风格
2	一起生活	出行 DJ:根据我的喜好定制音乐和有声内容的播单 回答孩子关于世界的问题,满足孩子的好奇心 主动觉察扎钉等车辆使用问题,并主动定义和执行解决方案 基于地理位置信息,设计实景游戏并介绍好玩好吃的地方 基于地理位置的车主互动,包括分享、连接和互助
3	共同成长	陪伴我这新手上路,在我遇到问题时总是第一时间解答和帮助我 记住我在意的日子并庆祝,比如生日、开学日、周年庆祝等 记住我在意的事并提醒我,比如提醒我离车时拿手机,回家路上买蛋糕 让我与现实不断连,从不错过关心的人、事、物
4	一起回忆	记录人与车共同经历的旅程,比如第一次看到彩虹,第一次开京沪线等 分享记录,回忆经历,体验生活的真实

要对完整的场景进行识别,我们则需要建立完整的用户场景库。定义在具

体的场景下,通过人与车产生交互,建立信任关系,实现人与车的角色关系的升华。一个完整的场景库需要包括如下 9 个维度。

(1)交互对象:定义与车交互的对象,如主用车人、副驾乘客或者后排乘坐的儿童等。

(2)用户细分:根据不同的需求、行为模式及价值主张将用户分为不同的群体。

(3)用户场景:对不同的时间、空间、环境下的行为和需求进行描述,形成对该场景的认知。

(4)用户诉求:定义人在该场景下希望解决的问题、满足的需求、完成的任务。

(5)场景的价值:通过该场景的广泛化程度、个性化程度、体验提升程度衡量该需求的迫切程度。

(6)需求层次:以 KANO 模型为基础,用对用户满意度的影响程度来评估该需求的层次。

(7)价值创造:定义通过产品和服务创造具体的对人有意义的价值。

(8)标杆交互:在该场景下"人会怎么做",总结其中的逻辑和表现并作为体验参考和学习的对象。

(9)目标体验:定义希望用户在完整体验过程中获得的理想体验,描述车所扮演的体验脚本。

新交互:从物理交互到大模型下的自然交互

人和车的交互是要实现更高效、更自然的交互,人和车的交互体验向多元化、拟人化的方向发展,同时交互触点也更加丰富。交互的多元化是指以更多元的交互形式来提升交互的效率,人机交互方式从按键、触控发展为语音识别、人脸识别、声纹识别、手势交互以及其他生物特征识别,根据不同的场景设计不同的交互形式以实现交互效率最大化。比如,理想 L9 根据声纹识别用户并进行对话，华为问界 M7 通过自动扫描人脸识别用户身份，启动车机和手机的互联。拟人化是指人机交互的体验更像人与人的互动，让交互的体验更自然，体验的维度包括话术、风格、表情和动作等。比如，蔚来 NOMI 随场景而变化表情和动作，理想的"理想同学"则根据不同的身份角色变换头像标识。交互触点更丰富是指所见即可交互，用更多的触点进行交互以真正实现针对不同角色的人车关系的打造，比如，华为问界 M9 推出智慧交互大灯自定义呈现图像，小鹏 X9 推出带遥控器的后排智能交互大屏，理想 L9 推出的升级副驾屏等。

随着大语言模型能力的不断升级，人与车的对话将成为新的用户界面（UI），对话形式的交互也是最符合人的直觉的自然交互。对话式 UI 给我们提供的是交互灵活性，在其基础上，用其他的 UI 来提高直觉性和易用性，创造一种图形用户界面（GUI）和语言用户界面（LUI）混合的交互形式。全新的交互形式也使得软件不再仅是一个工具，而是扩展到端到端的结果，直接向用户交付价值。GUI 是由设计者主导的，将生态应用的功能点封装到一个个用户界面，而 LUI 是以用户为中心的，这种能力可以被 API 化，在不同的应用程序里被调用。这样的交互是以用户为中心的，是更自然的，而不是被人工抽象定义过的。传统的软件编程主要基于机器语言和符号逻辑，实现对应于计算机硬件操作的单一计算，交付给用户的是一种有限选择，实现的是用户产品和服务的压缩。而现代的编程方法则基于神经网络和机器学习，通过图形处理单元（GPU）来处理各种复杂模式的识别的数据分析任务，可以真正还原一个优质的一对一用户服务体验。

生态应用上车也经历了三个阶段，从最早的应用 1.0 时代的 app 直接上车，到应用 2.0 时代的 app+ 小程序上车，再到现在的应用 3.0 时代所有应用的 API 化，如表 8-4 所示。现在，我们正在进入应用 3.0 时代，AI 带来的是一个新的聚合时代。基于 GUI 和 LUI 的混合交互形式，可以解读用户输入的所有意图，进而灵活匹配所有的 API。这也反向让所有能力被细颗粒化、API 化变得更有意义，进而将所有的服务原子化、浅层化，让用户直接调用，以实现实时交互。

表 8-4　生态应用上车经历的三个阶段

	应用 1.0： app 上车	应用 2.0： app+ 小程序上车	应用 3.0： 所有应用 API 化（AIGS）
起源	基于手机原生开发，由 app 主导	基于手机原生开发，由 app 和 BAT 主导	基于车机原生开发，由整车厂主导
体验内容	高频应用，如音乐播放器和导航 app	小程序上车，应用相对低频，比如预订餐厅、支付等	覆盖所有上车、用车、出行、离车场景，包括高频和低频场景
触发形式	独立存在，基于用户输入而触发	独立存在，基于用户输入而触发	基于车内场景，通过基于人、时、事、地、物建立的 AI 场景引擎主动触发 长期个性化服务：记忆、懂你、真实
交互体验	GUI + VUI 不完全适配 交互层级深	GUI + VUI 不完全适配 交互层级深	LUI + GUI + 生成式 UI 完全适配 交互层级浅
实现手段	由代码编写而成	由代码编写而成	基于大模型，大规模 Agent 协作，相互调用标准化的能力，协同创造

新架构：从封闭到开放的产品结构，从集中到扁平的组织架构

机器智能让我们有机会重新定义汽车，以文化和人的需求为新起点，通过覆盖汽车全生命周期的完整场景，基于大模型的高效自然的全新交互范式，建立人与车的全新关系。因此我们需要一套与之相匹配的产品架构和组织架构来实现，而这样的产品应该是模块的开放式架构，组织则应该是敏捷而又稳定的扁平架构。

日本产业经济学家藤本隆宏在《能力构筑竞争：日本的汽车产业为何强盛》一书中指出，产品架构分为三种（见图 8-5）。现在基于软件定义的汽车架构正从一个封闭的整合式架构发展成为一个开放的模块化架构平台。同时他也指出，各个国家在高速发展期面临的初始条件或制约条件不同，在结果上导致各国家形成自己特有的组织能力。日本与德国就逐步形成了以长期雇用为基础、多功能技工协调配合的能力，特别适合制造具有"磨合型设计思想"的产品；中国与美国的制造业就更容易在具有"准模块化设计思想"的产品类型上获得国际竞争优势。

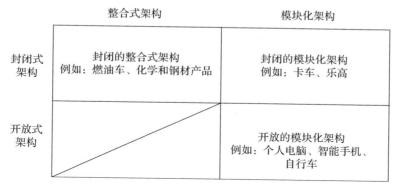

图 8-5　三种类型的产品架构

资料来源：藤本隆宏.能力构筑竞争：日本的汽车产业为何强盛[M].许经明，李兆华，译.北京：中信出版社，2007。

智能化汽车时代的产业生态较为复杂，是一个多方共建的生态体系，参与者包括整车厂、一级系统供应商、ICT 企业和服务提供商。整车厂作为最终的整合方，需要把软硬件及生态服务商等多方角色整合起来，完成从整车制造到长期出行服务的交付。整车厂和一级系统供应商不断加强各自的研发能力，推动整车智能的发展。ICT 企业拥有先进的智能技术和网联科技，让人车交互向人车关系转变，实现整车和万物互联。服务提供商则需要持续挖掘人、车、家的应用场景，形成打通人、车、家的服务生态。因此，唯有建立开放的产品架构，形成合作共赢的经营模式，才能实现软件定义汽车时代下的新的产品和服务体验。

清晰的产品架构需要与之相匹配的组织架构、组织文化和组织能力做支撑，以最终实现交付给用户的产品和服务体验。组织架构定义了职责分工、工作流程、管理层次和部门之间的关系。这种架构可以是正式的，明确划分职位和责任，也可以是非正式的，依赖灵活的工作方式和个体的能力。建立组织架构的目的是促进合作以及高效决策。组织架构从集中和多层的组织架构发展成为敏捷而稳定的扁平化组织架构。

组织架构将一个组织的各个实体以分割和组合的形式进行定义，文化则将一群个体编织成一个称为组织的整体实体。在技术变革期，组织文化需要持续重构，在稳定性和敏捷性之间实现平衡，关于组织架构的稳定性和敏捷性来源的具体情况参见表 8-5。创造稳定的组织环境，为团队提供方向和归属感，让团队花更少的时间考虑自己和组织的角色和定位，同时培养持续学习和创新的文化，提升组织快速响应外部变化的能力。传统汽车时代相对整合的架构要求团队有极强的执行力，不能出错，团队之间定义了清晰的工作内容和部门边界。在智能电动车时代，在相对开放的架构下，信息透明，决策下放，强调认知的共同创造，个人和组织与产品共同进化。

表 8-5 组织架构的稳定性和敏捷性来源

稳定性来源	敏捷性来源
• 清晰定义并沟通组织的愿景 • 愿景与战略落地的逐层拆解和结合 • 帮助团队成长，培养和提升人才能力 • 与客户和生态系统合作伙伴的稳定关系 • 开放、透明、清晰的沟通	• 持续地改变而非剧烈重组，灵活且持续地重新分配资源 • 创新是常态，是主流，是每个人工作的一部分 • 规划系统且灵活，视内外部环境进行调整 • 预算快速且灵活，做到季度甚至更短周期的资源分配 • 鼓励跨组织、跨专业合作和协同

让我们再来看看对作为实现软件定义产品和服务新体验的重要角色——产品经理的能力要求。产品经理这一角色的前身可以追溯到 1931 年的宝洁公司，随着硅谷互联网商业的兴起，产品经理的角色不断迭代，需要具备市场洞察、战略规划、团队协作和技术理解等综合能力，负责产品定义、开发、市场营销、上市运营等产品全生命周期的管理。这里的产品是指广义的产品，包括产生用户价值的完整产品和服务。

为了适应全新软件定义的汽车新时代，产品经理需要是一个专家，同时也要能够深入细节，并且愿意开展协作性的讨论。首先，产品经理需要是一个专家即 P 岗人才，进而才能成为一个产品经理的管理者即 M 岗人才。把一个专家培养为优秀的管理者比把一个管理者培养为专家更容易。在技术持续变化和发展的环境里，企业需要依靠具有该领域专业知识的专业人士的专业和直觉判断，产品经理在收到真实的市场反馈以及看到市场预测之前就要做出判断；产品团队的领导者所赋予产品团队的不是"责任和控制"，而是"专业和决策"。其次，产品经理需要深入细节，任何产品体验的设计需要向下钻研三个层次的细节，从定义到设计、测试再到交付。体验的好坏是由每一个细节设计决定的，包括每一个用户、每一次交互、每一种场景、每一次反馈，作为产品经理需要深入关注每一个细节的设计。最后，产品经理需要愿意开展协作性讨论，在集体决策过程中愿意与其他职能进行协作性辩论。当产品经理具备这些特质时，决策将由最有资格做出决策的人员以协调讨论的方式做出。

　　第 8 章讲的是汽车产品—车两面的灵魂层面，软件与 AI 定义汽车的五新模型既是应对软件与 AI 定义汽车的方法论，也是"如何用数据驱动新能源汽车产品设计开发"共创解题的延伸。如果说精益供应的核心是在一款车型的生命周期内将硬件产品的生产制造成本不断降低，在后续的几年里带来产品自身成本的降低，将由此带来的获益以价格的形式回馈给用户的话，那么数智化时代，在一款车型的生命周期里，软件带来的收益就是让车理解人的意图的能力越来越强，人与车交互的效率越来越高，使用汽车的场景越来越多，汽车获得的用户反馈数据越来越多，让汽车越来越懂你，真正成为你的助手、管家和伙伴。让我们从新的起点重新定义整车体验，建立人车新关系，挖掘人与车的新互动场景，探索人与车的新交互体验，厘清新的产品架构及其背后的组织架构。一旦汽车企业构筑起这样的价值创造基础，进一步的运营价值驱动和生态价值驱动就水到渠成了。

共创解题

软件和 AI 如何定义你的产品

我们认为，4WDV 模型和共创解题方法不只适用于汽车产业，还具有一定的普遍性。如果你所在的企业也在进行数智化转型，我们真诚地希望能将 4WDV 模型和共创解题方法传递给你，帮助你所在的企业一起来探索并定义自己的"真问题"。

问题之思

第二部分内容主要围绕"产品价值驱动的核心：软件和 AI 定义汽车"展开，探讨汽车产业如何在数智化创新过程中，通过软件和 AI 提升产品价值，从而在市场中占据领先地位。你所在的企业在产品价值驱动方面有哪些需要解决的"真问题"呢？

软件定义：聚焦提升客户体验，你的产品迭代进化是否具备足够的灵活性？

【思考互动】假设你的产品有一颗"软件心脏"，这颗心脏需要不断进化才能适应市场变化。你认为你的产品在这方面做得如何？有哪些可以改进的地方？

【动手实践】设计一幅"软件升级路线图"，规划未来一年内你的产品将进行的所有软件更新，并标明每次更新带来的核心价值。

AI 赋能：AI 能为你的产品带来什么独特优势？

【问题导引】在产品使用过程中，有哪些环节是应用 AI 可以优化的？如果你的产品能"思考"，它会在哪些方面做得更好？

【共创任务】组织一次"AI 赋能头脑风暴",让团队成员提出至少三种 AI 提升产品性能或用户体验的具体方式,并进行可行性评估。

智能体验:如何通过软件和 AI 提升产品体验?

【虚拟互动】设想你的产品拥有一个智能助手,它可以帮助用户解决任何问题。用户最希望这个智能助手具备哪些功能?如何让这些功能更贴心?

【策划挑战】设计一个"用户体验提升计划",包括如何通过 AI 和软件改进用户界面和交互设计,使产品更加智能化和人性化。

数据驱动:如何利用数据驱动产品研发及定位组合的决策?

【灵魂拷问】你的产品如何收集和利用用户数据来优化自身?数据分析结果在产品改进中起到了多大的作用?

【故事共创】创建一个"数据驱动改进案例库",记录并分享通过数据分析实现的产品优化实例,激励团队持续关注数据的重要性。

直面问题:哪个问题才是"真问题"?

【问题征集】在软件和 AI 赋能的过程中,最让你担心的问题是什么?这些问题背后的根本挑战是什么?

【解决方案工作坊】针对你提出的"真问题",列出三种可能的解决方案,邀请团队成员打分,并讨论每个方案的优缺点及其可行性。

行动 TIPS

√创建用户体验实验室

动手实践,直观感知!建立一个"用户体验实验室",邀请真实用户参与产品原型测试。从用户视角"测试"产品是不是真正的好产品。配置可以进行眼动追踪、情绪分析的高科技设备，结合深度访谈，全方位捕捉用户的细微反应与需求，使团队能直观理解用户体验的痛点与亮点，迅速迭代优化设计。

√"黑客马拉松"大赛

创意无限，一夜之间！组织一场以"未来产品创新"为主题的"黑客马拉松"大赛，鼓励跨职能团队在限定时间（如 48 小时）内围绕用户反馈最集中的问题或新功能构想，从 0 到 1 快速完成原型制作。活动不仅能促进创意爆发，也是培养团队协作与快速解决问题能力的绝佳机会。

√"未来用户顾问团"招募

前瞻性视角，用户主导！公开招募一群对科技趋势敏感、乐于分享的"未来用户"作为长期顾问，定期举办线上或线下研讨会，让他们参与到产品早期的概念构思与设计评审中来。这种直接吸引用户参与产品创新的方式，能确保产品发展方向更加贴近市场需求与未来趋势。

第三部分

运营价值驱动的核心
生产智造与数智化供应链

导 读

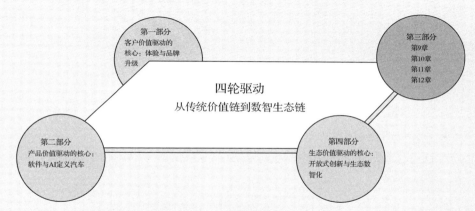

本部分聚焦 4WDV 模型中的运营价值驱动。

"运营价值驱动"强调了在当今快速变化的市场环境中,企业要持续保持核心竞争力,不再仅仅依赖于服务或产品的优势,更依赖于其运营效率和供应链的灵活性。因此,"运营价值驱动"的理念逐渐受到重视,尤其是在智能制造和柔性供应链的背景下,这一理念显得尤为重要。

运营价值驱动之轮以数智化为底层基础,以用户为中心的智能制造、柔性供应链和运营创新为关键驱动力。相比于传统汽车运营,在数智化赋能下,汽车运营在决策流程、生产流程、供应链管理、运营效率等方面都发生了重大改变。

在过去,汽车企业运营决策大都依赖经验和直觉,生产运营依赖大量人工操作，生产产品以大规模标准化生产为主，用户选择范围有限，汽车供应链依赖线性供应链管理和批量库存，汽车产品运营周期长，对市场变化的反应较慢。

而在数智化赋能的背景下，汽车产业的运营决策更多依赖于数据分析，数据集成和大数据技术使得从设计、生产到市场营销、客户服务的每一个环节都能够基于实时数据进行优化和调整。智能制造技术（如自动化、机器人、AI监控系统）的应用，极大提高了生产效率和质量控制水平，减少了人工错误，提高了生产线的灵活性。汽车企业能够提供更多个性化选项，包括定制车型、内饰等，通过高度定制化生产，满足消费者的具体需求。同时，利用大数据分析消费者行为，汽车企业能够提供更加个性化的营销和服务，实现更高效的物料流和信息流。利用物联网（IoT）和区块链技术，能够实时追踪供应链状态，预测并应对潜在的供应链风险。汽车企业会以用户需求为中心，根据市场需求的变化更快速地迭代新技术和新产品。

第9章介绍数智化转型中的C2M模式探索与实践，主要内容包括C2M的概念、解决的问题以及如何重塑汽车产业价值链，并通过上汽大通在C2M模式方面的探索与实践案例，帮助读者理解C2M模式对中国汽车数智化创新的价值与影响。

第10章聚焦数智化与智能制造，通过一汽红旗的案例，帮助读者理解智能制造实践以及数智化转型的必要性。用理想汽车的案例，帮助读者理解数智化超级大脑对智能制造的重要性。

第11章主要讨论数智化与柔性供应链，探讨了传统汽车供应链的痛点，以及智能供应链如何重塑汽车价值链。这一章通过上汽大通、一汽红旗和吉利汽车三个案例，分别介绍当前中国汽车产业在智能汽车供应链三个方向的新探索。

最后，第12章主要讨论数智化对汽车产业运营流程的影响，并通过理想汽车、中国一汽和比亚迪这三家车企在数智化运营方面的最新实践案例，帮助读者理解数智化对汽车产业运营创新的价值与影响。

第 9 章
数智化转型中的 C2M 模式探索与实践

数智化时代的 C2M 模式

过去一百多年来,汽车产业一直秉承以产品为核心的理念,采用的是推式生产逻辑。在推式生产流程中,每一道工序都要严格根据既定的生产计划,尽其所能地生产,以尽快完成生产任务,而不管下一道工序是否需要。在这种模式下,汽车的开发周期很长,一款全新的车型往往需要耗费 40 多个月。传统模式是大规模、批量化、标准化的生产,很难照顾到用户差异化的需求;而当汽车市场增速放缓,这种生产模式还很容易造成库存积压。

而在数智化时代,汽车市场的需求和竞争环境发生了巨大变化,以产品为核心的推式生产已经不能完全满足市场需求。与此同时,数字化与智能化技术的飞速发展为汽车全价值链的数据打通和流程重构提供了技术支撑,这为"从消费者到制造商"(Customer to Manufacturer,C2M)模式的实施奠定了技术基础。

C2M 模式的特点

近年来,C2M 模式逐渐崭露头角,成为推动中国制造业深度变革的重要力量。C2M 模式是指用户直连制造商,即消费者直达工厂,强调的是制造商与消费者的衔接。在一个商品的最终价格中,有一大部分是中间成本。如果能将这一大块成本成功砍掉,那么制造商和消费者就有可能实现"双赢"——制造商可以让自己的商品更有竞争力，从而获得更高的利润；消费者则可以让自己买到价格更低的商品，从而实现更高的消费者剩余。

从商业模式的角度来看，C2M模式颠覆了传统的产品生产与销售模式，是中国制造业从"制造"走向"智造"的重要组成部分。该模式的独特之处在于直接连接消费者与制造商，实现了高度个性化、高效能、低成本的按需生产。

从运营管理的角度来看，C2M模式可以让运营管理变得更加灵活和高效。制造商可以根据消费者的个性化需求快速调整生产计划和生产流程，减少库存积压和生产浪费，提高生产效率和资源利用率。同时，消费者可以享受到更快速、更贴心的定制化服务，满足其个性化需求，提升消费体验和满意度。这一模式去掉了传统供应链中的中间环节，实现了制造商和消费者之间的直接沟通和交易，为中国制造业的深度变革注入了新的活力和动力。

具体来说，C2M模式具有以下几个显著的特点。

（1）C2M模式打破了传统的供应链壁垒，直接建立起消费者与制造商之间的信息通道。消费者的需求信息通过数字化平台直达工厂，大大缩短了供需链路，减少了信息失真与延迟。

（2）C2M模式强调以消费者个性化需求为导向，允许消费者参与到产品的设计与定制过程中。借助先进的在线配置工具，消费者可以根据自身喜好定制产品的各项细节，实现真正意义上的大规模个性化定制。

（3）C2M模式依托强大的数据支撑，实现数据驱动与智能化决策。企业通过收集、分析消费者数据和市场趋势信息，实时调整产品设计和生产计划，精准预测市场需求，避免过度生产和库存积压。

（4）C2M模式要求企业具备高度灵活的供应链管理和制造能力。企业通过与上游供应商深度合作，实现原材料与零部件的按需供应；在生产端，采用模块化、柔性化的生产线，能够快速调整生产参数以适应多样化、小批量的定制订单，在确保生产效率的同时有效控制成本。

综上所述，C2M模式不仅为消费者带来了个性化定制的产品体验，也为企业提供了更加灵活高效的生产模式，成为推动中国制造业深度变革的关键力量。

C2M 模式探索

C2M 模式作为数智化时代下的新型商业模式和新运营变革，正在深刻变革制造行业。通过直接连接消费者与制造商，实现了运营流程的精简与效能的大幅提升。我们列举了中国家居、家电、快时尚等不同行业对 C2M 模式的探索，以展现 C2M 模式在产品设计与研发、生产与制造、营销与销售以及售后服务各环节中的创新应用。

（1）在产品设计与研发环节，开源汽车制造商 Local Motors 通过数字平台汇聚全球智慧，让消费者参与到设计之中，不仅缩短了创新周期，也确保了产品与市场需求的高度契合。这种模式通过数据洞察与用户共创，重新定义了产品设计与研发流程，使之更加敏捷和贴近市场前沿。

（2）在生产与制造环节，模块化与数字化的深度融合成为关键。尚品宅配与红领西服的实践证明，通过构建"元产品"数据库、实施模块化生产以及数字化改造工艺流程，企业能够快速响应个性化需求，同时优化供应链管理，实现生产效率与定制化水平的双重提升。

（3）在营销与销售环节，小米和阿迪达斯等企业的 C2M 实践，通过构建粉丝社群、线上线下融合的定制化体验，以及设计师直接参与销售等策略，提高了用户参与度，促进了产品与市场的紧密互动，提升了用户体验与品牌忠诚度。

（4）在售后服务环节，特斯拉利用 OTA 技术展示了 C2M 模式在持续服务与产品升级上的无限潜力，不仅大幅提升了客户满意度，也为汽车后市场的服务模式创新树立了标杆。

这些探索共同展示了 C2M 模式如何通过深度整合消费者需求与制造能力，推动制造业向更加灵活、高效、个性化的方向发展，为中国制造向中国"智"造的转型提供了强有力的支撑。

C2M 模式重塑汽车产业价值链

在数字化转型的强劲驱动下，C2M 模式正逐步嵌入汽车产业的动脉，引领了一场从生产到消费的价值链变革。该模式不仅直击传统汽车产业价值链的痛点，还铺设了一条通向个性化定制、高效互动及市场快速响应的转型升级之路，彻底改变了汽车制造与消费的互动界面。

传统汽车产业价值链的痛点

面对汽车产业的迅猛发展，传统价值链模式逐渐暴露出其局限性，特别是在满足日益增长的消费者个性化需求、改善信息透明度以提升用户体验，以及加快产品创新以紧跟市场需求方面，这些痛点尤为显著。

1. 个性化需求的觉醒与挑战

长期以来，汽车产业的大规模标准化生产模式，虽然成功降低了成本，促进了汽车的普及，但是也导致了产品同质化严重的问题。罗兰贝格的数据显示，2020年"90后"人群购车占比已达45%，新增驾驶员也以25岁以下的年轻人为主。凯度（Kantar）和腾讯在《Z世代消费力白皮书》中指出Z世代青年的三大消费动机：为社交、为人设、为悦己。他们更愿意为个性化支付溢价。

随着泛Z世代成长为汽车消费主力以及消费升级，他们对于汽车设计的独特性、配置的灵活性及与个人生活方式的契合度有了更高的期待，传统的"大批量、少品种，一刀切"的生产运营模式已无法跟上市场的快速变化。

2. 信息不对称与用户体验的挑战

传统的汽车销售体系依赖于多层级的经销商网络，这虽然有助于快速铺开市场，但也筑起了一堵制造商与终端用户之间的信息墙。制造商因此难以直接获取消费者的真实反馈与市场动向，对需求变化的响应变得迟缓，创新能力受限。同时，消费者的购买体验在信息的层层传递中减弱，服务响应速度与个性化服务水平大打折扣。

3. 产品迭代与市场需求的脱节

在推式生产模式的主导下，汽车企业基于历史数据和市场趋势来规划生产，导致新产品的开发周期冗长，无法迅速响应市场的新需求和技术进步。面对市场的突变或技术的飞跃，企业往往因生产流程的僵化而陷入被动，冗余的供应链系统进一步加剧了库存压力，增加了企业的财务风险。

C2M 模式重构汽车产业的全业务流程

C2M 模式对中国汽车产业的运营方式和价值链进行了深刻的重塑和升级。这一模式突破了传统的"以产品为中心"的思维模式，将焦点转移到了"以用户为中心"，并利用数智化技术对整个业务流程进行了全面的改造和重构（见表 9-1）。

表 9-1　C2M 模式重构汽车产业的全业务流程

汽车产业的业务流程	C2M 模式重构汽车产业的全业务流程
产品设计与研发环节	C2M 模式显著提升了消费者的参与度 制造商可以直接获取消费者的反馈和需求，从而对产品进行更准确、更具创新的设计与研发
生产与制造环节	C2M 模式推动了生产与制造过程的柔性化和智能化 工厂需要采用更灵活的生产线，以适应生产需求的多样化和个性化。这涉及模块化设计、自动化和机器人技术的应用，以及实时数据的综合运用
营销与销售环节	C2M 模式降低了传统销售和分销渠道的必要性 消费者可以直接在制造商的在线平台上配置和订购汽车。这种直销模式不仅减少了中间环节，还提高了消费者购买的透明度和便捷性
售后服务环节	C2M 模式实现了消费者与制造商的数据直连 制造商通过直接收集和分析消费者使用数据，使得售后服务更加个性化和高效。根据具体的使用数据，制造商可以提供维护建议，进行远程故障诊断，甚至在问题发生前进行预防性维护

C2M 模式不仅是对业务流程的重构，更是对汽车产生价值链的重构，具体体现在以下几个方面。

1. 实时的消费者洞察与需求响应

C2M 模式利用大数据分析和人工智能（AI）技术，直接捕捉并分析消费者的个性化需求与偏好，使制造商能够迅速响应市场变化。例如，通过社交媒体情绪分析、在线行为追踪及定制化问卷调查，制造商能够精确预测消费者偏好的车型、配置及服务，从而指导快速迭代的产品开发策略。

2. 直销与服务模式创新

C2M 模式倾向于采用直销渠道，减少中间环节，不仅降低了成本，也使得制造商能够直接与消费者建立联系，提供更加个性化、高效的购车与售后服务。通过自建电商平台、虚拟现实看车和远程服务预约系统，制造商能够全面掌控消费者旅程，提升服务质量和品牌忠诚度。

3. 供应链优化与协同

在 C2M 模式下，供应链不再是简单的线性结构，而是转变为一个动态、协同的生态系统。通过集成的数字平台，制造商与各级供应商实现实时数据共享，协同规划生产与物流，提高响应速度和灵活性。例如，利用物联网技术监控零部件库存与物流状态，结合 AI 算法预测需求波动，实现即时补货与产能调整，大大降低了库存成本和供应链风险。

4. 客户体验的闭环优化

C2M 模式强调持续收集用户反馈并将其应用于产品和服务的持续改进。通过车联网、app 等渠道收集的用户使用数据和评价，制造商能及时发现产品缺陷，优化产品设计，同时也为用户提供更加契合需求的保养、维修及增值服务，形成一个从消费者到生产再回到消费者的闭环优化路径。

综上所述，C2M 模式在中国汽车产业中的应用，解决了多方面的问题。该模式缓解了个性化需求与标准化生产之间的矛盾，减轻了库存与资金占用的压力，提升了市场响应速度与灵活性，提高了供应链的效率与透明度，同时提高了消费者的体验与满意度。与传统业务流程相比，在 C2M 模式下，汽车产业的全业务流程重构展现出了明显优势。

- 深度个性化：基于数据的个性化产品和服务成为常态。
- 高效协同：供应链各节点间的无缝协作提升整体效率。
- 成本效益：直销模式和精益供应链管理降低成本。
- 客户中心化：构建以消费者体验为核心的服务体系。
- 持续创新：快速迭代与持续优化驱动产品与服务创新。

C2M 模式在汽车产业的实践路径

C2M 模式在汽车产业的实践路径是汽车企业应对市场竞争的关键策略之一，旨在通过提升消费者体验来塑造品牌形象、赢得市场份额。下面我们将讨论 C2M 模式在汽车产业的实践路径。

1. 全流程个性化体验的深度挖掘

汽车企业应当深入到每一位消费者的接触点，创造无与伦比的个性化旅程。这不仅仅局限于线上虚拟展厅的沉浸式浏览、AR/VR 技术带来的远程试驾新体验，还应包括利用机器学习算法，根据消费者的浏览历史和偏好，智能推荐个性化配置选项等。全流程个性化体验的部分实践参考如表 9-2 所示。

表 9-2　全流程个性化体验的部分实践参考

个性化体验实践	具体内容
智能化设计辅助	引入 AI 辅助设计工具，让消费者参与到汽车设计的初期，使其通过简单的交互操作表达其个性化的风格和功能需求，AI 随即生成符合消费者偏好的设计方案，从而实现"我的汽车我做主"的梦想
虚拟现实深度融合	开发更为先进的 VR/AR 应用，模拟车辆在不同驾驶环境下的性能表现，如，极端天气条件测试、复杂城市路况导航体验，让消费者在购买前就能全方位体验汽车的性能
情感化定制服务	利用情感分析技术，从客户交流中捕捉微妙的情绪变化，为特殊场合（如结婚纪念日、生日）购车者提供融入定制化情感元素的设计，如内饰特别标识、纪念日提醒功能等，使汽车成为情感传递的媒介。定制化交车仪式则可进一步升级，如结合地域文化特色打造独一无二的交付体验，使每一次购车都成为值得纪念的时刻

2. 精准营销与个性化沟通的智能化升级

借助 AI 与大数据分析，汽车制造商应构建更精细的用户画像模型，不仅关注用户的即时需求，更要预测用户未来可能的兴趣变化。通过动态内容生成系统，为每位用户提供量身定制的营销信息和购车指南，实现从信息推送、在线咨询到售后服务的一站式个性化沟通。此外，建立一个闭环的用户反馈生态系统，确保用户反馈能迅速传递至决策层，并通过机器学习不断优化的反馈处理机制，以最快速度响应市场与用户需求。智能精准营销与个性化沟通的部分实践参考如表 9-3 所示。

表 9-3 智能精准营销与个性化沟通的部分实践参考

个性化体验实践	具体内容
预测性维护与保养提醒	结合 IoT 技术与车辆运行数据，提前预测并通知车主潜在的维护需求，提供个性化保养方案，减少意外故障，同时优化服务预约流程，实现无缝对接
多渠道个性化内容矩阵	构建基于用户偏好的多维度内容生态，包括视频、博客、直播等多种形式，通过智能推荐引擎，跨平台推送用户感兴趣的汽车生活资讯、技术解析等内容，提升品牌黏性
语音交互与智能家居集成	整合语音助手与汽车操作系统，支持家中远程控制车辆功能，如预设空调温度、检查续航里程等，同时与智能家居设备联动，打造一体化智慧生活体验

3. 透明化服务与信息共享的全方位覆盖

透明化服务不仅体现了企业在技术上的革新，更体现了企业的诚信与负责任。在生产透明化方面，通过安装高清摄像头与传感器，结合 5G 技术实现生产过程的实时数据传输，消费者可以 360 度无死角观看爱车从零部件装配到整车下线的全过程，从而增强消费者对品牌的信任感。在物流透明化方面，采用区块链技术记录车辆从出厂到交付的每一个节点的信息，消费者通过扫描二维码即可查看完整的物流链路，任何异常情况都能即时发现并处理。此外，企业应开放 API，允许第三方应用程序接入，方便消费者在自己喜欢的平台上跟踪订单状态，形成开放且便利的信息共享生态。透明化服务与信息共享的部分实践参考如表 9-4 所示。

表 9-4 透明化服务与信息共享的部分实践参考

个性化体验实践	具体内容
生产碳足迹追踪	公开汽车从原材料采购到生产过程的碳排放信息，采用区块链技术确保数据不可篡改，满足环保意识日益增强的消费者的需求，提升品牌的社会责任形象
多渠道个性化内容矩阵	建立基于大数据的二手车价值评估模型，为消费者提供透明、公正的估价服务，同时开放给金融机构，以简化贷款审批流程，促进二手车市场的健康发展

4. 增值服务与社区建设的情感联结

增值服务的设计应着眼于构建品牌与用户之间的情感纽带。例如，提供一对一的专属客服，不仅解答技术问题，还能根据用户的生活方式和旅行偏好，推荐个性化的自驾游路线，甚至组织车主俱乐部活动，如环保公益自驾、亲子探险营等，让品牌成为用户生活方式的一部分。

在社区建设方面，运用 AI 算法创建智能匹配系统，帮助用户找到兴趣相投的车友，无论是爱好改装、追求速度，还是热衷于户外探险，用户都能在社区中找到归属感。同时，鼓励用户参与内容创作，如分享爱车故事、自驾游记，通过积分奖励、最佳内容评选等形式，激发用户的参与热情，逐步形成积极向上、富有活力的品牌社群文化。

5. C2M 模式实践的数据安全问题

在深入实施 C2M 模式的同时，汽车企业必须将数据安全与用户隐私保护提升至前所未有的重视程度。面对大量用户数据的收集与分析，企业有责任构建一套健全的数据安全防护体系，这包括但不限于采用最先进的加密技术保护数据传输与存储，实施严格的访问控制和权限管理，以及定期进行安全培训和漏洞扫描，确保技术防御措施时刻保持最新状态。

透明度是建立信任的桥梁。企业应制定详尽的数据隐私政策，明确、清晰地向用户说明数据收集的目的、范围、使用方式及保护措施，并使用易懂的语言多渠道公布，确保每一位用户都能够充分理解并自主同意企业对数据的处理方式。此外，企业应积极响应用户，回答用户关于数据管理的查询与疑虑，设立便捷的沟通渠道，让用户感受到其数据主权得到尊重。

获取用户同意的过程不能流于形式，而应是充分信息告知前提下的真正授权。这意味着企业在设计产品和服务时，就应将隐私保护理念融入其中，让用户在享受个性化服务的同时，无后顾之忧。

案例：中国汽车企业的 C2M 模式探索

上汽大通：C2M 模式的探索与实践

上汽大通是一家中国的汽车制造厂商，成立于 2011 年 3 月 21 日，是上汽集团旗下的国际汽车品牌。作为上汽集团里年轻的一员，上汽大通从 2016 年率先开始了数字化转型的探索。关于如何转型、怎样转型的问题，上汽大通内部进行了多次讨论，最终确定了战略定位——从C2M智能定制模式切入。一方面，要做C2M智能定制，需要对整个汽车价值链进行改造，相比其他大型传统车企，上汽大通有着"船小好调头"的优势；另一方面，上汽大通是中国商用车行业中率先引入个性化智能定制的汽车企业，有着个性化定制的基因。但要实现这一转型，不仅需要模式创新，还需要对汽车厂商进行全流程的数字化改造。以下从几个关键方面深入分析上汽大通C2M模式的具体实践。

1. C端：以用户为中心

要探索C2M模式，首先就要转变思维方式，从传统汽车厂商"以产品为中心"的思维转变为"以用户为中心"。在传统模式下，汽车厂商了解用户需求主要通过市场调研，但这种方式样本量小、反馈不及时，很难真实体现用户需求。要获得真实且及时的用户反馈，首先得直接触达用户，上汽大通开始尝试通过互联网平台来吸引自己的潜在用户。

上汽大通在微信公众号上自主搭建了互联网平台"我行MAXUS"，建立论坛、商城、调研等功能模块，通过精心设计一些小活动，例如，每两周在公众号上线一个小游戏，利用抽奖活动鼓励用户邀请好友，制定用户的影响力指数等，公司很快收获了一批来自线上的粉丝。经过一段时间的摸索，公司的互联网运营能力逐步增强，2016年"双12"期间，上汽大通仅凭一张海报就在4天内吸粉20万人。在第一款C2M汽车D90上市前，公司共开拓了微信、微博、短信等38个推广渠道，吸引了40余万粉丝，并在这些粉丝当中获取了6 000个盲订订单。

（1）用户全程参与。

购买传统汽车，用户只能在限定的几个配置中选择。而C2M智能定制造车，用户可以从产品定义阶段就开始深度参与到汽车的生命周期中，包括参与产品定义、开发、定价、选配和验证与改进等环节。例如，上汽大通D90的用户就参与了汽车的整个生命周期，用户不再只是被动选择者。

1）产品定义阶段：公司通过与31 125名用户在交互平台上互动，以及举办线下活动邀请行业 KOL 参与试驾，共计收获了围绕 D90 的 18 个产品定义点的超过 3 万条建议。

2）产品开发阶段：公司在"我行 MAXUS"平台上进行了众包项目试点，吸引了 240 余名设计师注册，并搜集了 80 余份设计作品，涵盖轮毂、行李架、防滚架、排挡杆等。公司还通过平台让用户看到上汽大通产品的"设计端"运营，参与产品的设计环节，提高用户参与的趣味性。截至 2018 年底，平台积累了 3 万多条一对一用户建议，每条建议都由工程师进行回复沟通，浏览量超过 90 万次。

3）产品定价阶段：在汽车市场从未有过用户定价的先例，上汽大通开创了先河。2017 年 4 月公司在 D90 上市前做了一场用户参与定价的活动，用户可以通过公司设计的选配器模拟订单并自主定价。这场活动吸引了全网 60 多万人次参与，后台共获取了 170 多万个价格数据。随后，公司通过对大样本大数据的分析，发布了 D90 的价格。

4）产品选配阶段：D90 上市后，上汽大通将原先给用户模拟订单的选配器升级成了"蜘蛛智选"智能选配器。在蜘蛛智选上，用户可以像吃自助餐一样，在 3～15 分钟内就能"选出"一台个性化的汽车，从驱动模式，到前格栅、车标、轮毂、天窗、座椅、内电动尾门、自适应巡航、360 度高清全景影像、64 色氛围灯内饰风格、大屏系统等，甚至是卡钳的颜色，都可以随心选择。理论上，蜘蛛智选中的配置组合数量可以达到 10 的 20 次方个。蜘蛛智选针对不同的用户开发了四种不同的选车模式，第一种是智能定制模式，用户可针对自己关注的部分进行选择定制；第二种是极客定制模式，是为特别懂车的族群开发的，用户可以亲手定制一辆完全个性化配置的车；第三种是互动选车模式，用户通过互动问题选出更适合自己的车；第四种是热销推荐模式，用户根据大数据分析的热门配置推荐选车。

5）产品验证与改进阶段：传统汽车厂商一般在营销阶段才开始接触用户，而上汽大通则从产品定义阶段就开始用户运营，并获得海量数据，通过数据分析可以帮助后台产品的验证和改进。在 D90 的产品验证 / 改进阶段，通过对用户选配期间的数据进行分析发现，用户对轮毂的选择和原先公司自己预估的采购计划差异很大，公司很快根据用户数据对采购计划进行了调整。如果在传统车企的供需模式下，生产出来的汽车将偏离大部分用户的偏好。

6）产品服务阶段：为了让用户在购车后仍有个性化选择的机会，上汽大通在业内首创"后悔药"特色服务，D90认证车主可通过"我行MAXUS"app及公众号领取8颗短期免费"限时特效药"，以及不断迭代的长期"处方后悔药"，用以不断更新改造自己的爱车。

（2）数字化用户运营。

随着用户数据的增多，公司的数据团队逐步建立起一套完善的数据采集流程，数据采集涵盖了前期的渠道推广活动的监测、用户到站后行为的监测以及用户分享的数据监测，覆盖了用户的全链路。基于对上述用户数据的运营，上汽大通对传统汽车厂商的营销模式进行了改造。

在传统汽车厂商的营销模式下，用户的采集、培育、孵化、转化等环节都分配在各个部门，虽然企业在各个环节内部都进行了信息化，但这些信息无法打通、流动的，进而造成了在汽车营销过程中信息不透明、滞后，导致营销决策不准确。

而上汽大通的营销数据中心，将用户洞察从用户采集直至最后成交的全流程打通。通过建立用户360度标签体系（根据数据现状梳理标签223个，以及后续导入社交属性标签56个），公司对数字化用户进行运营管理，解决了传统模式下汽车制造商无法直接触及用户、无法获取颗粒度更细的用户需求的痛点。

基于对用户的大数据分析，营销数据中心可以形成丰富的用户画像，用来支持细分人群的营销方案，支持媒体投放和活动设计的决策，提高预售订单的转化率；还可以支持各类业务场景，帮助公司其他业务部门实现用户分组、完成数据变现。通过上述探索，上汽大通基本解决了在C2M模式下前端用户的问题。

2. B端：智能生产

对用户而言，定制一台车只需要在"蜘蛛智选"智能选配器上像点外卖一样选择自己的配置，但其背后是上汽大通整个流程的再造。个性化需求意味着工厂接到的每一个订单都可能是不同的，从而导致后续生产中不同配置的汽车所需的工时不同。一辆汽车由一两万个零部件组成，一个车型需要数千家供应商的协同。订单的个性化将给中端生产端和后端供应链带来巨大冲击。对此，上汽大通一边对 C2M 模式进行探索，一边通过数策软件等软件供应商的支持，对原有的生产制造体系进行全流程的数字化改造。

（1）智能生产线改造。

传统模式下，新车型的开发首先需要汽车厂商对市场进行判断并制定目标，然后进入 18～36 个月的新平台开发阶段，供应商根据汽车厂商的产能规划进行零配件的供应；新车型推向市场后，一般几年才会进行一次改款，每次改款都要重新经历 2～4 个月的工艺验证。

为适应 C2M 极度柔性的生产模式，上汽大通在数策软件的支持下自主研发了 APS（Advanced Planning and Scheduling，高级智能排产）系统。用户下单后，该系统可以迅速对每个车型配置的不同工序进行模拟仿真验证，根据工厂装配工时和订单周期分析计算出最优排产计划。当车身进入装配车间时，就会在立体库中进行排序，每辆车的装配指令都由系统统一控制，统一排放到流水线上。在系统上，可以清晰地看到每个汽车订单的车辆所在的位置。用户在前台下单后，每个汽车订单就会立刻生成一个独立的 ID，后续所有零配件和生产、装配环节都将对应着这个唯一的 ID。系统会根据每个订单的 ID 统一下发指令，列物料订单。订单在物流仓库进行智能配料，由机器指示工人取物料，而不会以纸质版形式发放到工人手中。在拣货前，工人只需扫描订单的二维码，货架上的指示灯就会自动亮起；工人不需要在料架旁耗费大量时间寻找物料，只需将自动驾驶小车上的物料装完即可。

在装配过程中，生产线各工位都有电子显示屏，装配单、检查单都直接在电子显示屏上显示。工人只需要按照系统显示屏弹出的装配信息和操作要求，根据亮灯的顺序来依次装配物料，无须对照订单一一核对。系统不仅集成了精确的条码追溯防错功能，从供应商端就启动防错预警；还集成了物料控制的暗灯系统，实现半自动化提醒，以及车身车间的视觉防错系统，能够有效识别不同配置车型上细微的孔位差异，实现在线防错。在订单下线时，订单的交付检验也是通过订单唯一的 ID 进行的。

（2）供应链数字化。

传统模式下的汽车供应链系统是建立在大批量标准化生产系统之下的。在大批量标准化的生产系统下，生产所需的零配件无论是SKU（Stock Keeping Unit，最小存货单位），还是数量都是根据汽车厂商的规划进行匹配的。传统模式下，通常一辆车所有零配件的SKU为2 000～3 000个。

而C2M模式对零配件的要求是小批量、多批次、反应快，这就要求供应链配合联动。供应商是否愿意、有没有能力配合，成为上汽大通C2M模式能不能走通的关键。对此，上汽大通在供应链环节进行了很多数字化探索。

一方面，上汽大通打通了销售端和制造端的数据流，将用户在"蜘蛛智选"上选配的信息进行综合分析，并与原先采购计划的选配比例进行比较，早在用户兴趣、意向环节就收集到更精准的选配偏好，从而提高采购决策的效率。在生产环节，通过OTD（Order to Delivery，订单到货时间）可视化菜单实时监控生产，提前干预风险，减少供应链波动。另一方面，上汽大通还将数据能力赋能开放给供应商，把后台EDI(Electronic Data Interchange，电子数据交换) 开放，与供应商系统打通连接。供应商早在用户选配订单时，就能实时了解相关零配件的需求动态，并在生产前提前做好准备，确保产品及时交付。已经打通数据的供应商能够实时接收到每辆车所需要的零配件信息，可以对照VIN（Vehicle Identification Number，车辆识别码）为每辆车配置相应配件。以汽车座椅为例，传统模式下汽车厂商有大量库存，占地面积大，找货难度大。而上汽大通与汽车座椅供应商延锋安道拓打通了IT系统，每个订单都实时发送至汽车座椅供应商，再进行备货送货。延峰安道拓更是将一条生产线直接搬到了上汽大通工厂内部，通过供应链的打通实现了成品零库存，响应速度从一周缩短至两小时。截至2018年底，上汽大通已经打通了多个核心一级供应商，但离全面打通一级和二级供应商还有很长的距离。

（3）设计开放化。

在设计环节，2018年底，上汽大通与法国达索系统达成协议，公司将基于达索系统3DEXPERIENCE平台和C2M模式协同，构建研发工程在线平台，建立上汽大通内部工程师和社会设计力量协同设计的环境。在短时间内，上汽大通的"设计创意平台"已有约 1 000 位工程师、设计师加入创意设计和研讨。

（4）经销服务在线化。

上汽大通 2014 年才开始进入乘用车市场，在经销商网络方面能力薄弱，一定程度上没有让上汽大通的智能生产达到最优状态。为了提升经销能力，上汽大通一方面大力发展渠道经销商，构建经销商网络，2017 年发展了 70 家渠道经销商，2018 年发展了 100 家。另一方面，上汽大通还打造了与经销商直连的"知乎平台"，"知乎平台"是上汽大通对经销商的服务平台和标准化、在线化、数据化的管理抓手。通过这一平台，上汽大通可以直接与经销商分享信息，帮助其解决问题。

3. 中台：新型组织的探索

C2M 智能定制模式的转型落地，离不开企业组织的保障。在传统车企的组织架构中，各职能部门条线分割、各司其职，但这种内部按职能分工合作的组织对用户需求的响应速度极其慢。如何将上汽大通原有职能化部门组织架构转化为以用户为中心的组织架构，是摆在上汽大通面前的一道难题。

（1）新的激励机制。

面对汽车市场剧烈变革，上汽大通探索转型为新模式时一定要有强有力的组织推动，但变革往往带来阵痛。在公司转型为 C2M 模式初期，上汽大通的员工出现了两种截然不同的态度：一部分员工主动拥抱变革；还有相当一部分员工持质疑的态度。变革是势在必行的，如何让员工接受变革、接受不确定性是关键。为支撑 C2M 模式转型，上汽大通在组织能力建设上做了大量工作。

对此，在探索 C2M 模式初期，公司实行淘汰机制，"跟得上的你就上，不行你就下"，通过反复强调变革的重要性消除噪声。上汽大通前董事长蓝青松观察到，组织中有 15%～20% 非常优秀的干部和员工脱颖而出，这些员工就是公司转型的种子员工。在推动 C2M 模式探索的过程中，公司通过激励机制奖励种子员工，让种子员工挑更大的担子，承担责任，起到带头作用，并取得阶段性成果。当 C2M 模式探索不断有了阶段性成果，全体员工就会受到鼓舞，觉得方向对了，更多的员工就会参与进来。

（2）组织结构再造。

在传统模式下，组织结构是直线型的。而在C2M模式下，原本的组织结构无法适应公司内外部成本增长的沟通需求。为此，上汽大通将内部结构转变为"中台支持一线"的形式，将直线型组织结构升级为矩阵型组织结构。

公司构建了"i大通平台"，对组织内部沟通协作进行了数字化改造。在"i大通平台"上，全体员工都可以匿名发言，直接请领导解决问题，相关负责人的响应率达到90%以上。这一平台打破了公司原本各个职能部门逐层汇报、沟通链条冗长单向、响应速度缓慢的现状。公司从直线型组织结构向矩阵型组织结构发展，一切围绕用户需求，向用户驱动业务运营发展，逐步淡化组织边界，实现跨界运营。

当前，上汽大通已经构建起了面向用户和在线管理的七大平台，除了面向内部组织的"i大通平台"，还有面向C端的"我行MAXUS"平台、房车生活家、蜘蛛智选、蜘蛛智联和工程在线五大数字化平台，以及面向B端经销商的"知乎平台"。通过这些平台，上汽大通初步实现了企业与用户及伙伴在全价值链上的互联。

2016年，上汽大通将SUV产品D90作为第一个全流程C2M模式的试点。在D90上市前一年，上汽大通就开始通过互联网招募种子用户，目标受众定位为"85后""90后"等互联网原住民，这个人群很乐意在互联网上发表意见、分享想法，成为D90最好的"产品经理"。对于车的尺寸多大、车的价格多少，用户都可以通过网络平台发表意见。用户从产品定义到产品开发、改进，全程参与了D90的诞生过程。2017年，上汽大通推出了全球首款采用C2M模式的汽车D90，这款车型的诞生用户全程参与，可以说这是一款完全由用户需求驱动的产品。经过D90的试水和不断探索，2019年初上汽大通又推出了首款采用C2M模式的MPV车型G50，一经上市就获得了良好的市场反馈。

探索C2M模式以来上汽大通发展迅速。2018年，在中国汽车市场销量同比下降2.8%的情况下，上汽大通全年销售整车84 017辆，实现18%的增长。2019年，在中国汽车市场销量同比下降8.2%的情况下，上汽大通全年销售整车120 017辆，实现近43%的增长。

4. 上汽大通数智化的三个阶段

接下来，我们将分阶段详细解析上汽大通如何在复杂多变的市场环境中推进其数智化战略，从最初的机遇把握、核心战略的确立，到具体实施路径的部署，一步步展开其转型之旅的蓝图。

（1）机会选择阶段：数智化领导力。

上汽大通前董事长蓝青松在这个 VUCA（Volatility，易变性；Uncertainty，不确定性；Complexity，复杂性；Ambiguity，模糊性）时代比较特殊的市场背景下，做出这样的决策是比较难的。整个传统汽车行业销售疲软，需要转型，此时，全球各大车企都在探索如何转型，大型汽车集团为了应对汽车行业变革中转型可能存在的风险，往往选择"多管齐下"，各个方向都进行探索，上汽大通的母公司上汽集团此时也是刚刚提出转型的战略。所以，对于上汽大通而言，没有任何已有经验可以参考。在这个节点，选择 C2M 这个细分的赛道，实际上风险较大。因为超前，甚至技术、市场可行性研究都来不及做，要做出这样的决策，对企业领导者的要求是较高的。

技术进步一定会带来产业的颠覆性变革，推动商业模式的创新，催生新的产业、产品、服务，改变客户的消费行为和消费方式，甚至改变商业逻辑。所以在选择机会时，一定要快速判断技术趋势，果断做出决策。

反之，若不能紧跟技术发展的步伐，则会在时代的洪流中被逐步淘汰。比如柯达和 IBM 这两家公司在过去半个多世纪都是美国非常有代表性的企业，柯达于 2012 年破产，柯达失败的主要原因是，长期依赖传统胶片的市场优势，对数字科技的冲击反应迟钝，公司管理作风偏于保守，最终错失转型良机。IBM 是老牌的美国科技公司，近年来面对新技术的冲击，IBM 虽经过多年转型努力，但在人工智能和云计算等新业务的增速缓慢，不足以抵消原有业务的萎缩，盈利能力已大不如前。

（2）战略制定阶段：明确要用数智化解决什么问题。

在战略制定阶段，上汽大通面临的困难在于，在汽车行业中完全没有先行者的经验可以借鉴，一切都要从零开始摸索。这个时期，对企业决策者有非常高的要求。为了能够成功开启数字化转型，决策者需要根据市场变化趋势，制定明确、具有前瞻性的战略方案，果断敏捷地解决变革中可能遇到的各种棘手问题。

在制定数字化转型的战略时，传统制造业企业需要转变思维方式。在传统思维下，企业制定战略就像前面讨论的推式生产模式，即先制定战略规划，随后层层分解为各个环节、各个部门的细分计划，然后严格按照计划执行。

新的思维下，企业在战略制定时更关注两个根本性的问题：一是要为哪些人解决哪些问题；二是如何利用新技术更有效地解决这些问题。例如，特斯拉电动车背后的商业逻辑关键点不是将新技术运用在汽车行业，而是加快世界向可持续能源转型。特斯拉的长期愿景是解决那些处于行业交叉点上的问题——能源、交通、出行以及驾驶舒适性，它摆脱了传统行业产品、服务定义或盈利模式的限制，让技术服务于使命。

（3）具体实施阶段：小规模试验探索。

在战略实施阶段，上汽大通面临的困难非常多，例如：

用户端：此前没有和用户直连的通道，如何建立通道？

企业端：要实现个性化生产，需要对公司全流程进行数字化改造，如何改造？

供应链端：要实现个性化生产，还需要供应链具备及时响应的能力，作为一家小型车企，如何撼动供应商传统的供货思维？

5. C2M 模式的进一步探索：数智化赋能的直营店

为进一步分析上汽大通的数字化转型案例，验证上述关于企业在数字化转型过程中的路径选择以及路径动态调整的假设，2024 年初创作团队再次实地调研了上汽大通，与其数字化转型的核心团队共同复盘了过去三年上汽大通在 C2M 模式上探索的经验教训。

（1）复盘 3 年 C2M 模式探索的经验与挑战。

在这次调研中，我们深入剖析了上汽大通在数字化转型过程中的实践经验，这些经验不仅是数字化转型的核心内容，也是企业未来发展的重要参考。

具体而言：

首先，上汽大通在 C2M 模式的探索中起到了市场引领的作用。通过深入了解用户需求并及时做出反应，上汽大通成功占据了用户心智，对提升市场认知度和品牌感知度产生了一定影响。

其次，在探索 C2M 模式期间，上汽大通积累了大量的用户真实数据。这些数据不仅为企业提供了深入了解用户行为和偏好的重要依据，还为供应链优化提供了宝贵支持，实现了成本的大幅降低。

最后，随着数字化转型的深入推进，上汽大通员工的数字化素养和能力得到了全面提升。公司内部形成了数字化共识，这对于企业后续通过数字化方式开拓海外市场、下沉市场等新市场起到了重要的赋能作用。这些经验不仅是数字化转型的成功秘诀，也是上汽大通在竞争激烈的汽车市场中持续发展的重要保障。

然而，在 C2M 模式的实际运营中，上汽大通也遇到了一些挑战。

首先，从供应链端来看，完全的个性化定制给供应链效率带来了一定的影响，导致供应链效率下降。特别是在新冠疫情的影响下，汽车供应链受到了巨大冲击，导致消费者的个性化需求超出了供应链的响应能力。

其次，从销售终端来看，在传统的 4S 经销体系下，上汽大通作为一个新品牌，难以获取优质的经销商资源。同时，传统经销商在数字化转型上步伐相对缓慢，与上汽大通的数字化转型无法实现有效对接，进而影响了消费者在 C2M 模式下服务与运营体验的连续性。

最后，从消费者端来看，主流消费人群对汽车 C2M 个性化定制的需求并不强烈。尽管上汽大通在汽车专业圈内引起了一定的关注，但实际上，消费者对个性化定制的需求并不如预期那么高。这导致上汽大通的数字化转型举措在业绩上并未取得明显突破，同时也使得数字化人才缺乏足够的激励与认可，进而引发了公司内部的人才流失问题。

（2）C2M 模式的迭代探索。

面对这些挑战，上汽大通组织内部对于数字化转型是否真的能为公司业务带来价值产生了分歧和矛盾。经过反复思考和讨论，公司内部最终达成了一个共识，即一切行动都必须以客户价值和客户需求为核心。

基于这一共识，上汽大通开始迭代 C2M 模式，并采取了一系列措施来改进供应链端。

首先，基于对用户数据的积累和分析，上汽大通对个性化配置进行了精准收敛，避免了过度定制导致的供应链压力。其次，在平台上针对主流消费群体的购买特点，上汽大通进行了主动推荐，促进了购买转化率的提升。最后，针对供应链跟不上的问题，上汽大通在核心零部件上实现了数字化直连，以提升供应链的灵活性和响应速度。

此时，传统汽车经销渠道也正在面临巨大挑战。新能源汽车行业的快速发展推动了 DTC 模式的兴起，线上线下体验相结合的全渠道模式成为新能源汽车销售的标配。相比传统经销模式，品牌直营的全渠道模式能够让消费者产生更高的满意度。为了让消费者享受到全流程优质的 C2M 模式的服务体验，上汽大通决定探索直营模式。

在直营的探索过程中，上汽大通经历了螺旋迭代的几个阶段。

阶段一：核心城市试点（2021 年）。上汽大通在核心城市建设了 10 余家直营店进行试点，在试点中积累和萃取了大量市场开拓的方法，包括门店如何选址、如何组建团队、如何从 0 到 1 启动经营等。试点阶段，上汽大通通过数据对比发现，直营网络的数字化业务执行度高于经销商，在用户触达、用户沉淀转化等方面的效率同样高于同期的经销商。这也坚定了上汽大通将直营模式进行推广复制的决心。

阶段二：模式复制（2022 年）。上汽大通将直营模式进行复制开拓，开始在重点省会城市布局直营店，对原有的经销服务网络进行查漏补缺。在模式复制的过程中，上汽大通通过持续的数据跟踪，并结合财务投入产出建立了自己的分析测算模型，为大规模直营网络的投入提供了决策依据。在分析测算模型的赋能下，上汽大通很快拓建了 80 余家直营店。

阶段三：规模化（2023 年）。上汽大通的直营网络不断拓展、下沉，在不断积累经营管理数据的过程中，上汽大通也在不断迭代和提升数字化业务的能力，通过统一经营管理指标的语言和口径，上汽大通实现了每家直营店经营管理指标的完全数据化、线上化，公司总部随时可以生成单店经营报告，对门店业务状态进行高效管控。此外，门店库存、门店促销以及一些门店的衍生业务也都实现了数字化建设。

直营模式推动了上汽大通整个组织资源的重新分配。公司的组织结构发生了巨大变化，前线的营销销售人员比例大幅提升。上汽大通将公司有跨界能力、数字化领导力的年轻干部在培训后下放至前线，助力公司直营体系的拓展，并改善激励机制，通过分润分利，激发前线员工的斗志和士气。

经过一段时间的迭代探索，上汽大通的直营渠道取得了阶段性成果。通过"业财一体化贯通、订单交易在线、门店库存在线盘点"实现了业务指标的体系化穿透，2023年底实现了37家直营店的毛利润能覆盖人工成本，8家直营店全成本盈利。在数字化赋能下，上汽大通自营体系中，总部的中后台人员仅占3.5%，门店一线员工占比51%，效能远高于传统经销模式。接下来，上汽大通还将数字化赋能经销商，以提升经销商的数字化业务能力。

总体而言，上汽大通在数字化转型上进行了进一步的实践不断在C2M模式的创新道路上深化探索，C2M模式探索经历了如表9-5所示的几个不同阶段。

表 9-5 上汽大通 C2M 模式探索的不同阶段

阶段	主要探索内容
C2M1.0	品牌直连用户，邀请用户参与"以用户为中心"的六大阶段
C2M2.0	建立新零售业务模式，实现用户一对多在线直连，形成用户在线交易闭环
C2M3.0	开设品牌直营店，建立直营直销业务模式
C2M4.0	基于用户价值挖掘的ToC能力建设

吉利汽车：用户定义汽车的数智化转型升级

吉利汽车在"智能吉利2025"战略中指出："数字化赋能商业模式升级，实现移动终端100%全场景数字化价值链。"吉利汽车从2016年开始的数智化变革，也是中国传统车企探索以用户为中心驱动产品与品牌升级的典型案例，我们从以下几个方面探讨吉利汽车的数智化转型实践，为中国车企实践C2M模式带来一些借鉴。

1. 打造数字底座，为数智化转型奠定基础

要实现以用户为中心、从"制造"到"智造"的转型，首先要有坚实的数智化底座。为了打好基础，吉利汽车从 2016 年开始就不断布局。2016 年，吉利汽车战略投资科技公司亿咖通，为吉利汽车定制开发了 GKUI 吉客智能生态系统，覆盖吉利旗下 40 多款车型的 250 万个用户，沉淀了丰富的数据资源。2020 年，吉利汽车成立广域铭岛数字科技有限公司，将传统制造经验沉淀为算法模型，以数字化运营驱动研发生产端的科学决策和知识复用。2021 年，吉利科技数据中心投入运营，为深度挖掘企业数据价值、实现研发能力的快速升级提供算力保障。截至 2021 年，吉利汽车通过组织内部的技术升级和流程优化，已经打造出了成熟的数智化底座。

2. 以用户需求为核心的数据驱动

中国车企数智化转型的核心是更好地洞察用户需求，提升产品创新力和市场竞争力。吉利汽车通过数据中台的秒级延迟数据获取能力，实现了对营销服务和产品运行等环节的实时数据采集，缩短了研发与消费者之间的沟通链路，精准洞察了用户的需求。

（1）在营销端，吉利汽车与阿里云合作，打造了云端互联网营销服务平台。该平台整合来自经销商、主机厂和数据提供商的海量数据，涵盖运营、交易、客户等多个方面。通过分类管理用户数据，构建需求分析模型。这些数据不仅结合消费者的反馈来指导数字营销策略，还打通了营销端与研发端的数据壁垒，实现了全流程数据的在线化、一体化，推动了以用户为导向的新产品研发。

例如，吉利旗下的领克汽车的销售顾问可以通过智慧门店系统，实时记录线下客流和销售数据并上传至营销平台。平台通过对这些数据进行分析，指导销售人员优化服务，同时让主机厂快速了解经销商的销售动态，强化研发、销售与消费者之间的数据联系。吉利汽车曾与大搜车合作，基于大搜车的用户数据，成功推出"缤越 PRO 轻骑士 BSG 版"车型，实现用户数据驱动产品升级。

（2）在产品运行端，数据的价值同样丰厚。智能网联汽车每天可收集

10TB 数据。吉利车载智能系统整合了导航、支付、语音等功能，通过该系统获取用户操作习惯和驾驶行为等数据。2019 年，吉利车载智能系统导航总里程达 87 亿公里，语音交互次数累计达 7.2 亿次。通过唯一车主编码 G-ID，吉利汽车构建了细致的用户画像。

此外，吉利汽车在网约车领域也积极收集数据。2022 年，吉利旗下的出行服务品牌"曹操出行"用户数突破 1.2 亿，月活跃用户数达千万级。通过智能订单管理系统和数据传输系统，吉利汽车大规模收集出行数据，洞察用户需求，为产品研发设计提供数据支持。

总的来说，吉利汽车通过全场景数据收集与分析，精准洞察用户需求，打通研发、营销、服务等各环节的数据壁垒，推动以用户为导向的产品创新。这种数据驱动的模式不仅提升了用户满意度，也增强了企业的市场竞争力。

3. 用户定义汽车的供应链重塑

吉利旗下的领克汽车推出众创定制的"领克 06 Shero 粉色特别版"，共有 3.0 多位用户参与了车身和内饰设计。为了落实"用户定义汽车"的理念，并提升研发和生产环节的效率，吉利汽车利用大数据实现了供应端和生产端的精准化与定制化运作。

吉利旗下的极氪汽车推出的极氪 001 支持个性化定制，用户可在 app 上选择自己的个性化配置，配置组合可以达到 157 万种；用户下单后，定制化订单将自动进入智能运行平台进行订单的分解，并自动下发给现场终端进行数智化生产，用户可以在 app 中看到当前车辆生产的环节。

（1）在供应环节，一辆汽车需要上万个零件，这些零件来自不同国家和地区，且不同车型的材料需求各异，使得供应链工作复杂且易出现库存不合理和补货不及时等问题。2022 年 4 月，吉利汽车推出了吉溯云区块链溯源管理平台，该平台利用物联网和区块链技术，将供应链信息存储上链，实现产品从原材料到终端销售的全流程"一物一码"可信溯源。通过可视化系统可查看供应链关系和产品追溯图谱，支持研发端的产品设计与优化。例如，针对欧盟市场对电池和矿产等的法规要求，在明确出口车型在供应、生产和物流环节的核心数据后，吉利汽车可以通过平台实现上下游物料、零部件和产品的协同，确保材料采购的安全合规和产品的可持续生产。

（2）在生产环节，吉利汽车通过大数据联通个性化订单与智慧工厂，实现"研销一体化"。用户登录吉利产品共创小程序，可根据个人需求选择配置，并上传至销售管理系统生成订单。对于造型和内饰等研发成本较高的环节，吉利汽车通过线上采集和聚合用户需求，进行"众创设计"，待量产成本评估通过后，订单数据直接传送至制造端。在供应链协同平台、质量协同云的支持下，吉利汽车可联动设计、研发和供应链资源进行任务编排。其智慧工厂还可对厂内生产设备进行智能监控，通过工况数据采集系统实时跟踪订单的生产全周期，用户可以通过小程序了解定制汽车的生产进度。

通过这种数据驱动的模式，吉利汽车有效提升了供应链和生产环节的效率与灵活性，确保了用户定制需求的快速响应和高质量实现。

第10章
数智化转型中的生产制造升级

汽车产业发展的必然趋势：智能制造

自20世纪80年代以来，信息技术领域的历史见证了技术创新的迅猛发展，这些创新正以越来越快的速度改变着我们日常生活中那些熟悉的产品。汽车的产品内涵已从机械产品变成"智慧的移动空间"。伴随着信息通信、大数据、物联网、人工智能等技术的发展，如今汽车正在从机械产品变成电子产品，正在演变为一部安全节能、高效舒适、在路面高速行驶的有着四个轮子的手机。汽车正由人工操控的机械产品，逐步向电子信息系统控制的智能产品转变。汽车的电动化变革真实存在，远离内燃机的转型正在加速。随着车联网和自动驾驶技术的快速发展，汽车最核心的技术将不是发动机、变速箱等机械产品，衡量汽车的技术指标也不再是马力大小或者百公里加速时间，而是以人工智能为核心的软件技术。软件将取代发动机，成为评定汽车价值的关键因素，软件能力也正在成为汽车企业的核心竞争力。目前影响汽车产业发展的因素主要有以下两方面。

第一，本行业、其他行业的新竞争者大量入场，剧烈搅动市场格局。过去由于有资本密集型生产设施投入、复杂的营销结构以及必要的售后服务的限制，汽车行业较少受到新进入者的冲击，但现在，这种情况将发生根本性变化。随着数字化新机遇的出现，大量来自本行业和其他行业的新竞争者进入汽车市场，对现有的汽车公司造成压力，这使得现有的汽车公司必须进行根本性的转型才能保住市场地位。除了特斯拉、蔚来、小鹏、理想等国内造车新势力在产品与营销模式上的创新让市场耳目一新；百度、阿里巴巴拥有丰富的互联网技术经验，并将这些经验应用于电气化、互联网服务和移动出行服务。这些新进入者选择专业的车辆制造服务商，以降低成本将新车快速地推向市场。消费者购车将更加关注智能化和车联网的应用，以及更多诸如大模型等技术驱动的创新产品与服务。

第二，消费者需求日益多样。和父母一代相比，当代主流的汽车消费者群体的生活节奏更快，生活模式更加碎片化，使得消费者对新事物的接受度更高，对便捷性的要求更高。例如，从滑板、滑雪等户外运动再到最近非常火爆的露营放电，消费者对车辆或对出行解决方案的需求也随着使用情景的变化而不断切换。这一趋势表明，汽车行业需要对车型进行进一步细分，提供更多个性化选项，以满足不同移动出行场景的需求。

我们对汽车行业过去的印象是"一成不变"，习惯于4～6年的新车开发周期，但今天，汽车像智能手机、app的开发节奏一样，一年内推出一款或多款车型。这对于成熟的汽车制造商而言，如何在全面的数字化战略中进行彻底变革显得至关重要。

智能在线时代

信息通信技术的持续演进正在开启万物互联新时代。伴随着新一代信息通信技术的发展，传感器向着低成本、低功耗、微型化的方向持续迭代，正在建立全面、实时、高效的数据采集体系。网络通信技术从2G、3G等向4G、5G、物联网、时间敏感网络（TSN）等方向发展，低时延、高可靠、广覆盖的数据传输体系日益成熟。云计算、大数据、人工智能等新技术蓬勃发展，推动了廉价、快速、高效的数据存储、计算和处理体系的建立，新一代信息通信技术正推动人类进入一个全面感知、可靠传输、智能处理、精准决策的万物互联时代。与此同时，消费者对于便利性、定制化和智能化的需求不断增长，企业为了占领市场积极推动差异化创新,全球主要大国展现出了成为这一轮技术变革中的"执牛耳者"的雄心,这些都在加速这个时代的到来。在万物互联的新时代背景下,信息通信技术的飞跃不仅重构了物理世界与数字世界的连接,还深刻地影响着人类社会的方方面面。接下来,我们将从两个主要维度探讨这一变革的影响:人的互联与万物互联。

1. 人的互联

智能移动终端早已超出移动通信设备的范畴,成为个体在移动互联时代的一种器官延伸,用于获取天气、下单购物、出行打车、社交沟通等信息。移动互联时代的用户,在网约车、咖啡馆、旅游巴士以及工作场所中,都在查看他的智能终端,一次又一次地使用设备互动。公开数据显示,微信作为国民级的app,每天有10.9亿人打开,每人每天打开约14.5次。在这种实时、高频的沟通模式下,人们对"即时响应"的预期在各个领域、产品都有显著体现,因此,加速交付承诺促进了市场竞争的差异化,成为拉开与竞争对手差距的机会。在客户订单、投诉的响应中,以小时级别做出响应方案,成为成功建立客户关系的基础,组织中必须具备这种能力。基于互联网的销售平台将会逐步增长,逐步抢占经销商销售的市场份额。行车移动互联服务、移动出行服务、与车辆数据相关的应用,以及通过数字化空间获取用户注意力并转化为销量,已成为汽车主机厂的市场和用户部门探索的焦点。

2. 万物互联

所谓万物互联,就是人、物、数据和应用通过互联网连接,实现人和人、人和物及物和物之间的互联,从而重构整个社会的生产工具、生产方式和生活场景。在万物互联的角度下,信息化就是物理设备不断成为网络终端,并引发整个社会变革的过程。信息技术发展的终极目标是基于物联网平台实现所有设备终端的互联,开发各类应用,提供多种数据支撑和服务。未来所有产品都将成为可监测、可控制、可优化、具备自主性的智能产品。

智能产品的功能包含监测、控制、优化和自动化。其中,监测是指通过传感器对产品的状态、运行和外部环境进行全面监测;控制是指人们可以通过产品的指令和算法对产品进行控制；优化是指可基于实时数据或历史数据对产品进行性能优化；自动亿是指在监测、控制、优化等功能的基础上，使产品达到前所未有的自主性和协同性。在技术趋势和用户心智的驱动下，我们正在经历一场前所未有的"工业产品进化为智能产品"的浪潮。

智能产品既包括数控机床、工业机器人等智能装备，也包括智能手机、智能网联汽车、智能穿戴设备等消费产品（见表 10-1）。在过去 10 年间最典型的智能产品是智能手机，智能网联汽车的发展如火如荼，在经历了从感知到控制、从部件到整车、从单向自闭环到车机互动之后，汽车正进入"全面感知＋可靠通信＋智能驾驶"的新时代。在下一个 10 年，汽车将成为我们日常生活中的又一个"智能中心"，提供与智能手机相媲美的便捷性、个性化和智慧体验。

表 10-1 智能产品品类举例

消费领域	产业领域
个人穿戴设备：智能手表、VR 智能眼镜、健康监测设备	工业机器人：如 KUKA、ABB 机器人
	智慧农业：土壤、作物监测传感，自动化灌溉，无人机喷农药等
智能家居设备：智能灯泡、智能插座、智能冰箱、智能窗帘等	智能物流：GPS+IoT 物流管理、智能仓库机器人
智能娱乐设备：智能电视、智能音箱、智能游戏、智能控制器和系统	智慧城市：智能交通控制、智能环境监测、智能路灯
……	……

汽车智能制造的未来

随着信息技术的飞速发展，汽车产业正迎来前所未有的变革。智能制造不仅改变了汽车的生产方式，也重塑了企业文化、客户体验和商业模式。下面我们将从四个方面探讨汽车智能制造的未来：未来的员工和文化、未来的客户和消费、未来的生产管理、未来的组织管理。这些变革不仅影响着汽车产业的内部运作，也深刻地影响着消费者的需求和市场的竞争格局。

1. 未来的员工和文化

数字化将广泛渗透到社会生活和工业企业，并极大地改变企业的业务流程和组织结构。这种变化将影响数量巨大的客户和员工，他们在数字化方面接受了不同的教育，具有各自的经验。越来越多的客户和新进入职业生涯的员工都将是"数字原住民"（Digital Natives）。当前，"90后""95后"乃至"00后"已成为职场的生力军，他们每天用着微信、抖音，对于数字产品，他们理所当然地认为系统应该是简单明了的，无须学习即可上手，资源随手可得。但作为员工，使用企业办公、生产管理等系统时仍然是以PC为主要工作界面，这些系统更注重流程规范及管理合规（较少关注用户体验），功能的上手、资源查询往往依赖于操作手册，甚至有些隐藏功能仅为少部分员工所知晓，这对于数字原住民意味着层层障碍。与此同时，矛盾背后隐藏着巨大的机遇，这些对企业信息化现状极度不满的年轻员工往往蕴藏着创意和用数字化去重塑工作的潜力。

我们从微观的个人角度回到行业视角，在市场变革、产品迭代、竞争加速的背景下，汽车行业，这个原先在公众印象中强调纪律、规范、安全的群体，其内部文化、管理风格也都开始发生变化，迈向更加鼓励创新、强调自主，类创业公司和科技公司的风格。寻找新想法和实施创新项目，组建跨部门的团队，推动创造性和独立自主风格的形成，已成为汽车企业文化的显著部分。在工业化时代，汽车企业文化更偏向传统式指挥控制和微观管理，员工普遍缺乏独立性，习惯在固定的金字塔型、等级森严的组织架构中做好一颗螺丝钉。但在数智化时代，汽车企业的文化也同样迎来变革，演进为崇尚创造性思维、跨领域协作随时发生、依赖员工的内驱力和主动性的新型企业文化。工业化时代与数智化时代汽车企业特征对比如表10-2所示。

表10-2 数智化时代与工业化时代汽车企业特征对比

主题	工业化时代汽车企业特征	数智化时代汽车企业特征
业务特征	市场规模比较稳定，主要巨头变化并不明显，产品迭代以微创新为主，生产与运营环节强调质量与供应链效率	技术创新对产品重新定义，颠覆式创新层出不穷。新兴企业加入，消费者需求日益多元化，市场格局剧烈变化，要求企业快速响应，对传统管理方式带来冲击
组织架构	严格的层级架构，按照不同职能部门划分	趋向于扁平管理，跨职能团队合作成为常态

(续)

主题	工业化时代汽车企业特征	数智化时代汽车企业特征
企业文化	指挥控制：管理层进行详细的规划和监督，员工是无须思考的执行者 微观管理：管理者关注过程和细节 规避风险：企业文化倾向于规避风险和错误，强调稳定和可靠 缓慢迭代：产品开发周期长，迭代速度缓慢	独立自主：决策权下放到员工，鼓励有更大自由度和责任心 结果导向：关注结果和目标，但给予员工达成目标的灵活性 实验试错：接受失败是创新过程的一部分，鼓励实验和快速学习 快速迭代：强调敏捷精益，快速迭代产品，及时反馈调整
工作方式	管理者：通常采用命令式领导，员工的意见和反馈往往被忽视 员工：重视经验和忠诚度，工作方式固定，重视在办公室的出勤时间	管理者：更倾向于服务式领导，支持和赋能团队，倾听员工意见 员工：重视创新能力和学习能力，工作方式灵活，允许远程工作和灵活的工作安排

在这种转型中，管理人员推动变革至关重要，需要他们将新的思维方式融入自己的领导风格，并在日常工作中传递至更多的人，鼓励员工勇于开放交流，鼓励员工勇于承担相应的风险和责任，并将视野拓展至组织之外。这是老牌制造商所面临的最大挑战，故步自封、按部就班、不愿冒险、只顾个人或部门职责范围这种思维必须改变。企业文化应鼓励创业精神，员工要有初创者心态，积极、乐观和大胆尝试，积极参与到转型过程中。

2. 未来的客户和消费

客户对汽车的期望，实质上反映了社会发展和时代精神对消费趋势的影响。一辆特斯拉车中所包含的芯片数量超过1 000枚，你可以像升级苹果手机的操作系统一样升级自己的Model 3的车机系统。传统汽车厂商在发动机、变速箱上拥有的巨大优势，一夜间被电动化、智能化、网联化的竞争对手颠覆。在摩尔定律赋能下的汽车产品，性能不断提高，功能丰富多样，成本不断下降，功能迭代日益加速，给原来相对稳定的市场格局带来了天翻地覆的变化。同时，在移动互联时代下的客户，对移动互联、自动驾驶的关注已超越燃油车在性能、功能上有限的产品指标。主机厂更愿意提供线下和线上直接面向消费者的渠道，而非通过经销商来提供销售和售后服务，进而衍生出类似于苹果手机App Store的多次消费的商业模式。具体而言，未来的客户行为与消费趋势建立在下述三大产业的变革趋势之下。

（1）移动互联，智能体验。

随着移动生活方式的普及，许多客户都希望汽车制造商提供的服务使用起来能够与手机 app 一样简单，打开应用即可消除故障、增添功能，随时开启导航、天气预报和办公服务等功能，此外还能实现与城市基础设施的交互，如收费站、停车场等；也包含对汽车的远程诊断、部件维护。上述服务对于客户越来越有吸引力，成为选择汽车时的重要考量。

基于大数据的智能应用方兴未艾，车辆内部的机电元件产生大量数据，这些数据被用于监控车辆运行状态；驾驶辅助系统和自动驾驶系统中的传感器与摄像头的数量逐渐增加，可以通过互联网将收集到的车辆数据上传至云端服务器并进行集中分析，得到新的有用信息，例如获取驾驶员的典型驾驶模式，生成高精度地图以及分析车辆磨损和故障的具体原因。

（2）自动驾驶。

与移动互联服务类似，自动驾驶也是每个汽车制造商、造车新势力以及供应商的重点研发方向。2023 年 10 月马斯克在山景城驾驶搭载完全自动驾驶（FSD）系统的特斯拉的视频被广泛传播，这种技术的持续发展清楚地表明其不再像过去想象的那样遥不可及。现有的量产车型也提供了越来越多的自动化和辅助驾驶功能，对于自动驾驶这一领域的分级，是根据驾驶操作中人工与机器的控制占比，美国汽车工程师学会（SAE）关于自动驾驶技术的程度分级如表 10-3 所示。

在传统汽车制造商方面，自动驾驶技术以循序渐进的方式发展。该技术主要被应用于高端量产车型，L2 和 L3 的自动驾驶系统。随着自动驾驶功能、舒适性的提高和价格的降低，市场需求和客户的接受度正在持续不断地提升。伴随着更高自动驾驶水平所需技术的成熟度不断提高，自动化级别将逐渐提高，直到实现完全自动驾驶。

（3）基于互联网的销售服务渠道，催生全生命周期的商业模式。

在汽车产业数字化背景下，另一个需要全面转型的领域是汽车销售。这一变革的压力来自智能手机和社交媒体等新技术，以及客户期望的改变。先前的产业结构已不能满足新的市场需求和快速变化的产品需求。

表 10-3 自动驾驶技术的程度分级①

分级	名称	具体定义	驾驶操作（如转向和加减速）的主体	驾驶环境监控的主体	驾驶辅助的主体	系统作用范围
人类驾驶为主，系统为辅助							
L0	无自动化	驾驶员完全控制车辆的操作，例如转向、刹车、油门和动力系统。虽然车辆可能有警报或一些辅助系统，但它们不控制车辆的操作	人类驾驶员	人类驾驶员	人类驾驶员	无
L1	驾驶辅助	车辆在某些情况下可以控制速度或转向（但非两个同时）。典型的例子包括自适应巡航控制（ACC）和车道保持辅助（LKA），需要驾驶员监督并随时准备接管	人类驾驶员	人类驾驶员	人类驾驶员	部分驾驶环境
L2	部分自动驾驶	车辆可以同时控制转向和速度，但驾驶员仍必须全程监控并随时准备接管控制权。通常结合了自适应巡航控制和车道居中控制	系统	人类驾驶员	人类驾驶员	部分驾驶环境
系统自动驾驶与驾驶环境感知							
L3	有条件自动驾驶	车辆在特定的条件或操作范围内，能够完全自主地处理所有监测环境的任务。但在系统请求接管控制时，仍需要驾驶员随时介入	系统	系统	人类驾驶员	部分驾驶环境
L4	高度自动驾驶	车辆可在特定的条件或操作范围内完全自动驾驶，不需要驾驶员干预。即使驾驶员不响应系统请求接管，车辆也能安全地操作	系统	系统	系统	部分驾驶环境
L5	完全自动驾驶	车辆在所有路况和环境下完全自动驾驶，无须驾驶员干预	系统	系统	系统	全部驾驶环境

在当前汽车从工厂到客户的路径中，汽车制造商与客户之间没有直接的联系。市场营销、销售以及售后服务由所在地经销商负责；汽车制造商为推广新车，推出广告、新车宣传材料、提供客户支持的车辆配置以及呼叫中心。经销商开设的 4S 店是销售渠道的末端，直接面向客户。除汽车销售外，售后服务以及汽车备件也是经销商的重要业务。

未来，除了传统的卖车和车辆服务，汽车制造商还需要提供互联服务、移动

---

① 资料来源：美国汽车工程师学会于 2023 年 4 月更新的标准 J3016。

出行服务、多种交通工具联运服务，以及互联服务支持下的第三方服务，因此必须建立适当的销售渠道，直接面向客户，更有效地获取客户反馈，加速产品迭代。

与此同时，汽车行业的商业模式也从售卖汽车转变为"剃须刀"模式，即售卖汽车只是汽车品牌连接客户的起点，汽车品牌更看重的是客户在汽车的全生命周期中不断购买具有黏性的相关产品与服务，从而提升单个客户的 LTV（Life Time Value，客户终生价值，是公司从客户所有的互动中所得到的全部经济收益的总和）。

3. 未来的生产管理

当前，汽车销售部门在方案规划、可行性检测以及客户订单的精细调度方面与生产部门的合作仍存在信息化和自动化的断点。这种按部就班的操作方式依赖于人为协调，难以达到高效的自动化水平。随着物联网、数字化深入到汽车制造商的内部生产管理，未来的业务一体化将逐步实现跨企业组织和跨企业边界的横向集成，以及从企业管理层到执行层到生产现场的纵向集成，确保整个产品生命周期和生产体系工程开发的实时化、一体化，从而实现快速闭环和流程贯通。

随着数字技术、开放网络和物联网的广泛应用，几乎所有业务过程都将逐步实现自动化。尽管初期的自动化解决方案成本较高，但随着技术性能的提高和成本的降低，自动化的成本劣势将逐渐缩小，各领域的自动化程度将显著提高。因此，汽车制造商在数字化转型过程中，需要重新评估其参与程度，以保持竞争优势。

未来的汽车生产将继续在以下趋势中不断迭代进化。

- 定制化生产与规模化生产并行：随着消费者个性化需求的增长，传统的流水线生产将逐步被灵活的生产岛所取代。在生产岛上，机器人和工人将密切合作，实现高度定制化的生产。与此同时，流水线生产仍将在低成本车辆的规模化生产中发挥重要作用，以满足非定制化市场和移动出行服务提供商的需求。
- 数字化与物联网深度融合：物联网的全面应用将实现数据实时传输和

数字化集成，有助于降低个性化定制车辆的生产成本，同时保持批量生产的效率。此外，生产过程和物流链路将通过数字化手段全面打通，确保过程可视化和实时感知。通过对数据的收集和分析，可以更精准地响应市场需求，并优化生产采购计划。

- 供应商与制造商深度协作：未来，供应商将与制造商紧密合作，深度参与生产规划，以实现高效的客户定制化生产。这种跨产业链的协同效应将成为新的竞争趋势，推动行业发展。

4. 未来的组织管理

在超过100年的汽车行业发展历史上，该行业的持续成功使众多制造商仍然坚持将工业时代的基本价值观作为行为指南。公司员工的职业愿景、职业生涯模式在几代人中一成不变地传承下去，但数字化转型需要可持续地改变这种根深蒂固的文化。

在即将到来的深刻变革中，真正艰巨的挑战在于激励全体员工积极参与转型进程，抛弃过往的运作方式和流程，而非仅仅掌握和应用数字技术。现有制造商的企业文化通常根植于严格的等级制度和既定的传统价值观。因此，要打破这种固化的组织架构，并培育一种以持续变革为核心的新"数字化文化"，就需要倡导一种氛围，其中好奇心强、主动求变的心态与扁平灵活的管理结构成为常态。在这种文化中，强调的是行动的速度与灵活性，远远超过了对烦琐流程的依赖。

适应新型的文化，营造一种创新心态，是数字化驱动转型成功的前提，具体体现在以下两个方面。

（1）组织治理：从原来固守规范、强调职能、追求精益，转变为日益透明、鼓励创新、赋能变革的沟通管理风格。

保持敏捷、乐于尝试和敢于冒险等新技能是突破性创意得以发展的先决条件。这些新技能将会得到鼓励和支持，传统的等级层次组织结构和价值体系正在慢慢退出历史舞台，"跳出箱子"（Out of the Box）的跨界限思维方式、灵活性、随时不断学习、敢于承担责任和乐观的情绪将会受到关注和鼓励。管理人员要能够向企业员工介绍这个崭新的世界，提高创造创业自由度，建立新型组织形式，激励部门团队，简化复杂的主题，采用新的方法为设定的目标寻找解决方案。

（2）项目流程：从传统的按部就班，到敏捷式、快速迭代的思维。

许多公司依靠敏捷式方法和流程，可以通过跨职能团队快速成功地实施项目。最初，这些方法来自信息技术的软件开发领域，但现在越来越多地被应用于处理其他工作问题。这样，可以采用务实和快速的方式，发现新想法和开发新方法，并测试这些新想法和新方法的可行性和成功的可能性。这些方法采用一致的应用模式，提供了理想的框架，推进企业文化转型。传统项目管理强调准时交付、保障质量，但伴随着对用户场景的探索、创新管理应用，设计思维和迭代式增量开发的方法越来越受到制造商的欢迎。

智能制造中的 IT 与 OT 融合

智能化的转型升级是未来制造业发展的重要方向，世界各国均对此进行了大量研究和布局，例如德国的"工业4.0"、美国的工业互联网和日本的工业价值链，中国则提出了"中国制造2025"，以应对全球产业竞争格局的重大调整和中国经济发展进入新常态的挑战。德国"工业4.0"是基于制造业发展的不同阶段做出的划分，从工业1.0到4.0分别对应机械化、电气化、自动化和智能化。工业4.0是以智能工厂为核心，建立一整套规模化的、定制化的"产品设计、生产和服务"模式，真正实现工业由"制造"向"智造"转型升级。其中，产业规模大、带动效应强的汽车产业在产业升级大潮中是最为重要的领域。

在传统汽车制造商方面，当前从市场销售的需求到生产计划和项目的开展通常以循序渐进的方式进行。在智能化的背景下，制造商不断提高自动化、一体化、实时化水平，实现从企业管理层到工厂单个机器之间的全量在线，并确保整个产品生命周期和生产体系中工程开发和数字化的一致性。

相比之下，传统汽车制造商在生产领域的数字化进展较为缓慢，而造车新势力可以在生产伊始就使用数字化程度更高的生产系统，实现对传统厂商的超越。例如，特斯拉汽车 Model 3 的生产工厂是按照完全无人化生产的架构来构建的，使用传统方法几乎不可能短时间内实现产能提升，因为生产线上人工操作的存在会降低整体的生产速度。要实现产能提升这一有挑战性的目标，需要融合原有的两套网络（企业层数字化和车间级数字化），现有的信息化设施架构中，面向业务流程、用户交互的企业层数字化与面向传感器的感知、执行、实时操作的车间级数字化是两个隔离的"孤岛"，这阻碍了自动化链条的连贯性，使得更深层次的智能化难以实现。

物理层和应用层的大数据应用价值将会极大提升，从而生产过程的运营效率将会有极大改善。例如，资源占用情况、机器使用数据和物流数据等。通过虚拟模型对这些数据进行分析，基于仿真结果给出生产过程的改进建议，并进行数据备份。在提出改进建议时，系统会考虑与生产相关的因素，如库存水平或生产顺序。更进一步地，高度自动化的生产体系与市场、用户、产品及管理领域的深度融合，将会带来如下更深层次的应用场景。

- 订单驱动的生产：通过跨企业合作的生产方案，在自动化生产市场中高效地满足客户的特定要求。
- 适应性工厂：生产能力和产能将实现全面自动化，利用模块化生产设施，根据客户需求进行灵活调整和优化。
- 自组织、自适应的物流：基于全面的自动化物流解决方案，提高整个工业供应链中工业系统的灵活性，缩短反应时间。
- 延展客户服务的价值：通过虚拟平台整合机器和生产数据，除标准化产品和服务外，还为客户提供基于需求的维护和个性化服务。
- 产品全生命周期追踪：即使产品出厂后，也可以在整个生命周期内进行跟踪，并可根据这些产品的使用数据对产品进行迭代。
- 员工的智能助理：数字助理系统不仅支持生产过程中的员工，还能够优化工作内容和工作任务的组织方式。
- 智能产品开发：在实施面向客户的特定解决方案过程中，有针对性和全局观地使用生产和产品数据，实现全局优化。

信息技术和运营技术

在企业的数字化领域中，信息技术和运营技术（Operational Technology，OT）是两个关键概念，它们在企业中扮演不同的角色。

IT 主要涉及处理和管理信息的技术。它主要关注使用计算机和电信技术来存储、传输、管理和分析数据。IT 通常用于支持企业的日常运营和管理活动，例如数据管理、网络和系统管理、软件开发和维护等。IT 还包括计算机硬件、软件、网络、数据库和云计算等方面的技术。

OT 主要涉及实际物理过程和操作的技术。它涵盖了与企业的物理设备、自动化系统和工业过程相关的技术。OT 通常用于监控、控制和优化企业的实际运营过程，例如生产线、供应链管理、工业自动化系统等。OT 还包括传感器、控制器、执行器、工业自动化系统和生产设备等方面的技术。

1. IT 与 OT 的区别和关联

IT 与 OT 之间的区别和关联如表 10-4 所示。

表 10-4　IT 与 OT 的区别和关联

要点	IT	OT
主要用途	• 用于处理和管理信息，支持企业的日常运营和管理活动，例如数据分析、企业资源计划（ERP）、客户关系管理（CRM）等	• 用于实际物理过程和操作的监控、控制和优化，例如工业自动化、生产过程控制、设备监测等
关键特征	• 关注信息处理和管理，以及数据的存储、传输、管理和分析	• 关注实际物理过程和操作，强调设备、自动化系统和工业过程的监控、控制和优化 • 通常对实时性和可靠性要求更高，因为它涉及实际的物理系统和操作
近期趋势	• 云计算：企业迁移应用到云平台，提高灵活性和可拓展性，并降低成本 • 大数据分析：企业正在投资更先进的数据分析工具，以便从日益增加的数据中提取有价值的业务洞察 • 以大模型为代表的人工智能：AI 和机器学习正被广泛应用于增强决策支持、自动化流程和个性化客户体验 • 物联网（IoT）与边缘计算：IoT 设备的应用正在增加，为企业提供了新的数据源和优化运营的机会；随着 IoT 设备的增多，数据处理正在向网络边缘移动，以减少延迟并提高效率	• 工业物联网（IIoT）：通过将传感器和智能设备集成到工业环境中，IIoT 使得实时监控和预测性维护成为可能 • 智能制造和工业 4.0：制造业正通过数字化转型实现生产流程的自动化和优化 • 增强现实（AR）和虚拟现实（VR）：在培训、维护和操作中，AR 和 VR 技术的应用正变得越来越普遍 • 数字孪生（Digital Twin）：创建物理资产的数字副本，以模拟、分析和控制实际系统，可以提高效率和减少停机时间

汽车企业及其他生产制造工厂内的网络主要呈"两层三级"状（见图10-1）。"两层"即"IT网络"和"OT网络"，"三级"即工厂级、车间级、现场级。其中，IT网络覆盖工厂级，OT网络覆盖车间级和现场级。

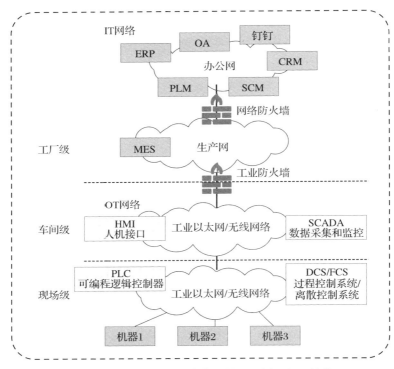

图10-1　生产制造工厂内典型的"两层三级"结构

2. IT与OT融合的趋势

目前，在办公室层（或称企业层）已广泛实施了云解决方案服务，但类似的服务在车间级却不能直接应用，这是因为车间级的数据传输速度不足以满足实时性的要求。当前的解决方案是建立分层架构，将办公室层和车间级进行分离。

车间级包含传感器、执行器、控制系统和总线系统等组件。为了实现实时通信，车间级与云之间的连接通过边缘网关（Edge Gateway）完成，它可以实时地将车间级协议○与上层的企业云应用相连接。根据物联网或车间的不同规模，可以安装一个或多个网关组件。基于在车间级使用多个边缘服务器的思路，可以确保计算负载维持在合理水平，以保证实时性，并使得车间级的任务处理独立于企业层的应用程序。

与此类似，边缘计算在实现机器对机器的应用程序与批量数据的本地预处理的分层方面发挥着重要作用。除车间级的应用外，边缘计算也在其他领域中应用，例如，汽车的联网服务、能源领域的智能电网以及智慧城市等。所有关于当前生产线所承担的任务、机器状态和零件供应物流的信息都集中显示在中央控制室的大型显示器上。基于以上的所有数据可以进行设备的预防性维护，并持续性地进行产品的质量控制。运输汽车在仓库和供应点之间自动行驶。通过预先设置好的解决方案，生产安全通过传感器系统给予保证。

在实际的日常管理中，IT 与 OT 的管理归属和所需技能存在明显差异。OT 管理通常隶属于生产部门，主要负责工厂的信息技术解决方案和技术目标；而企业的 IT 部门则是单独的部门，服务对象包含全体员工乃至整个产业链的上下游，其目标更加宏观。IT 的应用解决方案通常是单独开发的，其技术与 OT 管理的工厂解决方案有所不同。当 IT 人员和 OT 生产经理使用不同的技术术语讨论同一项目目标时，会产生沟通障碍。这说明在项目中需要进行总体管控，保证项目参与方对项目的理念和优先级目标有同样的理解。

现在，随着信息技术不断提升，以及智能装备、大数据和工业互联网的引入，IT 将渗透到生产制造的各个环节，也催生了新的业务模式和模型。因此，将 OT 与 IT 融合，有助于打破数据和运营孤岛，提高整个工业系统的透明度和可视性，是实现业务绩效跨越式提升的必经之路。

IT 与 OT 融合的必然性

除了前面我们提及的汽车行业资深市场和产品要素，从整个制造业产业升

○ 协议是指通信标准或约定，如对数据传输格式、速率、规则等进行定义，确保与上层系统保持通信。

级再到企业竞争力层面，IT 和 OT 的融合有明显的趋势推动作用，成为数智化应用的核心焦点。

（1）技术变革与产业升级的制高点：5G、物联网、人工智能、数字孪生、云计算、边缘计算等智能技术集群的融合与叠加就像"核聚变"，新一轮产业技术革命即将来临，中国、德国、美国以及日韩，对在这一轮技术变革中将处在什么位置都有相同的危机感和紧迫感，都认识到了发展的机遇和挑战，都有举全国之力抢占新一轮产业竞争制高点的战略意图。德国的"工业 4.0"、中国的"中国制造 2025"等战略概念的核心是一致的。就集成而言，德国的"工业 4.0"提出了三个集成，即纵向集成、端到端集成、横向集成，业界普遍的共识是，IT 和 OT 的融合就是集成的焦点、难点和取得重要成效的应用点。

（2）更优资源配置，提升企业竞争力：IT 和 OT 融合背后的逻辑在于建立了一套赛博空间和物理空间的闭环赋能体系。通过运用传感器、工业软件、网络通信系统、新型人机交互方式等技术，实现了设备、产品、人员等制造业所有相关要素的相互识别、实时联通和有效沟通。这一融合促进了研发设计、生产装备、工艺流程、产品服务等过程的数字化、网络化、智能化进而重构了整个生产制造过程。复杂制造系统中的不确定性问题在信息物理系统中得以显现，这使得构建基于数据自动流动的新型生产制造体系成为可能，并使制造资源优化配置的方式和手段更为丰富、便捷、高效。

IT 与 OT 融合的技术挑战

长期以来，IT 和 OT 各自占据着独立的领域。IT 领域以其敏捷性、可扩展性和经济实惠的基础设施为特征，而 OT 领域侧重于精确性、可预测性和坚不可摧的安全性。OT 关注的是一个组织内部的垂直、专有的核心系统，以及运行这些系统所需的专业知识。整合 OT 和 IT 的资源，并将它们接入到强大的边缘计算，可以为企业带来持久的价值。这两个领域的深度融合不仅涉及架构层面，还包括数据集成和数字孪生技术的应用。

（1）架构融合：IT 和 OT 在物理层面多是分区域的，架构也相对独立，以云计算模式下行业通用的工业互联网平台的云架构来实现 IT 和 OT 的融合，基于该平台实现 SCADA 系统等在云端部署应用，实现 IT 和 OT 各类软硬件资源及容器等开发工具的接入、控制和应用，实现各类多源异构设备的数据采集、传输和交互。

（2）数据融合。通过智能传感器、数据采集设备等对产品在设计、研发、生产过程及在相关业务环节中产生的全域数据进行实时采集，同时整合销售运营数据、供应链管理数据、财务数据等工业大数据资源，并利用机器学习、深度学习等技术进行模型训练与综合分析，打通从 OT 到 IT 的全流程，实现企业生产流程优化及内部精细化运营管理。

（3）虚实融合。当前数字孪生技术广泛应用于汽车生产车间，通过将物理场景中产生的大量数据在云端进行存储、管理和建模分析，实现全生产链要素的高度互联，有效解决各领域面临的信息孤岛统筹难、集中监管难度大、信息反馈不及时、运营维护成本高等痛点问题。

在 IT 和 OT 深度融合的情况下，工业网络的结构、形态、协议及通信方式均在发生改变，这种融合降低了网络攻击的成本，并使部分 OT 系统自身变成了联网设备。这些因素共同导致了 IT 和 OT 融合过程中出现了更多的网络安全风险，主要体现在平台 / 系统的应用、网络、设备、数据等层面。

（1）应用层面。应用主要以设计、生产、管理、服务等工业业务运行 app 的方式服务于用户，有些还集成了设备状态分析、能耗分析优化等创新应用。工业互联网使得上述应用变得共享和开放，企业内诸多业务逻辑均暴露于网络中，攻击者极易通过扫描开放应用端口并利用开放服务在身份鉴别、访问控制、安全接口和安全审计等方面的漏洞和缺陷进入网络服务器等核心基础设施，同时以办公网络为跳板，对控制网络进行渗透和攻击，直接威胁到安全生产。

（2）网络层面。因 IT 和 OT 各自用到的网络通信协议或网络架构的安全性存在差异，IT 和 OT 网络互联后，安全风险将互相渗透，扩大了网络风险暴露面。例如，在工业现场的安全风险，一是大量物联网终端使用全球移动通信系统（Global System for Mobile Communication，GSM）网卡，而 GSM 存在单向认证缺陷，面临移动用户的数据信息被伪基站截获的风险；二是很多现场设备采用 Modbus、ProfiNet 等传统工业协议进行有线传输，这些协议自身缺乏身份认证、授权及加密等安全机制，黑客极易利用这些漏洞对设备下达恶意指令。在网络边界，诸多边缘设备采用了具有非授权组网特性的 LoRa 协议，其存在报文伪造、恶意拥塞、身份伪造等安全风险。如今，"5G+ 工业互联网"得到深入应用，相比 3G 和 4G，5G 虽然在网络架构上进行了全新设计，在网络安全方面进行了增强，但 5G 采用的公钥加密接入认证算法仍存在隐私泄露的风险。

（3）设备层面：融合之前设备存在的安全风险在融合之后依然存在，主要包括：一是恶意程序利用 U 盘等移动介质进行攻击，只要移动介质连接到工业控制设备上，恶意程序就会自动运行，病毒将在全网进行传播，影响 IT 侧业务和管理决策等，窃取企业核心数据，并针对 OT 侧的各控制系统下达恶意指令，影响安全生产；二是设备自身的漏洞缺陷，包括操作系统、设备上的应用软件及其插件、设备硬件接口等，容易被攻击者利用；三是安全管理问题，如硬件设备接口未做安全防护、软件补丁更新不及时、采用弱口令或者弱安全认证机制。

（4）数据层面：一是融合后扩大了针对海量多源异构数据的攻击面，现有基于用户身份或角色的访问控制策略难以满足大规模数据的细粒度访问控制要求；二是产品全生命周期产生的各类数据包含大量敏感信息，在设备与云端进行通信时，若 OT 侧的探针采集的数据未经加密，攻击者可通过监听的方式获取设备敏感信息。此外，当数据基于平台进行流通和共享时，也存在数据滥用、隐私泄露等安全威胁。

IT 与 OT 融合的长期价值

IT 和 OT 融合是制造业数字化转型的关键技术之一。通过 IT 和 OT 融合，制造业可以实现生产过程的数字化和智能化、精细化管理和控制、可追溯性、安全性和可靠性，以及决策能力和管理水平的提升。IT 和 OT 融合的实现需要企业充分了解自身的生产过程和管理需求，制定合理的数字化转型策略，选用适合的 IT 和 OT，并进行有效的应用和实践。

从长期来看，IT 与 OT 融合具有以下 5 个方面的价值。

第一，IT 和 OT 融合可以实现生产过程的数字化和智能化。IT 可以将生产过程中的各种数据进行采集、传输和处理，形成数字化生产过程和数据资产，为企业提供生产过程的实时监控和管理能力。OT 则是用于实现自动化控制和操作的技术，包括传感器、执行器、可编程逻辑控制器（PLC）等。IT 和 OT 融合可以将传统的自动化控制设备升级为智能化设备，实现自动化控制和优化，提高生产效率和产品质量。

第二，IT 和 OT 融合可以实现管理的实时性与精细化。在生产过程中，IT 可以实现对生产过程的实时监测和控制，包括工艺参数、能耗、设备状态等方面。OT 则是用于实现精细管理，包括 PLC、SCADA 等。IT 和 OT 融合可以将这些技术结合起来，实现对生产过程的精细化管理和控制，提高产品质量和生产效率。

第三，IT 和 OT 融合可以实现生产过程的可追溯性。在制造业中，产品质量和安全性是非常重要的，对于某些产品来说，它们的生产过程需要进行严格的追溯。IT 可以实现对生产过程中的各种数据进行记录和存储，OT 则可以实现生产过程的监控和控制。IT 和 OT 融合可以将生产过程的监控和控制与数据的记录和存储结合起来，实现生产过程的可追溯性，帮助企业提高产品质量和安全性。

第四，IT 和 OT 融合可以提高生产过程的安全性和可靠性。在制造业中，生产过程中会存在一些安全隐患和风险，如设备故障、人为操作错误等。IT 可以实现对生产过程的实时监控和预警，OT 则用于实现设备的安全控制和运行保障。IT 和 OT 融合可以将这些技术结合起来，实现对生产过程的实时监控和预警，及时发现和处理生产过程中的异常情况，提高生产过程的安全性和可靠性。

第五，IT 和 OT 融合可以提升企业的决策能力和管理水平。在生产过程中，IT 可以实现对生产过程中的各种数据的采集、存储、处理和分析，OT 则可以实现对生产过程的监控和控制。IT 和 OT 融合可以将这些技术结合起来，实现对生产过程中的各种数据进行综合分析和决策支持，提高企业的决策能力和管理水平。

AI 的发展和可能应用的生产场景

2022年11月30日，美国OpenAI公司发布了人工智能聊天机器人程序ChatGPT，引起全球广泛关注。ChatGPT是AI大模型创新从量变到质变长期积累的必然结果，是通用人工智能（Artificial General Intelligence，AGI）发展的重要里程碑。AI正成为全球新一轮数字技术竞争的新赛道和制高点，必将对产业变革产生深远影响，数智化生产场域包含了丰富的应用场景，通过AI与5G、边缘计算、大数据等数字技术的集成应用，打通云、网、边、端，构建集智能感知、智能决策、智能控制于一体的基础设施，将会引领技术产业的协同创新。AI在汽车生产现场管理中的应用可能会体现在以下场景中。

（1）人机协同制造：通过人工智能对生产数据进行分析和预测，实现制造过程的自动感知、智能分析、自主决策和精准控制，提升机器和机器、系统和系统、机器和系统之间的高精度、自组织协同能力，逐步推动生产过程向精益化、无人化发展。例如，在晶硅光伏电池智能无人生产线中，通过工业互联网平台对工业机器人、AI视觉检测系统等高效连接、实时控制，可实现人机协同，推动制造的柔性升级，在释放作业空间的同时，进一步提高生产效率、缩短生产周期、降低劳动成本。

（2）精益运营管理：基于跨部门、跨层级、跨企业的数据互通和业务互联，利用人工智能算法对市场需求和生产能力等进行预测并不断优化，实现设计、生产、销售、物流等系统联动，提升运营管理效率。例如，企业运用智能仓储物流协作平台，对零部件、生产设备、销售订单、仓储物流资源进行统一规划、管理、调度，大幅优化生产计划与采购过程。

（3）精准质量管控：依托5G、人工智能等新兴技术，面向产品质检，重点解决人工重复性劳动多、效率低、周期长、费用高等问题，实现对材料、设备、产品等全面、精准的质量管理。例如，通过建设人工智能发动机质检平台，将工业相机的数据通过边缘计算技术传输至云平台，可实现在统一缺陷图像库下，基于机器视觉发动机质量的协同检测。

（4）柔性智能服务：面向客户个性化需求，企业通过人工智能赋能，向高附加值环节延伸，从以加工组装为主向"制造+服务"转型，从单纯出售产品向出售"产品+服务"转变，实现定制化客户服务能力提升。

案例：中国汽车企业从制造到"智造"

中国一汽：数智化转型，打造面向未来的智能制造企业

面对燃油车市场不断萎缩、新能源汽车市场蓬勃发展的大势，过惯了"好日子"的豪华车如今也面临快速转型的困扰。中国一汽集团宣布将"All in"新能源，推动所有车型的电动化。

在传统汽车产业中，制造环节是重头，制造环节是制造业的集大成者，价值链的焦点也在制造环节，但是中国一汽洞察到汽车的电动化、网联化、智能化、共享化在不断发展，认识到汽车的价值链正在发生重大的转变。未来，新的汽车价值链应该是智慧的智能制造与服务的一种集成。近年来，汽车行业发生了天翻地覆的变化，整个商业模式、产业链和价值链都发生了改变。尤其是特斯拉等新的势力加入阵营之后，传统车的商业模式已经不能再支撑汽车行业的持续发展了。

从2022年中国一汽打响数智化转型升级攻坚战以来，它基于云原生的业务单元孪生打造现代企业管理体系，闯出了一条具有中国一汽特色的传统企业数智化转型之路。中国一汽顶层谋划，坚持一张蓝图绘到底，建立数字化转型"1164总体战法"，围绕六纵三横业务主线成立九支业务IT一体化战队，打造了中国一汽数智运营系统（DIOS），实现"双100"目标，100%业务数字化孪生，运营效能提升100%"。

中国一汽通过重塑组织、优化工作方式、拥抱云原生与大模型技术，致力于成为技术驱动的智能制造先锋，引领汽车产业向智慧化、服务化未来迈进。

1. 数字化转型要有顶层设计

数字化转型对于企业是必然的未来，但汽车的制造涉及的门类和领域非常

广泛，需要企业在战略、业务、组织、技术等方方面面进行统筹规划。中国一汽数字化团队在走向数字化转型这条路的初期，同样面临彷徨与困惑，面对不确定性的挑战，经历了焦虑与压力，通过不断实践探索，团队逐渐找到了清晰的发展方向。

数字化转型最终的结果会是什么样的？未来，中国一汽集团能否成为一家科技公司？未来的商业模式如何迭代？正如中国一汽集团董事长邱现东所说：

"数字化转型是一场全方位、全要素的革命性变革，是彻底告别过去的运营模式和作业模式的变革，转型的对象是企业的整个业务运营体系，是融合数字化思维和技术重新构建商业模式的过程，是不断提升业务效能的系统性和长期性的工作。"

企业数字化转型是一项系统性、长期性甚至有可能反复的工作，是没有捷径的，企业一定要走最难的路，一路上会面临众多的挑战和困难，企业要迎难而上，唯有踏踏实实地往前走，才能披荆斩棘，到达成功的对岸。这个过程中到底需要"转"什么，中国一汽总结了以下5个方面。

（1）转意识：明确了业务要和数字化融合，使用以企业架构为中心、数据驱动业务、持续优化的运营模式。

（2）转组织：中国一汽成立了业务团队和IT团队，它们在同一个会议室里，使用一张桌子，一起研究业务，一起开发系统，这在传统企业甚至大部分制造企业里是没有的，业务团队和IT团队高效融合之后，共用一种语言，敏捷开发与迭代，整个系统的建设变得非常顺利。

（3）转方法：每当提到数字化转型，许多企业的做法往往是构建一系列孤立的、"烟囱式"的系统，这导致了数据和功能的碎片化，而非从整体业务层面进行构建。中国一汽采取了一种基于企业架构理论的转型方法，通过梳理业务结构和构建业务流程孪生工作台来推动其数字化转型，这种方法更加系统化和高效。

（4）转模式：什么样的模式可以让中国一汽应对未来的挑战？答案是云原生模式。中国一汽是第一家将原生架构和思想定为企业的应用架构和信息架构发展方向的传统企业，这一举措是很难得的。

（5）转文化：中国一汽正致力于形成一种全新的文化氛围，这一氛围的核心在于重新认识用户、明确价值主张，并迁移业务重心，这一转型要求企业进行全面的重新审视调研，以数字化思维为核心，重新构建业务流程，推动整个企业的数字化转型。

2. 以企业架构为转型地图

对于一家企业，数字化转型的内涵有顶层谋划、全方位、全要素、系统性的特征，需要一整套方法论和实施策略。在整个转型的过程中，企业需要一张转型的大图来做牵引，这张大图就是企业架构。

中国一汽采用了 TOGAF（The Open Group Architecture Framework，开放组架构框架）作为其企业架构框架。这一框架涵盖了 4 个关键领域，业务架构、信息（数据）架构、应用架构和技术架构（基础设施）。所有系统开发规划和整个 IT 系统建设路径都必须遵循这一框架，确保从业务需求出发，经过信息架构的设计，再到应用架构的实现，最终落实到技术架构服务的具体实施上，如服务器和网络设施等。这种体系化的做法保证了数智化转型的一致性和有效性。

中国一汽组织了大量的培训，高级经理全员要进行企业架构的学习和考试，熟悉语境，学习方法论；这对将中国一汽的业务与 IT 融合在一起的效果立竿见影。业务与 IT 融合战队不再依赖过去的流程，而是重新确定"我的用户是谁，我的价值主张是什么，我到底应该管理什么，在这个过程中如何运用数字化的思想、运用数据"。基于这些问题，让业务和 IT 融合战队重新构建业务模式，驱动业务转型上线。

改变工作方式，将企业架构的方法引入中国一汽这种传统企业很痛苦，也很困难。中国一汽红旗品牌运营委员会的副总裁门欣在 2023 年云栖大会论坛分享中提及：

"刚开始大家不理解，也不认同，现在大家说的方法、说的名词都是一样的了，企业的数字化转型，一定会落实到每个人的思想和行为的转型。"

3. 组织转型与统一云工作台

中国一汽正在建设的工作台基于业务单元构建，并采用了云原生架构。这一转变使得工作方法的迭代速度大幅提升。中国一汽不再局限于僵化的流程，业务单元每天都会根据业务效能指标进行更新和优化，实现持续的优化与迭代。

中国一汽的工作台将承载整车研发生产的全生命周期，从前期的产品定义、开发，到后期的采购，甚至供应商、财务都在一个平台上运作。前期有任何风吹草动，后面所有的信息都能迅速同步，节省了大量的沟通与协同成本，并确保技术和功能的有效实现。以往采用的是"接力式"协作模式，即项目进行到一半发现问题时，成本已经难以控制，新的工作台解决了信息异步带来的长周期和高成本问题。

例如，在整车的车身制造过程中，工艺评审是一个重要环节，评估车身各部件的设计尺寸是否匹配。过去，对于一个白车身（Body in White，指装焊完毕尚未涂装的车身），需要将不同的部件焊接在一起，并对其进行尺寸关系的评审。这项工作过去大概需要 70 个人天（即 70 个人各自工作一天）才能完成。而现在，中国一汽引入了基于云原生架构的工作台，利用数字模型自动抓取车身尺寸，并使用模型自动评估各部件之间的尺寸关系。这一改进极大地提高了评审效率，将原本 70 个人天的工作量减少到了 2.5 个人天，这一变革标志着整车制造进入了一个新的时代，改变了传统的工艺评审方式，显著提升了生产效率和质量控制水平。

4. 拥抱大模型

人工智能和产业体系化与智能化是重要的国家战略，中国一汽的业务单元、数字孪生积累了海量的数据，大模型技术的出现为企业效能的提升注入了新动能。中国一汽正在积极探索"GPT+"的大模型创新范式，其中，在 BI 数据分析中已形成突破应用。

BI 是企业最核心的系统，是决策数字化和数据治理的关键抓手。BI 背后是复杂的数据治理过程，中国一汽创建指标数据治理"五阶十六步"法来确保数据的准确性，将指标解构成指标对象、维度和度量，实现指标的数字孪生。

基于 468 个已治理指标的初始语料，形成 6 万条评测数据，构建中国一汽数据大模型的指标设计、指标拆解、数据寻源、数据建模和数据分析五项能力。通过持续的 bad case 复盘微调，模型整体准确率由最初的 3.2% 提升到 90%，已超过人工治理的平均水平。中国一汽数据大模型将需求拉动的核心领域数据治理转变成覆盖企业的全领域数据治理。

GPT-BI 不仅大大缩短了 BI 分析中的报表设计、数据建模等的交付周期，还可以穷尽企业有限域的全量指标、模型和报表。当用户输入问题后，大模型识别问题意图，解析决策变量，生成 SQL 查询语句，匹配企业实时数据，自动生成最佳决策方案。这一过程满足了用户更灵活智能的数据需求，实现了"问答即洞察"，带来了基于动态因子、实时数据的决策变革。

理想汽车：数智"超级大脑"赋能生产制造

理想汽车正以其全栈自研的"超级大脑"为核心，构建高度数智化的生产制造体系。这一体系不仅覆盖了从产品设计到制造、运营的全过程，还深度整合了数据算法，实现了制造工艺的精细化管理和产品质量的实时监控，展现出理想汽车在智能制造领域的独特优势与前沿探索。

1. 全栈自研的智能制造"超级大脑"

理想汽车在智能制造方面构建了全栈自研的"超级大脑"，涵盖了产品研发工作台、制造工艺管理（MPM）系统、全制造运营管理系统（LI-MOS）和制造数据算法平台"连山质量预警平台"四个核心部分。

（1）产品研发工作台。

产品研发工作台可以帮助工程师实现产品开发协作、项目管理和文档管理，将技术要求、产品数据、技术文档等传达给制造工艺团队等。

（2）MPM 系统：最好用的制造工艺管理系统。

理想汽车在成立初期，采用的是市场上的成品制造工艺管理系统，但在实际运营过程中发现外部成品制造工艺管理系统不具有成长性，不可迭代，无法满足理想汽车的发展需求，于是公司决定自主研发适合数智化时代汽车制造流程的 MPM 系统。

该系统全面覆盖了冲压、焊接、涂装、总装和尺寸工程共 5 大核心专业领域，并实现了从工艺需求分析、同步工程规划、精细工艺设计，直至产线布局设计、工艺仿真模拟，最终到产品验证的全链条无缝衔接与全覆盖。此外，理想汽车还通过 MPM 系统建立了工艺知识库和专家系统，打通了研发到制造端的数据，极大地提高了生产效率。理想汽车认为自研的 MPM 系统是"目前国内最好用的制造工艺管理系统"。

（3）LI-MOS：公司运营的"上帝之眼"。

该系统也是因为理想汽车在实际运营过程中发现市场上成品制造执行系统（MES）无法满足迭代需求而决定自主研发的。

LI-MOS 涵盖了计划管理、物料管理、设备管理和质量管理等和制造、运营相关的所有内容，全面监控一辆车从生产开始到生产结束的整个流程，其强大的数据采集能力，能够完成对各个关键工艺不同设备的实时数据采集，公司把该系统比作"上帝之眼"。

（4）连山质量预警平台：让每辆车都能实现"在线 CT"。

传统制造过程中质量检验往往是通过抽检来实现的，因此会存在不达标车辆流入市场的可能，甚至在发现问题后才能追溯去追查真因。

基于该现象，理想汽车自主研发了连山质量预警平台，实现了对制造工程全量数据的收集和分析，对关键制造工艺及设备进行实时监控及智能预警，对产品制造过程的工艺数据进行 100%"在线 CT"监控以及历史追溯，从而不断优化制造工艺与产品品质。

2. 数智化赋能下的先进生产

上述全栈自研的智能制造"超级大脑"在汽车制造的各个关键环节都得到了应用。例如理想汽车通过"超级大脑"对冲压车、焊装车、涂装车、总装等整个生产制造环节进行数智化改造。具体如下。

- 冲压车间：实现冲压件全制造周期的质量追溯。理想汽车引入了高速钢铝混合全自动冲压线，通过工业数据平台实现了设备预测性健康管理（PHM）及运行状态的 3D 显示，并建立了冲压件的单件身份识别体系，实现了冲压件全制造周期的质量追溯。
- 焊装车间：连接工艺自动化率 100%。焊装车间的自动化率极高，全车间一共有 21 条全自动化生产线，使用超过 600 个智能机器人，在点焊、自冲铆等连接工艺上，自动化率达到了 100%，处于国内行业领先水平，可实现 4 款车型的共线柔性化生产，大量应用 SPR（自冲铆）、FDS（流钻螺钉）等世界领先的冷连接技术和中频自适应焊接技术，极大降低了能源消耗。
- 涂装车间：全域数据化的能源智能分析。采用业内环保性最佳的薄膜前处理 +B1B2 免中涂工艺，其排放水平达到国际和行业最高要求。使用 AI+ 能源设备模型库建立 PMC（生产与物料控制）系统，进行全域数据化的能源智能分析，提升能源管理效率。
- 总装车间：高度智能柔性生产线。理想汽车采用了全车间电动拧紧技术，实现了关键扭矩质量的 100% 可追溯，并规划了智能物流系统、无人电检及下线车辆自动驾驶入库技术，实现了高度自动化的智能柔性生产线。

第11章
数智化供应链重塑汽车价值链

从传统汽车供应链到数智化供应链

供应链是汽车产业中的重要概念,强调了汽车产业链条上各企业之间以及企业内各部门之间的供应关系,可能是链状的上下游关系,也可能是网状的供应网络关系。随着数智化时代的到来,汽车产业的供应链也正经历着深刻的变革。

传统汽车供应链挑战

过去,传统汽车企业往往采用以整车企业为核心、层级分工明确的链式的供应链体系。一般而言,汽车车身和发动机涉及产品形象和核心性能,必须掌握在汽车厂商手中,其他总成⊖和零部件基本上外包给一级供应商,一级供应商再按照类似思路继续外包形成二级供应商,以此类推。伴随汽车产业发展,传统汽车供应链模式面临以下诸多挑战。

(1)信息不对称:传统供应链中,信息流通受限,主要依赖人工沟通和文档交换,导致信息传递不及时、不准确,甚至出现信息延迟、丢失或错误的情

⊖ 总成(Assembly)是由若干零部件、组合件或附件组合装配而成,并具有独立功能的汽车组成部分,主要包括发动机、变速器、动力蓄电池、行驶驱动电机等。

况。供应商、制造商和分销商之间的信息不对称，导致供应链各环节之间的不协调和不透明，进而阻碍了供应链的高效运作。

（2）生产效率低：传统供应链采用固定的生产计划和批量生产模式，缺乏灵活性和实时性。这种模式下，通常需要大量库存来应对市场需求的波动，导致资源浪费和资金占用过多。生产效率低下，生产成本高昂，影响了企业的竞争力和盈利能力。

（3）缺乏可追溯性与透明度：在传统供应链中，产品的生产流程和原材料的来源难以追溯和监控，缺乏透明度。一旦出现质量问题或安全隐患，很难迅速定位问题根源，进而导致召回成本高昂、声誉受损等后果。这种缺乏可追溯性和透明度的情况，加剧了供应链风险和不确定性。

此外，传统汽车供应链还面临风险防控能力不足与成本资源浪费的问题。传统供应链在应对原材料价格波动、供应中断和质量风险等方面缺乏有效的风险防控机制，容易受到外部环境的影响。同时，高库存、长生产周期以及过度依赖人工决策等问题，均导致了成本资源的浪费，降低了企业的效率和竞争力。

数智化对汽车供应链的重塑

随着数智化时代的到来，汽车产业供应链正经历着前所未有的变革。传统供应链面临的信息不对称、生产效率低下、缺乏灵活性等问题，已难以满足现代市场的需求。通过引入人工智能、物联网、大数据分析等先进技术，智能供应链正在重塑汽车产业，不仅提高了制造效率和灵活性，还在成本控制、风险管理和客户满意度方面带来了显著提升。

数智化对汽车供应链的重塑具体体现在以下三个方面。

1. 实时的数据共享与协作

智能供应链利用先进的信息技术，实现了汽车供应链各参与方之间的实时数据共享和协作。通过物联网、云计算等技术手段，生产过程中各环节的信息能够被自动采集和传输，使得供应链各环节能够实时掌握市场需求和生产情况，从而更加灵活地调整生产计划和资源配置。

例如，特斯拉自主研发的核心数字化系统，这套系统的内部名称为 Warp Drive（简称"Warp"），包括了所需要使用的供应链、产品规划、库存管理、销售订单管理、资产管理、财务管理、潜在客户管理等绝大部分业务流程。该系统能够实时收集和分析来自工厂、供应商和销售点的数据，包括生产进度、库存水平和市场需求等数据。

通过 Warp 系统，特斯拉实现了供应链各环节的实时数据共享和协作。在生产端，系统借助特斯拉超级工厂的"Gigafactory"操作系统和传感器网络，可以实时监控 Model S 和 Model X 的生产设备运行状态；在供应链端，供应商可以通过该系统实时获取特斯拉的生产需求和计划变更信息，并据此调整生产和交付计划，甚至用户在车机系统上的求助和报修等，都会直接连接到 Warp 系统中。

2. 智能化的生产与管理

智能供应链借助人工智能、大数据分析等技术，实现了生产过程的智能化和自动化。通过预测分析、优化调度等手段，实现了生产过程的精细化管理和资源优化，提高了生产效率和产品质量。

例如，在虚拟现实技术应用方面，奥迪借助"Powerwall"大屏幕和大型计算机集群，实现了对车辆的 1∶1 还原和逼真的虚拟装配评估，极大地缩短了生产规划所需的时间，并提供了用于评估员工装配流程的整体安全性的关键数据。

例如，在 AI 技术应用方面，奥迪利用 AI 技术探伤检测，如检测冲压钢板的裂纹与缺陷等。同时与 NavVis（全球领先的内定位导航系统）合作，对 Spot 机器狗进行测试，在 48 小时内完成扫描并自动确定路线，为新车型的规划提供了重要数据。此外，奥迪应用 AI 技术检查车身焊接质量，大幅提升了质量检测效率。

3. 供应链可追溯与透明

智能供应链通过区块链等技术手段，实现了产品生产过程的可追溯和透明。每个产品都可以被赋予唯一的标识码，记录其生产过程和原材料来源等信息，确保了产品的质量和安全。

传统汽车行业的供应链需要大量人工来跟踪组件的来源和物流线路，而这些数据通常由各个供应商自行管理，导致沟通和数据透明度成为问题。为了解决这些问题，宝马集团启动了 PartChain 项目，利用区块链技术大幅提升了原材料和零部件在全球供应链中的透明度，实现了对所有组件的"一键"追溯。PartChain 项目不仅限于追溯组件，还通过云技术允许在所有参与伙伴之间跟踪组件的来源，从而降低操作风险。

通过表 11-1，我们可以看出与传统供应链管理相比，智能供应链管理能给汽车产业带来的好处。

表 11-1 传统供应链管理与智能供应链管理对比

传统供应链管理	智能供应链管理
• 层级关系明确：供应商之间按照不同的等级排序，整车厂主要与 Tier 1（一级供应商）打交道 • 交易关系：关系多基于交易，缺乏深度合作和信息共享 • 一对多管理：整车厂通常与多个 Tier 1 合作，以促进竞争和降低风险 • 供应链透明度有限：整车厂对 Tier 2（二级供应商）及以下供应商的了解较少，供应链的透明度和灵活性受限	• 合作更紧密：整车厂不仅与 Tier 1 合作，还直接或间接地与 Tier 2 甚至 Tier 3（三级供应商）合作 • 信息共享：通过数字化平台实现供应链各层级之间的实时信息共享和流程协同 • 供应链整合：强调供应链的整合，包括共同的技术开发、库存管理和危机应对 • 战略伙伴关系：与关键供应商建立长期的战略伙伴关系，共同面对市场变化和技术革新

数智化供应链的关键环节

在当今竞争激烈的制造业环境中，数智化供应链管理已成为企业实现竞争优势的重要手段。当谈到汽车产业中数智化供应链的四个关键环节时，我们不仅要考虑技术应用，还需深入了解其实际操作和影响。下面我们更深入地探讨数智化供应链中的每个环节。

设计与研发环节

设计与研发环节是汽车制造中的关键环节之一，直接影响产品的创新和市场竞争力。数智化技术在这一环节的应用，为汽车制造商提供了更高效、更精准的产品设计和开发手段。大数据分析成为主要工具，帮助厂商深入了解市场需求和消费者偏好，从而指导产品设计方向。通过数字化平台，不同部门和供应商之间能够实时协作，缩短产品开发周期。关于设计与研发环节中的数智化创新的具体内容如表 11-2 所示。

表 11-2　设计与研发环节中的数智化创新

创新类型	具体内容
数据驱动创新	利用大数据分析市场趋势和消费者需求，为产品设计提供精准定位和指导
虚拟仿真与协同设计	通过数字化平台实现多部门、多供应商的实时协作，缩短产品开发周期
模块化与平台化	通过智能供应链优化零部件标准化和模块化，提高研发效率和零部件复用率

例如，极氪的未来工厂在设计环节已实现数字孪生化。在建设过程中，利用计算机仿真技术、虚拟调试及制造等技术搭建数字化工厂，实现了对冲压、焊装、涂装、总装等整个数字化工艺设计、车间实物流动的 3D 动态仿真。同时，通过工业互联网，使得极氪未来工厂的负责人在任何场地都可以精准掌握每台车的生产质量情况以及生产经营情况，甚至可以通过 5G 将数据传至设备制造商，通过与专家远程连线，实现对现场设备的诊断。

采购与生产环节

在采购与生产环节，汽车制造商通过数智化技术提高了供应链管理的效率和透明度。数字化采购管理系统帮助企业实现了供应链可视化和精准预测需求，从而优化了库存管理、降低了采购成本。关于采购与生产环节中的数智化创新的具体内容如表 11-3 所示。

表 11-3　采购与生产环节中的数智化创新

创新类型	具体内容
供应链可视化	利用物联网和区块链技术，实现从原材料采购到产品交付的全过程透明化管理，提高供应链的可追溯性和协同效率
精准需求预测	通过大数据分析和机器学习算法，预测市场需求，优化采购计划，减少库存积压和浪费
智能生产调度	利用人工智能和自动化技术，动态调整生产计划，提高生产线效率和灵活性

例如，长城汽车开发了 K8m 联盟链系统，实时监控货物交付情况，从订单到交付的全流程实现透明与可行。长城汽车 K8m 联盟链是基于区块链、隐私

计算和联邦学习等 web3.0 技术构建的汽车产业互联网数据协同平台，它由长城汽车自主研发，并以数字化的身份进行汽车产业链上下游业务协同，为汽车行业的物流商、金融机构、数据商、供应商、经销商及核心企业构建了一个安全、互信、多方协同的开放平台。

售后服务与回收环节

在售后服务与回收环节，数智化技术为汽车制造商提供了更加智能和个性化的服务模式。通过车联网数据和预测分析，汽车制造商可以实现对车辆状态的实时监控和故障预警，提前发现并解决潜在问题，降低了维修成本和用户不满意率。关于售后服务与回收环节中的数智化创新的具体内容如表 11-4 所示。

表 11-4　售后服务与回收环节中的数智化创新

创新类型	具体内容
数据驱动的售后服务	利用车联网数据和预测分析，实现对车辆状态的实时监控和故障预警，提供更智能、更个性化的售后服务
智能化的回收系统	通过数据分析和自动化技术，实现废旧汽车零部件的高效回收和再利用，减少资源浪费和环境污染

例如，特斯拉在数智化技术赋能下，建立了全生命周期的绿色低碳管理体系，开展从产品设计、原料采购、生产制造、运输使用到报废回收的电动车全生命周期的循环经济。在报废回收阶段，特斯拉实现锂电池的 100% 回收。在电池回收方面，2023 年特斯拉共回收了 2 431 吨镍、117 吨钴、860 吨铜和 329 吨锂，回收材料用于新电池的生产。

案例：中国汽车企业智能供应链的探索与实践

上汽大通：供应链全链路的精益管理

面对日益复杂的供应链挑战，上汽大通通过一系列创新举措实现了供应链全链路的精益管理。从生产制造全链路的数据透明化到零部件库存的管理精细化，再到工厂排产流程的智能化以及需求与决策的智能化，上汽大通不仅提升了生产效率，还显著降低了运营成本和库存资金占用，实现了从客户需求到产品交付全过程的精益化管理。

1. 生产制造全链路的数据透明化

为了更准确地进行生产计划设定、库存管理和需求预测，生产制造全链路数据透明化成了上汽大通的一个重要着力点。2023年上汽大通实现了从客户下单至车辆交付的全流程在线化，并对制造过程中的关键节点实施了监控与预警。通过精细化管理制造工艺和运输路线，上汽大通能够根据车辆识别号自动设定出厂标准，从而实现针对不同车型和交付地点的多级、多段精益管理。

通过对全链路关键节点数据进行精益管理，上汽大通确保了能够及时预警并响应每个订单和生产步骤的超期风险。结合运营专员的计划－执行－检查－行动（Plan-Do-Check-Act，PDCA）循环管理在线化，显著提升了订单交付的准确性和效率。

2. 零部件库存的管理精细化

在零部件库存管理方面，上汽大通通过以下两种方式实现了零部件库存的管理精细化。

超MAX预警和运营控制。基于排产计划和物料备库策略，上汽大通实施了动态MIN/MAX算法[一]，并实现了物料拉动的超MAX发单的在线控制。这一方式有助于降低库存资金占用，并有效优化人为计划波动导致的超量拉动问题。

精准物料拉动在线运营。针对小批量多品种的物料拉动，上汽大通采用了物资需求计划（Material Requirement Planning，MRP）系统的精准拉动策略。这种方法基于使用需求进行物料拉动，提高了拉动频次和精确度，减少了不必要的库存积累，同时也节省了仓储空间，保证了生产计划的平稳运行。

[一] MIN/MAX算法，又名极小化极大算法，是一种找出失败的最大可能性中的最小值的算法（即最小化对手的最大得益）。

3. 工厂排产流程的智能化

由于车型数量多、零部复杂多样、制造工艺差异大以及制造链路较长等诸多问题，上汽大通原先的制造流程高度依赖人工经验进行线下判断和调整。这种做法只能实现局部优化而难以实现全局最优。

为了减少生产线上的停滞时间并提高效率，上汽大通对车身焊接、涂装生产和总装装配等各生产阶段进行了排产优化。具体做法包括：在车身焊接阶段，尽量安排相同车型连续生产以提高设备利用率；在涂装生产阶段，尽量让颜色相近的车辆连续喷涂以减少换色时间；在总装装配阶段，则避免连续装配配置相似的车辆以防混淆并提高装配效率。此外，上汽大通还考虑了现场实际的硬件调序约束和人员工时等限制条件。通过运用贪婪算法、遗传算法等先进的优化算法，上汽大通构建了最符合各车间特点的最优生产序列，旨在实现生产时长最短、停线时间最少的目标，从而提高生产效率和平准化水平，减少工时浪费。

为了进一步提升供应链效率，上汽大通还开发了智能 APS（Advanced Planning and Schedulin，高级计划与排程）系统。该系统综合考虑了产量计划、人员排班、产线节拍、订单计划交期、车型产量约束、物料完备性等因素，并基于线性规划算法，开发订单交付满足率最优、产量最优、工时最优等多目标满足的智能排产模型。这一模型有助于推动订单交付满足率、OTD（Order to Delivery，从订单到交付的时间）达成率、产量目标、人员成本等关键指标的达成，从而全面提升生产制造的效率和效益。

4. 需求与决策的智能化

为了平衡产、供、销之间的需求和生产关系，降低供应链不稳定带来的风险，上汽大通基于大数据、人工智能的技术，探索和构建了一系列智能预测与决策模型，并应用到了实际业务场景中，助力业务进行目标设定、需求规划和决策。

以上汽大通的产销管理为目标，基于用户需求、时间因子、市场容量、市占率、价格、历史订单等数据，上汽大通构建了订单需求预测模型。该模型基于车型、门店能力差异、市场容量变化,对订单需求实现日度、月度的滚动预测,可以助力管理部门对事业部、门店进行目标设定和推进;同时,对订单需求的预测可以支持制造端进行生产和产能计划的提前规划和物料准备,确保合理备货,助力对零部件库存资金的控制。

通过分析门店热销车型、门店当前库存、门店历史下单车型数据,以及同城热销车型、全国热销车型的数据,上汽大通能够给出门店当月、下月订单配额结构建议,赋能门店订单配额及进销存管理能力,提升门店资金周转效率,减轻资金压力。另外,门店车型的收敛和优化,可以促进制造端生产的收敛和效率提升,形成良性循环。

一汽红旗:数智化整合上下游供应商

车辆生产环节复杂,涉及上万个零部件,几千家供应商,那如何让供应商能够高效敏捷,快速了解厂家的供货需求呢?一起来看看一汽红旗在两个方面采取的做法。

1. 供应链协同平台

一汽红旗正在建设供应链协同平台。该平台通过信息统一管理,将一汽集团尤其是红旗品牌的供应商进行统一管理,确保信息来源的一致、编码的统一。同时,通过供应链协同平台,实现了一汽红旗所有供应商入口的统一化,包括PC端门户、移动端钉钉,使信息可以按照权限进行集中展示、实时展示。移动端协同让所有供应商和主机厂跨组织进行沟通协同,更方便更快捷地让所有供应商了解主机厂的供货需求和相应的协同流程,这是针对上游供应商的策略。

针对下游经销商,红旗品牌的经销商集成了70多个应用,旨在让品牌服务触达消费者。过去,主机厂针对4S店会有考核的办法,例如,某4S店每天进场的红旗车数量是100台,它应该配备的服务顾问和维修工的数量是由进场台次决定的。过去4S店因为成本等压力,可能会漏报,针对这一痛点,全网红旗店、奔腾店都引入了钉钉系统,总部可以查到每家4S店员工的考勤数据,并与每天业务系统所接入的接收车辆的维修台次进行比对,生成算法模型,通过系统自动判断是否符合厂家的岗位配置要求。

2. 数字化物流体系与生产调度

一汽红旗构建了数字化物流体系，运用物联网、GPS、RFID等技术，实现实时货物跟踪、运输路线优化、仓储智能管理等功能。通过与物流服务商的深度合作，一汽红旗建立了端到端的物流信息平台，实现了供应链全程可视化，有效提升了物流效率，降低了物流成本，确保了交付的准确性和及时性。

在生产调度方面，一汽红旗通过钉钉将生产流程场景化，如设备监控报警。红旗车的生产24小时不间断，有上千台设备进行无人化监控，一旦发生问题怎么办呢？监控会立即通过钉钉报警，维修人员第一时间赶到现场，避免停产。对于整个生产过程的审批，早期汽车企业都是采取纸质单据，当前一汽红旗通过钉钉系统将大量审批用无纸化代替，大幅度提升了沟通效率。

吉利汽车：可持续发展和与价值链责任

为实现可持续发展，吉利汽车制定了2045年实现全链路碳中和的总体目标，致力于打造具有韧性、负责任且可持续的零碳变革价值链，在碳减排、碳利用、碳管理三大领域积极推进"三零"愿景，即零碳变革、生态零负担、零伤亡，探索适用于汽车产业及出行领域的中国特色碳中和实现路径。

在碳减排方面，吉利汽车在产品端将可持续发展理念融入车辆生命周期全价值链，新材料、低碳与循环利用成为车型研发的重要方向；在生产端，17个制造基地获评"国家级绿色工厂"，3个制造基地获评"零碳工厂"，沃尔沃台州工厂成为沃尔沃汽车中国区首个气候零负荷工厂。

在碳利用方面，吉利汽车打造了全球首个十万吨级绿色低碳甲醇工厂，每年可生产11万吨甲醇，直接减排二氧化碳16万吨。此外，吉利汽车与首钢集团合作，优化汽车钢材生产、使用和回收的全链路，实现汽车钢材的高效循环利用及资源价值最大化。

在碳管理方面，吉利汽车自主研发的数智化碳管理平台"吉碳云"完成了版本迭代，已应用于产业链上下游1 669家合作伙伴，共建碳减排生态系统。

GeeTrace 区块链溯源平台是吉利旗下的吉利数科基于自研区块链底层技术打造的适用于各种溯源场景的大规模商用溯源管理平台，该平台可以通过区块链存证记录打通一辆汽车零部件从原材料开采到最终整车的生产、使用、报废、评估拆解及循环再利用的各环节的全部关键数据，并支持双向追溯。此外，该平台还可以智能生成供应链图谱。目前，吉利数科已针对沃尔沃汽车供应链开展原材料追溯工作，从整车追溯至钴、锂、镍、绿色铝等物质的原产地开采商，平均仅需几分钟即可溯源零部件核心信息。

第12章
数智化转型中的运营创新

在当今快速变化的商业环境中,传统的运营模式正面临前所未有的挑战。汽车企业不仅需要在生产制造上进行转型升级,更需要在运营上进行创新变革。生产制造的数智化提升了生产效率和产品质量,而运营创新则是确保企业迅速响应市场需求、提升客户体验、优化资源配置的关键。

数智化运营是开启新质生产力的关键

在各行各业,数智化运营正在以显著的优势破解传统运营模式的难题,推动行业向更高效、更智能的方向转型。以下我们通过几个跨行业的小案例来展示数智化如何成为开启新质生产力的关键。

从"经验主义"到"数据智能"决策

传统运营模式受限于信息的滞后与决策依据的匮乏,决策过程往往依赖于高层经验,这不仅导致响应市场的速度减缓,还可能因主观判断偏差引发决策失误。

数智化运营则通过大数据与AI的深度融合,改变了过往"经验主义"的决策模式,转而构建起以数据为核心的智能决策体系。这一转变使得企业能够实时捕获市场动态，利用算法模型深度分析消费者行为、竞品动向及宏观经济趋势，从而在海量数据中抽丝剥茧，精准识别市场机遇与潜在风险。决策过程不再仅凭高层的直觉与过往经验，而是依据实时、全面的数据洞察，实现快速响应市场变化，有效避免决策失误，确保企业战略与市场实际需求紧密契合。

例如，元气森林打通经销商和零售门店的POS机数据，直接监测产品销量与库存，获得精确的销售数据，从而帮助品牌做新品开发和淘汰的决策。时尚零售品牌Zara则运用AI分析工具预测流行趋势，快速调整设计与生产计划，准确满足市场需求。

从"信息孤岛"到数据互联与协作

传统运营模式中，企业内部各部门与供应链上下游之间普遍存在信息隔阂，形成了一个个孤立的信息岛屿。这种"信息孤岛"现象不仅限制了信息的自由流通，还导致了决策过程中的信息盲区，增加了供应链管理的复杂度，降低了整体协作效率。供应链的不透明与响应迟缓，进一步加剧了库存管理的难题，例如，过度库存或断货现象，影响了企业的成本控制与客户服务。

数智化运营则凭借云计算、物联网、区块链等前沿技术，试图打破信息壁垒，构建一个全链条数据共享与高效协作的新生态。这种转变使得从设计、采购、生产、物流到销售的每一个环节都能实现数据的实时互通，确保信息的透明化与决策的同步性。

例如，耐克通过其数字供应链平台，实现了供应商与生产工厂数据的无缝对接，实时监控生产进度与库存状况，不仅提高了供应链协同效率，还通过智能算法对库存进行动态调整，有效应对市场的波动。

成本与效率困境的破局之道

传统汽车产业在成本控制与运营效率方面长期面临严峻挑战，受制于预测不准确、资源配置不合理等因素，常存在库存积压、生产过剩或供应短缺等问题，进而影响企业的盈利能力与市场竞争力。这种情况下，决策往往受限于资源的盲目分配与事后调整，缺乏前瞻性和灵活性。

数智化运营为解决这一困境提供了新的思路。通过集成大数据分析、云计算及物联网技术，企业得以构建智能化的成本控制与效率提升系统。这一系统能够实时追踪市场动态，利用高级分析模型预测需求波动，从而精准调整生产计划，避免不必要的库存积累，实现按需生产，极大降低了库存成本和资源浪费。

例如，亚马逊运用预测分析优化库存管理，减少了过度库存，提高了物流效率，展示了数智化技术在成本控制与效率提升上的显著效果。

个性化与标准化困境的破局之道

在前面我们提到，传统汽车制造业在满足个性化需求与保持标准化生产之间一直存在难以调和的矛盾。标准化生产带来汽车产业的规模效应，但难以适应消费者日益增长的个性化定制需求，导致产品同质化严重，难以在竞争激烈的市场中脱颖而出。反之，若过分追求个性化，则可能降低生产效率，增加成本，进而影响企业的市场竞争力。

数智化技术为解决个性化与标准化之间的这一传统困境提供了新的解题思路。通过智能一体化平台和C2M模式的推广，汽车企业能够实现标准化生产与个性化定制的完美融合。

例如，第9章中的上汽大通案例，其蜘蛛智选平台就是一个让用户直接参与汽车配置定制的成功案例，它不仅实现了个性化定制的标准化生产，优化了用户体验提升了用户品牌忠诚度，也为企业发展开辟了新蓝海。

综上所述，数智化运营不仅改善了汽车产业面临的传统困境，更是在成本控制、效率提升、个性化服务与供应链优化等方面开创了全新可能，帮助汽车产业真正实现从"制造"向"智造"的跨越。这一系列的变革，正是新质生产力的生动体现，它不仅是技术的革新，更是思维模式与运营逻辑的重构。未来，随着数智化技术的持续深入应用，汽车产业将更加智能化、高效化、个性化，不仅在市场竞争中占据有利地位，更将在全球产业价值链中扮演更为关键的角色，共同塑造一个更加智能、绿色、可持续的出行未来。数智化运营，无疑已成为推动汽车产业迈向新质生产力时代的关键钥匙。

数智化对汽车行业运营的重塑

数智化时代下，汽车行业运营的重塑不仅体现在技术层面的革新，还是一场涉及战略、流程、客户关系管理等全方位的变革，其深度与广度远超以往任何时期。

数智化转型正通过融合化销售模式、智能化服务模式、深度化用户关系、敏捷化市场响应及精细化成本管理，全面重塑汽车行业运营。

融合化销售模式：从经销商主导到经销商与直销模式并重

特斯拉是融合化销售模式的典型代表。其官方网站显示，2021年，特斯拉在全球范围内通过线上渠道销售了近50万辆电动汽车，占总销量的大部分。这种销售模式减少了中间环节，提高了价格透明度，加强了品牌与消费者之间的直接联系。同时，许多传统汽车制造商也在向此模式靠拢，如大众汽车通过其在线销售平台 Volkswagen We，实现线上预订和线下体验相结合的销售模式，提升了用户体验和销售效率。

智能化服务模式：从被动响应到主动预测

宝马集团在其2028未来愿景中提到，通过 Connected Drive 平台，宝马能够收集车辆数据，预测维护需求，提前通知车主进行保养，从而减少故障发生。这种预见性维护策略在实践中降低了高达30%的非计划性维修成本，同时提升了客户满意度。此外，梅赛德斯–奔驰的 Mercedes me Connect 服务也提供了类似的功能，通过远程诊断和预见性维护，提高了服务的及时性和效率。

深度化用户关系：从经销商主导到与用户直连

蔚来汽车通过其 NIO app 建立了强大的用户社区。截至 2021 年，NIO app 注册用户已超过百万。蔚来汽车不仅提供车辆控制、充电服务等功能，还创建了用户论坛、积分商城、社区活动等板块，提升了用户参与度和品牌忠诚度。根据蔚来汽车官方数据，其用户推荐购车比例高达 69%，反映出高度的用户黏性和口碑传播效应。

敏捷化市场响应：数据驱动营销策略调整

数据驱动的市场分析使汽车企业能够迅速响应市场变化，调整营销策略和产品配置。利用大数据和人工智能，企业可以识别新的消费趋势和潜在市场，实施更有针对性的市场拓展。《经济学人》中报道了丰田数据驱动营销策略调整的案例。在新冠疫情期间，丰田汽车利用大数据分析市场变化，迅速调整了营销策略，针对居家办公趋势推出了更适合城市通勤的小型 SUV 产品线，成功抓住了市场机遇。

精细化成本管理：智能算法控制成本

通过部署先进的数据分析工具，汽车企业能够更准确地预测市场需求变化，合理管理库存，降低过剩和短缺的风险。智能算法还可以帮助企业在采购原材料时做出更精确的决策，从而有效控制成本。通用汽车在 2019 年财报中提到，通过应用基于 AI 的供应链管理系统，成功降低了约 20% 的库存持有成本。该系统利用机器学习预测市场需求，优化库存水平，同时在采购过程中利用算法确定最佳采购时机和数量，降低了采购成本。

案例：中国汽车企业的数智化运营实践

理想汽车：造车新势力的数智化运营流程探索

理想汽车自创立之初便将数智化作为企业发展的核心驱动力，通过构建坚实的数智化底座，使数据成为企业运营中不可或缺的一部分。在数智化的探索过程中，理想汽车经历了三个里程碑，不仅实现了从产品研发到售后服务的全生命周期管理，还通过智能制造"超级大脑"等技术赋能，实现了生产效率和产品质量的飞跃。以下是理想汽车数智化运营的关键组成部分及其发展历程的概览。

1. 构建数智化底座

理想汽车自诞生之日起，便将数智化基因深植于运营的每一个环节。理想汽车从零开始，不仅安装了全方位的传感器网络，还建立了全面的数据收集机制，确保数据不仅是决策的依据，更是企业运营的"空气"，无处不在，不可或缺。在坚持核心技术自研的道路上，理想汽车通过智能制造系统、视觉算法、质量预测模型等，实现了生产效率的飞跃和产品质量的精进，将数智化贯穿于产品全生命周期管理。

坚持核心技术自研：理想汽车不是为了追求自研而自研，而是要以自研的智能制造系统、视觉算法、设备、质量预测模型等，驱动提高制造效率，快速迭代生产技术，达成更高产品质量，同时不断迭代质检技术，实现极致严苛的全制造周期、全生命周期的质量控制与管理。

实现端到端的数据闭环：在横向上，实现从研发端到交付端的数据闭环；在纵向上，实现从供应链到整车厂的数据协同。通过闭环大数据模型，理想汽车打通了从产品研发、零部件研发和采购、工厂研发和制造、销售数据到售后NPS的全部流程，实现了全闭环管理。

打造智能制造"超级大脑"：理想汽车全栈自研的智能制造"超级大脑"包括研发工作台、制造工艺MPM系统、制造运营LI-MOS系统和制造数据算法平台"连山平台"四个部分。理想汽车在冲压、焊装、喷涂、总装四大工艺和尺寸管理上均采用了"超级大脑"。

2. 流程变革的三个里程碑

理想汽车自成立以来，便深刻认识到智能电动汽车不仅是产品本身的创新，还需要在运营和流程上实现创新变革。以下是理想汽车数智化运营变革之旅的三个关键阶段。

（1）初期阶段：自研与初步变革。

在成立初期，理想汽车意识到智能电动车的创新不仅是产品本身，在运营和流程上也应该创新变革。理想汽车在业务发展的过程中不断积累经验，总结出一些初步的流程和方法。这一阶段，公司通过内部力量逐步摸索和构建了与业务相适应的运营流程。

（2）中期阶段：学习与统一语言。

随着公司的快速发展，理想汽车在运营和流程上遇到了更多问题，仅靠内部经验的提炼难以解决。理想汽车需要一个更全面的流程体系来提升运营效率。在CEO李想的带领下，全体员工开始学习苹果、三星、华为等成熟企业的案例，研究它们是如何构建流程和运营管理的。

然而，单靠自身研究仍然无法解决所有问题。理想汽车的员工来自不同领域，包括传统汽车领域、零售领域和互联网／人工智能领域，每个领域都有其独特的工作流程和专业术语。为了实现高效协同运营，理想汽车需要统一工作的方法论、流程和度量衡。例如，同样一个术语"SOP"，在不同公司和行业有不同的定义和理解。为此，理想汽车决定首先统一语言，再通过数字化与智能化技术构建运营流程体系。

构建数智化运营流程体系的关键在于训练体系的搭建。类似于自动驾驶的训练，理想汽车的数智化运营体系也经历了四个过程：第一是全面感知，获取各种信息；第二是目标制定和规划计划；第三是执行与优化，在执行过程中不断调整工作以达到目标；第四是复盘，对整个过程进行衡量和调整，将做得好的强化为能力，对不足的进行改进。

（3）当前阶段：外部协助与全面提升。

理想汽车在数智化运营的深化阶段，采取了内外结合的策略，加速流程与管理体系的现代化。CEO李想将这一过程比喻为建设企业运营的"高速公路"，强调了规范与标准的重要性。通过携手顶尖咨询机构、引进行业一流流程专家，理想汽车定制化构建了一套高效、科学的流程体系，不仅加速了新员工的融入与能力培养，还实现了从师徒传承到标准化培训的转变。

在此基础上，理想汽车融合 OKR 管理模式建立利益互锁的机制，促进目标一致与深度协作，将团队间的信任关系转变为基于目标的契约合作，确保从战略到执行的每一步都紧密相连，共同推动企业目标的实现。随着流程的不断优化与数智化体系的成熟，理想汽车完成了从灵活机动的"游击队"向规范高效的"正规军"的转变。

文化也是流程重塑的重要一环。企业通过理性的流程设计解决规模扩张中的效率问题，同时，借助积极向上的品牌文化，激发员工的情感共鸣与归属感，形成了理性与感性相融合的管理艺术，推动了企业文化的内化与流程优化的良性循环。

至今，理想汽车在数智化运营上的努力已显著提升了生产效率和市场竞争力，为企业的未来发展奠定了坚实基础。展望未来，理想汽车将持续探索数智化技术的前沿应用，不断优化运营流程，以创新驱动成长，引领汽车行业的新一轮变革。

通过以上的变革和优化，理想汽车在数智化运营中取得了显著成效，提升了整体生产力和市场竞争力。未来，随着数智化技术的进一步发展，理想汽车将继续探索和实践，不断推动企业运营流程的创新与优化。

3. 理想汽车的数智化运营

理想汽车在数智化运营上的成就显著，通过智能系统与创新实践，全面优化用户体验与运营效率，其亮点主要表现在以下 5 个方面。

（1）智能预约系统：理想汽车通过远程诊断与 OTA 升级技术，实现了车辆故障的快速定位与软件性能的持续优化，减少用户进店维修次数，提升用车体验。智能预约系统结合透明车间管理，让用户轻松预约服务，实时掌握维修进度，提高服务透明度与效率。

（2）数字化用户社区与互动：理想车主 app 不仅是车辆控制与服务预约工具，更是用户交流、分享、获取信息的社交平台。理想汽车运用用户数据驱动产品迭代与服务优化，确保产品与服务始终契合用户需求，增强用户黏性与品牌忠诚度。

（3）智能化能源补给网络：理想汽车的智能导航系统整合全国充电桩信息，提供最优充电路线规划与实时充电站状态查询功能，缓解用户续航焦虑。增程式电动车的智能能源管理系统根据驾驶场景自动调整动力输出，实现能源的高效利用，同时用户还可以通过 app 自定义能源使用策略。

（4）智能营销与销售：理想汽车推行线上线下融合的直销模式，简化购车流程，提高交易效率。AI 虚拟助手与智能客服系统提供 24 小时在线咨询，有效解答用户疑问，从而提升服务的响应速度与质量。

（5）数智化运营赋能供应商：理想汽车在流程变革取得一定进展后，将战略、组织能力（工具、流程、数字化系统）赋能给供应商。当合作伙伴在价值观、文化及基本流程工具的使用上能够与理想汽车形成同频时，效率协同将进一步提升。公司战略部和组织部在不断地学习全球最领先的一些工具、方法论，持续对供应商展开不同层次的赋能。除了赋能，理想汽车还与 100 家合作伙伴进行数字连接与打通。

通过数智化运营，理想汽车不仅提升了自身的服务与产品质量，还积极赋能供应商，实现全链条的高效协同。

中国一汽：以数字孪生重构业务流程

中国一汽作为中国汽车行业的领军者，在数字化转型的浪潮中，深刻洞察到了传统业务流程管理的局限性，即业务与信息技术建设之间存在的"两张皮"问题。为解决这一痛点，中国一汽采用了数字孪生理念作为其数智化建设的核心思路，这不仅是一场技术革新，也是管理哲学的深刻变革。中国一汽通过实施数字孪生技术，彻底革新了业务流程，实现了从设计到生产的高效协同，大幅提升了多产品线的管理效率，加速了新能源汽车的快速迭代与技术创新，为企业的可持续发展与行业竞争力的增强奠定了坚实的基础。

1. 数字孪生：重塑业务流程的创新工具

中国一汽创新性地应用数字孪生理念，对业务流程进行深度解析与重构。该策略不仅要求对业务流程进行细致拆解，拆解到最小可操作单元，还强调在拆解过程中明确各环节的职责、输入输出、执行规则，以及历史经验和工具的应用。通过这种方式，每个业务环节被转变成结构化、服务化的云原生"微服务"，实现了从抽象流程描述到可操作、可度量实体的转变，极大地提高了流程的透明度和可执行性。这一转变犹如为企业的业务流程穿上了一件"数字外衣"，使得从前模糊不清且复杂的流程变得透明、灵活且易于管理。

以特斯拉电池模块的精准构建为灵感，中国一汽将数字孪生理念应用于其庞大的汽车开发制造流程中，确保了从设计到生产的每一个环节都能够像特斯拉电池模块那样，精准对接、高效协同，从而在更高的抽象层级实现流程的重复性、结构化和服务化。通过定义清晰的接口和协议，中国一汽将这些"微服务"单元有效连接起来，构建了一个高度灵活且响应迅速的业务流程体系。

2. 业务流程革新：提升多产品线管理效率

面对新能源电气化转型的迫切需求，中国一汽利用业务单元化方法，实现了对多产品线并行研发、生产、供应链管理的高效整合。通过对整车开发流程的深度解析，中国一汽发现尽管车型各异，但核心流程具有高度相似性，这为构建通用的业务单元模型提供了基础。通过数字化工作台，企业不仅明确了功能参数和设计指标，还实现了设计任务的精准跟踪，使得不同车型的开发工作能够在一个统一的标准下协同进行。通过业务单元化方法，团队不再局限于特定车型，而是能够跨领域作业，显著降低了成本，提升了开发效率，从"分队作战"进化为"集成高效团队"运作。

在业务流程革新下，中国一汽的整车生产管理发生了质的飞跃。通过业务单元化方法，企业能够高效管理多产品线并行的研发、生产及供应链，即使是在新能源电气化转型的关键时期也不例外。不同车型的开发流程虽各有特色，但通过归纳共性，中国一汽将核心流程模块化，使得底盘开发、车身设计等基础流程能够跨车型共享，显著提高了资源利用率。这一切得益于数字工作台上的明确功能参数与设计指标，以及设计任务的精细追踪，确保了项目管理的标准化和高效执行。

在整车生产领域，这一变革带来的价值尤为显著。中国一汽通过业务单元化方法，实现了对多产品线并行的管理。以往，针对 H9、H7、H5 等不同车型的开发需要各自独立的底盘开发团队，而现在，借助于统一的数字平台和明确的参数指标，一个团队可以灵活应对不同车型和技术领域的设计任务，极大提高了研发效率，降低了成本。这种方式的转变，正如知名教授 Michael Grieves 所强调的，数字孪生不仅复制物理世界的对象，更重要的是，它还促进了知识和经验的积累，成为持续优化和创新的基础。

3. 从标准到实践：推动新能源汽车快速迭代

在数字孪生技术的支持下，中国一汽成功地在从红旗 H5 这样的大众车型到 H9 等高端车型，乃至更豪华车型的开发中，实现了流程的统一化和标准化。这种基于明确标准与微操作指示的管理方式，不仅确保了不同价位车型的高质量开发，还大大缩短了从设计到进入市场的周期。通过积累和应用企业知识，中国一汽的数字化转型不仅优化了内部流程，更在新能源汽车的快速迭代和技术创新方面发挥了关键作用，为企业的可持续发展和行业竞争力的提升奠定了坚实基础。

比亚迪：自研与合作并举，推动数智化运营提升

比亚迪通过自研创新与战略合作伙伴关系，特别是在与西门子和华为的合作中，构建了全面的数智化体系，涵盖了从设计到制造的数字孪生、智能工厂的升级、e 平台 3.0 的高效运营，以及高速网络基础设施，显著提升了生产效率、产品质量和供应链响应能力，确立了其在电动汽车市场中的竞争优势与行业领先地位。

1. 与西门子携手，打造数字化工厂典范

比亚迪与西门子的战略合作，标志着其在数字化转型道路上迈出了决定性的一步。借助西门子 Xcelerator⊖ 这一旗舰级数字化解决方案组合，比亚迪全面

⊖ 西门子 Xcelerator 是西门子构建的开放式数字商业平台，该平台集成了物联网硬件和软件组合以及解决方案与合作伙伴生态体系。

整合了西门子 NX 设计软件㊀、Teamcenter PLM（产品全生命周期管理）平台㊁及 Simcenter 仿真技术㊂，构建了从设计到制造的全链条数字孪生体系。此体系不仅极大地提升了产品研发的精度与效率，还实现了生产流程的动态优化，为产品性能的持续进化与制造效率的飞跃奠定了坚实基础。

2. 华为助力，开启智能工厂新时代

华为与比亚迪的合作深入汽车智能化与数字化转型的核心领域，展现了一种深度的技术融合与产业升级的典范。在智能系统集成上，华为的麒麟芯片被植入比亚迪的数字座舱，显著增强了车辆的智能交互能力，而华为 HiCar 系统的接入则让比亚迪车型与华为移动设备实现了无缝互联，为用户带来更丰富的车载智能体验和互联网服务。

在生产与管理层面，华为运用其在 5G、物联网、大数据分析等 ICT（通信及技术）领域的专长，助力比亚迪优化供应链管理，实现智能制造的升级。通过华为的智能工厂解决方案，比亚迪的生产效率与产品质量得到了显著提升，同时，华为还为比亚迪提供了数字化转型的深度咨询服务，涉及企业架构优化、流程重塑等方面，共同构建了一个高度数字化、智能化的生产运营体系。这些合作不仅加速了比亚迪的产品创新，加快了市场响应速度，也推动了整个汽车行业的数字化进程，为未来的智慧出行奠定了坚实的基础。

3. 自主创新，e 平台 3.0 大幅提升运营效率

比亚迪自主研发的 e 平台 3.0 及其车载操作系统 BYD OS（Operating System，操作系统），是其数智化运营的核心驱动力。作为国内首个软硬件解耦的车用操作系统，BYD CS 不仅提升了车辆的智能化水平，还为自动驾驶技术的快速迭代提供了坚实基础。通过 CPU 融合，e 平台 3.0 算力提升 30%；通过

㊀ NX 设计软件是西门子出品的一个产品工程解决方案，它针对用户的虚拟产品设计和工艺设计的需求，提供了经过实践验证的解决方案。

㊁ Teamcenter PLM 平台是西门子出品的数字化产品生命周期管理系统解决方案。

㊂ Simcenter 是西门子数字化工业软件为研发数字孪生开发的全新平台，是一个灵活、开放和可扩展的仿真和测试解决方案组合。

功能融合，控制器交互效率提升 50%。e 平台 3.0 能够更高效地实现高阶自动驾驶，大幅提升新功能的迭代速度，从两个月的迭代周期缩短至两周，缩短了 70% 以上。

4. 高速网络，赋能未来工厂

在基础设施层面，比亚迪选择了华为的 10Gbps CloudCampus 网络解决方案，为生产与办公环境提供了强大的数据传输能力和低延迟的通信环境，支持多区域高效协作和远程高清视频会议，确保了生产效率，并为管理决策的时效性提供了保障。结合 AI 技术的智能网络优化和自动化运维，比亚迪进一步提升了企业运营的智能化水平。

通过以上四方面的数智化举措，比亚迪不仅提升了生产效率和产品质量，还加快了供应链的响应速度，降低了运营成本，实现了更加精细化的企业运营管理。这些努力使得比亚迪在激烈的市场竞争中保持领先地位，并为其持续发展奠定了坚实的基础。

共创解题

生产制造与供应链如何数智化升级

我们认为,4WDV 模型和共创解题方法不只适用于汽车产业,也具有一定普遍性。如果读者所在的企业也在进行数智化转型,我们也真诚地希望将 4WDV 模型和共创解题方法传递给你,帮助你所在的企业一起来探索并定义针对自己的"真问题"。

问题之思

第三部分内容主要围绕"运营价值驱动的核心:生产制造与供应链数智化升级"展开,探讨汽车产业如何在数智化创新的过程中,通过智能制造和供应链优化提升运营效率和竞争力。你的企业在运营价值驱动方面有哪些需要解决的真问题呢?

智能制造:你的生产线足够智能、高效吗?

【思考互动】设想你的生产线能够自我诊断和自动优化,当前的生产流程中有哪些环节可以引入智能化技术来提升效率?

【动手实践】绘制一张"智能制造蓝图",标出生产线各个环节的智能化潜力,并制订一年的实施计划。

供应链优化:如何实现供应链的智能化和透明化?

【问题导引】在你的供应链管理中,哪些环节最容易出现问题?如何利用数智化手段提升供应链的透明度和响应速度?

【共创任务】组织一次"供应链智能化研讨会",邀请相关部门共同探讨供应链各环节的痛点,并提出具体的智能化改进方案。

数据驱动运营：你的组织内部和价值链上下游之间的数据是否互联？协同是否高效？

【虚拟互动】在虚拟环境中模拟一次"数据马拉松"，邀请IT、生产、供应链及销售等部门共同参与，通过实时数据分析平台，追踪一个产品从原材料采购到客户交付的全链条数据流。目标是识别数据孤岛、断点以及分析瓶颈，探索如何通过集成系统、API接口和高级分析工具实现数据的无缝流通与高效协同。

【策划挑战】启动一个"智慧链接计划"，旨在构建一个跨部门的数据共享与协作平台。计划包括：①评估并选择适合的云服务商及数据管理工具，确保数据安全与合规；②设计并实施数据治理体系，包括数据标准化、质量控制及元数据管理；③推动数据文化，通过培训与激励机制增强员工的数据意识与分析能力。设定具体KPI，如数据准确率提升30%、决策周期缩短20%，并在一年内完成从局部试点到全公司推广的目标。

柔性生产：如何快速响应市场变化和个性化需求？

【灵魂拷问】你的生产系统能否快速调整以适应突发的市场变化，满足个性化需求？哪些技术和方法可以提升生产系统的柔性和适应性？

【故事共创】萃取一个关于生产系统快速响应市场需求和个性化需求的成功案例，分享灵活生产的最佳实践经验。

直面问题：哪个问题才是"真问题"？

【问题征集】在生产制造和供应链数智化升级的过程中，最让你困扰的问题是什么？这些问题背后的真正挑战是什么？

【解决方案工作坊】针对你提出的"真问题"，请列出三种可能的解决方案，并邀请团队成员打分，讨论每个方案的优缺点及其可行性。

行动 TIPs

√ 组织数智化蓝图绘制小组

聚集生产管理、供应链专家、数据分析师及 IT 技术人员，组成跨界协作小组，共同推动生产制造和供应链的数智化升级。该小组专注于绘制全面的数智化转型路线图，确保每个环节都能与企业总体战略紧密衔接，同时鼓励成员间进行思维碰撞，催生创新策略。

√ 打造敏捷项目试点舱

基于互动思考中识别的核心问题，启动"敏捷项目试点计划"。选取最具潜力或紧急程度高的一个或几个点子，设立短期（如一个月内）的快速实施项目，采用敏捷开发方法，小规模快速测试数智化解决方案的可行性，及时调整优化，快速展现成果。

√ 开展"数智启航－未来组织与文化转型工作坊"

面向公司各职能部门中层管理者及核心员工，设计系列模块化课程和实战演练，加速提升公司上下的数智化认知及技能，激发员工形成数智化思维，促进组织转型为学习型组织。

第四部分

生态价值驱动的核心
开放式创新与生态数智化

导 读

本部分聚焦 4WDV 模型中的生态价值驱动。

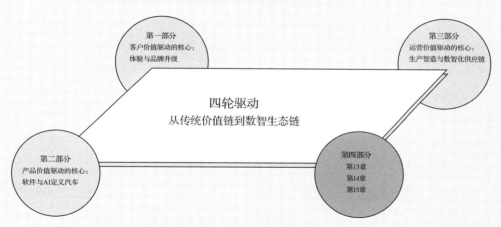

"生态价值驱动"是四轮驱动的压轴之轮。前三部分已解释汽车产业比任何时候更需要打开企业组织边界,以产业架构⊖视角跨组织协作,让以客户为中心的数智化产品创新真正落地。数智化汽车经过前三轮驱动的价值创造,需从传统价值链拥抱开放式创新的数智生态,实现价值变现。自 2008 年起,TCC 生态圈(Telematics@China Community)催生中国汽车产业最早的开放式数智生态。通过 TCC 生态圈的编配经营,我们深知打造开放式数智生态对数智化创新的意

⊖ 关于产业架构的内容,感兴趣的读者可以参阅英文文献:JACOBIDES M G, KNUDSEN T, AUGIER M. Benefiting from innovation: value creation, value appropriation and the role of industry architectures [J]. Research Policy, 2006, 35(8): 1200-1221.

义。特别是在数智化汽车升级的过程中，传统燃油车企更需要引入原本不在车企供应商体系的数智生态伙伴。

如果车企不能像特斯拉那样实现高度数智化垂直整合，那么就急需开放式数智生态，与外部生态伙伴共创数智化创新。2024年2月苹果宣布终止其整车项目恰好验证了雅各比德斯（Jacobides）和麦克达菲（MacDuffie）教授基于熊彼特技术创新理论提出的Mark3框架○。传统汽车巨头并不那么容易被科技巨头颠覆，未来汽车产业格局更可能如Mark3框架所示，数智化汽车将由既有车企与科技企业共创数智化价值，共享价值成果。例如，阿维塔和赛力斯先后入股华为的深圳引望智能技术有限公司（前身为华为车BU），后续还有其他车企计划加入其中，这是最近汽车数智化进程中最受瞩目的跨组织协作创新。

因此，开放式数智生态的编配经营能力从某种程度上讲就是数智化汽车竞争力的体现。小米汽车SU7就是一个很好的例子。小米手机支架、米家多功能强光手电筒、小爱音箱车载版、小爱车载充电器、小爱驾乘眼镜、香薰机、对讲机等小米生态链各种产品伴随着小米SU7数智化汽车同时发布。围绕客户的各种使用场景，小米数智化汽车与能被客户自主选择以满足其需求的其他互补型产品一起构成了小米汽车生态。小米同时宣布其CarIoT生态全面向第三方开放。

那么，什么才是汽车产业真正共创价值的开放式数智生态呢？开放式数智生态与汽车产业既有的传统生态有何不同？哪些特征表明企业真正构建了卓有成效的数智生态？这恰好是我们在2023年7月启动十大真问题之九所探寻的答案。随着研究的深入，真问题提炼升级为如何构建非稳态数智化组织，更明确数智化汽车企业的双模（稳态＋敏态）组织就是跨组织的生态设计，原有的企业组织边界因为开放式创新而需要重新定义。

不同于汽车供应商，数智生态伙伴的产品可作为独立产品直接销售给客户，它们作为数智化汽车的互补型产品丰富了用户体验，从而创造新价值。例

○ 关于Mark3框架的内容，感兴趣的读者可以参阅英文文献：MACDUFFIE J P, JACOBIDES M G, TAE J. Revisiting disruption: lessons from automotive and mobility service innovations [J]. Working Paper, 2024, V10-11.

如，引发行业热议的手机支架，既可随车打包销售，也可由客户自行购买。如果车企与供应商的甲乙方关系可以用"管控"来表述，那么与生态伙伴的共创关系用"编配经营"（Orchestration）来形容更贴切。垂直整合模式的封闭管控显然更有利于满足产品和服务品质的高标准和严要求。但如果汽车产业数智化的垂直整合封闭管控已超出几乎所有巨头资源、组织、人才、能力的极限，那么打造真正价值闭环的开放式数智生态就是现有车企和科技巨头共同迎接未来生死决战的核心战略。

龙头企业往往通过投资生态伙伴来布局其生态圈。但实现了生态伙伴应投尽投，就可以了吗？不投资，就不能一起共创数智化产品？根据我们的观察，开放式数智生态的有效性取决于跨组织信任。生态伙伴可能担心生态主导企业从外部协作转向内部自建；生态主导企业担心生态伙伴有朝一日可能颠覆自己。如果缺少必要的跨组织信任，一个内部相互高度提防的开放式数智生态就很难持续共创双赢。中欧校友企业和教授专家们基于商学院的知识信任网络启动了真问题的提炼共创，除了已在国际学术会议发表的论文，我们还共同完成了中篇的第四部分内容。

第四部分第13章讨论开放式数智生态的应对策略，第14章围绕商用车后市场讨论以人为本的生态构建，第15章进一步跨界延伸到道路交通基础设施所带来的生态挑战。这三章从不同角度介绍产业实践，展现开放式数智生态不仅对乘用车数智化创新至关重要，还在商用车、智能交通和车路协同、可持续发展和汽车出海等领域发挥关键价值。

第13章
汽车产业开放式数智生态与可持续发展

近年来在新能源汽车的迅猛发展势头下,中国的汽车产业正迈入一个壮阔而深远的转型新纪元。传统燃油汽车的价值逐渐受到侵蚀,新能源汽车的独立价值体系尚在孕育阶段,在这一过程中,汽车制造商的经营风险不可避免地增加了,一些企业利润下降,甚至陷入亏损,激化了行业的竞争与内耗。要打破这一僵局,汽车行业必须要回归新能源汽车发展的初心,坚定不移地走可持续发展之路,这是确保汽车产业长期健康发展的必由之路。

目前,世界汽车产业正以欧洲为先锋,进入一个"数智化转型"与"绿色转型"并行的双轨进化新时代。以汽车生态数据交换网络(Catena-X)为标杆的开放式数字生态系统,已成为推动汽车产业在数字领域可持续发展的关键技术途径。对中国汽车企业而言,深入学习和借鉴Catena-X的成功经验无疑是一条值得探索的道路,是汽车产业发展的必然趋势。

汽车产业在可持续发展领域面临的独特挑战

正如众多产业所经历的那样,汽车产业同样面临着全方位的可持续发展带来的挑战与机遇,不只体现在对更加苛刻的排放标准和可能的配额制度的遵守上,更在于它提升了公众对环境保护和可持续问题的深层次认识,并点燃了消费者对环保型汽车的强烈需求。汽车生产商和配件供应商现在必须对他们的产品线和供应链的可持续性进行深思熟虑的重新评估。在遵循法规的同时，他们还需在保证成本效益的前提下，不断迎合消费者的期望。

汽车产业面临可持续发展带来的挑战

在过去的数十年里，汽车产业在政府政策和社会责任的双重推动下，不断探索更加可持续的发展途径。2000—2015年，欧洲汽车制造商已成功将车辆每公里的二氧化碳排放量从170克减少至120克。但自2015年起，随着SUV的销售热潮掀起，二氧化碳排放量意外上升，可持续发展的议题再度成为行业焦点。

今天，可持续性不仅是汽车产业的中心议题，更已成为企业战略的核心。2020年凯捷咨询的报告显示，有62%的汽车企业已经制定了全面的可持续发展战略，这些战略均设有明确的目标和时间表。与此同时，仅有8%的企业处于制定此类战略的初期阶段。2015—2019年，以可持续发展为核心的汽车行业投资者活动激增，从2015年的142场增加到2019年的320场，增长幅度超过一倍。然而，在全球范围内，各国和地区在实施可持续发展战略上存在显著的差异。例如，德国和美国在推动循环经济和可持续制造等多数优先事项上处于引领地位，而其他国家在交通和数字服务、承担环保责任的金属、材料及产品采购以及信息技术可持续性等领域则显得不那么突出。

尽管汽车产业在制定可持续发展计划方面取得了显著进步，但在实践层面表现出分散和不足。一方面，资金投入在价值链的不同环节分布不均，众多企业倾向于将资源集中投入到价值链的核心环节，缺乏对供应链远端的关注，这削弱了整体可持续发展的效果。另一方面，治理结构亟待优化。例如，仅有44%的汽车企业建立了中央治理机构来监督可持续发展目标的达成，只有45%的企业为高级管理层设置了可持续发展的具体目标。

可持续发展正在推动汽车产业的剧烈转型

汽车产业正处于深刻的转型之中，这场变革的推动力来自四大核心趋势：

电动化、共享出行、自动驾驶技术以及车辆互联。制造商们不仅在积极推进电动汽车的发展，同时也在不断创新共享出行模式，这背后就源于对其可持续发展的深思熟虑。此外，投资者们也越发关注那些与气候风险相关的企业，以规避与气候不友好行为相关的声誉风险。为了将汽车行业转变为真正的可持续发展行业，我们需要在以下三个关键领域做出努力。

首先，汽车产业要对抗气候变化和减少碳排放。随着汽车碳排放法规的不断演变，制造商们正面临着减少排放的压力，这既包括生产过程中的排放，也包括汽车使用过程中的排放。在此背景下，诸如电池电力系统这样的替代动力解决方案扮演了关键角色。

其次，我们要关注整条价值链的可持续性问题。随着自然资源的日益紧缺，打造一条可持续的价值链对汽车产业至关重要，这需要基于资源的再利用和循环利用原则。

最后，强化数字化责任。随着自动驾驶和车辆互联技术的普及，行业的关注点已转向挖掘数字价值、数据保护和数据安全等问题。整车厂和供应商必须锁定实现可持续解决方案所需的数字功能与技术。同时，还需制定严格的指导方针来遵守数据保护法规。

无疑，汽车行业正在进入以"新能源汽车＋低碳绿色出行"作为驱动力的可持续发展新阶段，而数字技术是实现这两大目标的关键。中国的汽车产业正在经历一场剧烈的转型，如图13-1所示。例如，随着车联网的普及，数字技术为汽车带来了新的功能选项和服务，比如按需车辆功能（On-Demand Car Features，ODCF），用户可以在购车后根据需要激活特定功能。其他重大变革，如将车辆作为服务交易中心、多种出行方式、订阅式租赁服务、自动驾驶和电动化，都在根本上重塑着汽车行业。这些变革提供了降低汽车使用过程中碳排放的重要手段。例如，在中距离（5～50km）多式出行中，若用地铁、公交车或新能源汽车代替汽油车，碳排放量可减少超过95%。再如，订阅式租赁服务，可能会促使一些消费者放弃拥有汽车，从而减少了生产环节的碳排放。

图 13-1　汽车产业正在经历一场剧烈的转型

回顾汽车产业的发展史可以发现，汽车产业不是特别关注可持续实践。传统的流水线制造方式需要大量的能源、物料和人力资源，且许多旧工艺至今仍被广泛采用，这些做法都对环境造成了极大的碳排放负担。更核心的问题在于，多数汽车一旦下线，就依赖化石燃料驱动，从而排放有害气体。尽管这样的生产模式给环境带来严重的影响，但它似乎已成为生活中的常态。

尽管新冠疫情扰动了汽车行业的销售和供应链，但其实此前，这种模式的不可持续性就已经受到了人们的广泛关注。例如，2018 年售出的 8 600 万辆汽车的排放量占全球温室气体排放的 9%，减少汽车的碳排放被视为实现全球温室气体减排目标的重要途径之一，这也说明了为什么汽车行业向可持续发展转型能够带来深远的正面影响。与此同时，鉴于汽车产业在经济中所处的重要地位，我们需要对汽车产业的可持续发展采取慎重态度，在可持续变革中维持汽车产业作为制造业皇冠的领先地位。如今，"碳中和"等可持续性议题正推动包括汽车产业在内的多个行业转型升级。随着电力产业脱碳的不断进展，清洁电力已成为减少汽车运行过程中碳排放的关键手段，新能源汽车的普及率与 CO_2 减排目标的实现紧密相连，极大地推动了新能源汽车行业的发展。

中国汽车产业在可持续发展领域面临的独特挑战

如果用一句话来概括新能源汽车与可持续发展之间的关系，毫无疑问应该是，新能源汽车代表着汽车产业的技术进步，可持续发展则是塑造汽车产业发展轨迹的基石。中国汽车产业在平衡新能源汽车推广和可持续性目标的过程中，更倾向于重视新能源汽车的政策导向，而在可持续性方面的探索尚显不足。新能源汽车虽然发展迅猛，但行业普遍亏损的现象也凸显了潜在的风险。

从消费者的视角来看，在传统燃油车时代，企业通过增加研发和运营投入，不断降低新产品的成本同时提升品质和性价比，创造出一个正向的"高投入－高产出"价值循环，助力汽车产业的持续进步。转入新能源汽车阶段，消费者购车即享受到众多附加价值，如低廉的充电费用、免费车牌（以上海为例）、税收减免以及实质上的免通行费等。这些优惠使得新能源汽车制造商在狭窄的竞争领域寻求差异化，如车内装潢、技术配置、客户服务、续航里程和自动驾驶等，这进一步激化了价格战。与此同时，一些国际品牌在全球可持续发展战略指引下，采取了相对稳健的技术演进策略，形成了一种与中国汽车企业博弈的局面。

汽车产业的可持续发展，核心在于在博弈的环境中，找到可行的、具备成本效益的可持续解决方案。参考日本经济学家青木昌彦的"社会博弈"理论，在可持续发展进程中，这场"战略博弈"是通过以下4个步骤演变的。

步骤1：各家企业分配一定的管理资源来实现其目标。

步骤2：各家企业之间开展竞争，有赢家，也有输家。

步骤3：根据输赢的结果，各家企业建立某种对模式的共同理解（共识），例如因为这样而获胜，或因为那样而失败。

步骤4：基于这种共识，各家企业考虑下一步的资源分配，同时推断未来的市场反应和其他企业的活动。

重复步骤1～步骤4，在产业和社会结构中创造平衡或不平衡。

在这里，我们往往需要特别关注步骤3——共识的形成。在战略博弈的周期性循环中，企业间的共识逐渐演化成更官方、更正式的指导原则，比如法律、制度、规范，甚至是习俗，使得博弈过程趋于平衡。目前，随着国际社会制定与实施越来越多的关于可持续发展的法律、制度和协议，全球汽车产业正向着对可持续发展的共同理解的方向迈进。对中国汽车产业而言，这表明它正处在一个阶段，即可持续发展已经成为企业运营的基本前提和企业商业行为的规则。

在配置资源时，企业需要仔细权衡战略博弈带来的经济利润与社会声誉的预期收益，在推动新能源转型的同时，实现可持续发展目标。同时，可持续发展的治理结构和透明度也会推动更多公共指标的建立。作为汽车产业可持续发展的核心内容之一的碳中和，正迅速成为一个重要的公共衡量指标。

碳中和视角下的汽车产业：数字化成为实现可持续发展的关键

2018年，欧盟委员会发布了名为"地平线欧洲"（Horizon Europe）的新计划。该计划的目标是帮助欧盟站在全球研究与创新的前沿，发现和掌握更多的新知识和新技术，促进经济、贸易和投资增长。在这个计划中，欧盟首次提出了一个划时代的新战略——将绿色和数字化结合在一起的"孪生转型"（Twin Transition），即"绿色和数字化孪生转型"。这一概念的提出，在数字化与可持续发展之间建立了强关联。鉴于汽车产业对于欧洲的重要性，孪生转型的很多实践都将汽车产业作为首选。

从碳中和1.0到碳中和2.0，产品全生命周期碳排放和物料循环监管成为关键

实际上，欧盟长期以来一直是可持续发展的积极推广者，特别是在应对气候变化和推行循环经济方面独树一帜。

1997年149个国家和地区的代表签订了《京都议定书》，该协议对发达国家设定了具有约束力的温室气体减排目标，要求这些国家在2008—2010年期间将温室气体排放量平均降至1990年水平的95.8%。按照这一减排目标，欧盟需要减排8%，美国需要减排7%，日本需要减排6%，加拿大需要减排6%……2003年，美国在芝加哥创立了世界上第一个气候交易市场——芝加哥气候交易所。紧接着，欧盟也迅速跟进，于2005年建立了自己的碳排放交易系统，该系

统是迄今为止成立最早、规模最大、涵盖范围最广的碳交易市场。

碳交易市场的成立标志着碳中和进入到"碳中和1.0"的阶段,其核心是"源头控制",重点是对能源消耗大、排放量高的企业进行碳排放限制。这一减排策略与当时的信息化水平不谋而合。借助欧盟的行政资源,监管数以万计的高排放企业,信息化手段足以应付这一任务。事实上,"碳中和1.0"确实取得了初步成效。从1990年到2018年,欧洲的温室气体排放量减少了23%,而其GDP增长了61%,欧洲成为实现经济增长与碳排放剥离的先行者。

但这些措施仍显不足。根据欧洲环境署在2019年12月4日发布的《欧洲环境状况与展望2020》,按照当前的努力,到2050年欧洲可能仅能减排60%,在生物多样性、资源利用及气候与环境健康等方面依旧面临风险与不确定性。

欧洲原先设定的2020年和2030年的碳减排目标,主要是通过提升能效和推广可再生能源来实现的,且这一目标主要关注能源领域。然而,实践证明,单纯依靠提升能效和推广可再生能源的策略,无法满足人类社会对气候变化的控制目标。社会和经济运作是一个平衡"供给与需求"的综合体系,碳排放是该体系运作的副产品。我们不能只关注"供给侧"的减排改革,而忽略"需求侧"的调控与优化。只有构建社会层面的循环经济,对每个产品实施"减量化、再利用、再循环"的模式,并从需求和生产源头进行全方位优化和控制,我们才有可能削减剩余40%的温室气体排放,以实现控制地球气温上升的目标。

因此,2019年欧洲推出的《欧洲绿色协议》中大量吸纳了循环经济的元素,尤其是包含了《循环经济行动计划》。该计划不仅关注资源和能源密集型行业(如建筑行业、电子产品行业、塑料行业、化工行业、钢铁行业和水泥行业等)的产品循环,也针对汽车行业,对汽车使用阶段的排放设置了严格标准。循环经济理念的实质是管理产品的整个生命周期——从优化设计到生产、销售、使用和最终回收再利用。2019年成为"碳中和2.0"阶段的开端,如图13-2所示。与"源头控制"相比,"过程控制"需要更细致的管理和强大的海量数据处理能力。如果没有强大的技术支持,这些目标无异于空中楼阁。幸运的是,恰逢数字技术的飞速发展,人工智能、大数据、物联网、5G等新技术为减排提供了革命性的创新潜力。

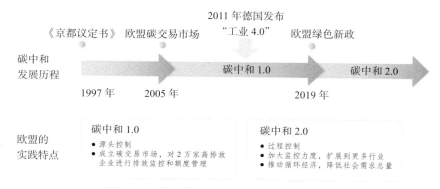

图 13-2　从"碳中和 1.0"迈向"碳中和 2.0"

2011 年，德国政府率先发布了代表第四次工业革命的"工业 4.0"。它的核心就是通过物联网实现广泛的互联，进而对工业大数据进行实时的智能化处理和分析，从而极大地提高生产效率、产品质量。工业 4.0 技术的出现，让企业和社会对于碳排放数据处理的能力，无论在数量、精度还是空间维度，都有了极大的飞跃，从而为欧盟进一步减排提供了技术支撑。在时间节点的衔接上，工业 4.0 和绿色新政构成了一对完美的组合。

正是有了这些技术手段的支持，欧盟委员会于 2020 年夏提出一项计划，将 2030 年欧盟减排目标从原有的在 1990 年水平上至少减排 40%，提高到 50%，并努力提高到 55%，到 2050 年实现气候中和。汽车产业是欧盟绿色新政的核心，为此欧盟要求在 2030 年，乘用车排放减少 55%，商用车排放减少 50%。这些指标让汽车产业里大大小小的企业越来越感受到重新思考其运营方式的压力。他们必须重新评估整个流程，从设计和工程阶段到制造和运输过程，再到车辆如何运行、如何维修，一直到汽车在生命周期结束时如何处理。一些企业已经专注于重新设计流程以实现它们的可持续发展目标——例如大众、奔驰等都已经建立了全新的工厂来制造电动汽车。

具备指数级创新的数字技术解决了"碳中和 2.0"的难题

今天我们面对的可持续发展的一系列挑战，已经不是传统技术可以应对的，最终一定需要强有力的创新技术——特别是具备指数级创新能力的数字技术。

例如，增强工业生产能力通常需要更多的能源，并增加碳排放。更明智的生产计划和更节能的技术可以带来创新，从而扭转这一规律。根据欧洲环境署的披露，从 1990 年到 2016 年，欧盟能源终端消耗部门的能源效率一共提高了 30%，年平均增长率为 1.4%。但是，从 2005 年以来，这些能源终端消耗部门的能源效率改善速度开始放缓（年均改善率仅为 1.2%/ 年，之前的 15 年为 2.2%/年）。这说明传统的降低能耗的方法的效用已经逐渐接近天花板，需要新的技术发挥作用。

在数字化时代，数据是企业推动业务实践的能力基础。数据为企业带来了更高的透明度和更强的洞察力，使消费者改变购买、消费模式，使企业改变购买、生产、销售、运输、消费模式，使政府改变治理模式。由于可持续发展涉及不同时间、不同空间、不同地域的海量参与者，通过获得更多的关于可持续性的结构化和非结构化的数据（通常是实时的），将数据注入业务流程和决策中，企业可以获得前所未有的洞察水平，从而推动转型和创新。

具备指数级创新的技术——人工智能、5G、IoT、云、区块链和其他技术，通过以下三种方式推动可持续发展。

- 利用数据揭示新的洞察，并为当前存在的问题提供新的解决方案。
- 帮助改变商业实践，推动"可持续企业"的出现。
- 帮助公共、私人和非营利组织之间的合作提升到新水平，为环境需求打造新的治理模式。

在汽车产业中，上述三种方式发挥作用的前提，离不开开放式的数字生态的支持。

开放式数字生态：打造汽车产业可持续发展的数字基础

产品全生命周期监管需要去中心化的可信数据空间

"碳中和 2.0"的出现，使得汽车产业减碳高度依赖于产品全生命周期的监管。对像汽车这样的复杂产品进行大规模的监管，是史无前例的，具有极高的技术难度。从技术实现的角度，它有赖于去中心化的可信数据空间。数据空间是指在一个或多个垂直生态系统中，可信任的合作伙伴之间通过遵循相同的高层次标准和指导方针而建立起来的一种数据关系。

近年来出现的很多新商业模式面临的最大挑战是，没有明确如何保障数据提供方的数据主权。零部件制造商希望访问与它们的产品相关的运行数据。零部件出售给设备制造商后，安装在设备上，出售给设备使用方。对于零部件制造商来说，采集产品数据有助于优化零部件设计、制造和运行，提升整台设备的安全性和效率，如图 13-3 所示。

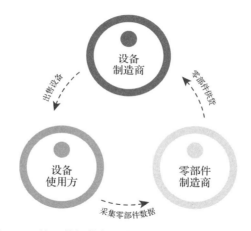

图 13-3　缺乏数据信任是实现新商业模式的重要障碍

显然，这里有很多关于数据主权的问题没有清晰的答案：

- 谁是零部件数据的所有者？
- 谁有权出于什么目的访问它？
- 数据如何变现？
- 数据以何种方式进行传递？
- 数据的安全性由谁来负责？
- 如何才能合法地使用这些数据？
- ……

这些问题如果得不到很好的解答，企业就仅仅是搭建了一个应用平台，没有实现数据无障碍地自由安全交换，是不切实际的空中楼阁。

以电池为例，汽车工业的可持续发展需要开放式数字生态

在未来的汽车产业里，电池在实现能源和运输系统脱碳转型的过程中毫无疑问扮演着核心技术的角色，可以帮助减少30%的碳排放。但如果没有刻意的干预，电池支持可持续发展和缓解气候变化的潜力会被电池本身的价值链削弱，其主要的挑战在于电池的价值链上缺乏开放式数字生态。

首先，电池在生产过程中需要大量能源，从而会导致排放大量的温室气体。今天，一辆典型的汽车的碳足迹主要是由车辆使用阶段的排放决定的。大约80%的排放是由客户驾驶车辆时使用的燃料产生的，只有20%是在汽车制造过程中产生的，包括上游供应。然而，生产全电动汽车的碳排放要高于生产传统内燃机汽车。尽管在电池全生命周期中，可以做到全电动汽车在使用环节的碳排放低于传统内燃机汽车，但是减少生产碳足迹始终是一个必须要完成的主要任务，可以让切换到电池的论据更具有说服力。

其次，电池价值链在社会、环境和诚信等方面存在巨大的风险。由于未来原材料需求将大规模提升，尤其是锂、钴、镍、锰，这会带来重大的挑战。这些金属开采规模的不断扩大，可能会给不同地区在社会、环境等可持续发展方面带来负面的影响。以钴为例，全球50%的钴矿在刚果，而刚果是全世界最不发达的国家之一。对钴的大量开采，有可能对当地的环境、用工等带来难以预测的影响。

最后，电池的应用存在许多不确定性。除了大型电池组前期成本高、充电基础设施匮乏和利用率低、客户接受程度低，目前在电池回收上也存在很多难点。例如，回收成本高昂，回收过程可能会带来新的污染，重新使用的电池可能难以在成本上与以更低成本生产的新电池竞争，等等。

显然，现在是需要改变电池的价值链轨迹的时候了。剩余的碳预算即将用完——如果没有电池，这笔预算将在2035年用完。如果不加快电池的部署，脱

碳就会来不及。在接下来的五年里，汽车厂家将会推出 3.0 多款电动车车型。立即采取行动才能把握住塑造新价值链的机会。

电池产业对于可持续电池产业的设想，涵盖了从上至下，由产业到供应链，再到集团、工厂乃至产品的各个层面，如图 13-4 所示。目标是通过数字技术，覆盖电池从摇篮到坟墓的完整链条，涉及本书前面章节谈到的气候行动、循环经济和社会责任的各个方面，包括：

- 各环节温室气体排放的采集、计算、优化。
- 使用和流通环节的跟踪、追溯、回收、利用。
- 跨国、跨企业、跨行业的电池数据交换。
- 材料、用工、污染的合规管理。

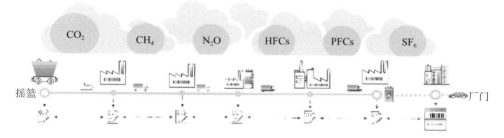

面向产品：电池护照
面向工厂：负责任的产品设计与生产
　　　　　碳排放/碳足迹计算
　　　　　碳足迹分析
　　　　　碳合规报表
面向集团：ESG 报表
　　　　　碳资产、碳金融管理
面向供应链：废品循环利用
　　　　　　回收和追溯
面向产业：碳交换网络
　　　　　充电网络管理
　　　　　数字孪生网络

数字技术可以覆盖电池从摇篮到坟墓的完整链条：
√ 各环节温室气体排放的采集、计算、优化
√ 使用和流通环节的跟踪、追溯、回收、利用
√ 跨国、跨企业、跨行业的电池数据交换
√ 材料、用工、污染的合规管理
……

图 13-4　电池产业的可持续发展方案覆盖了电池的整个生态

其中，减碳毫无疑问是关键。电池产业通过打通从采矿到整车厂的整条产

业链，实现以下目标：

- 在整条供应链（从原材料到整车厂到最终客户）的生产和物流环节中，实现透明的零部件二氧化碳足迹。
- 在供应链中共享经过验证和认证的二氧化碳数据，同时维护数据所有者的数据主权。
- 通过基于实际初级数据的更高协作，在二氧化碳产品生命周期评估中实现更高的精度。
- 确定二氧化碳减排潜力大的产品或流程，并制定目标和优化方案。
- 满足不同地区的监管要求。
- 无论供应链成员的基础设施如何，都能够按照通用标准进行沟通、互操作和无缝连接。

按照目前欧盟的技术方案。在电池离开整车厂进入使用环节时，电池将会被附上数字孪生——电池护照（Battery Passport）。电池护照是电池的数字表示，它根据可持续电池的全面定义传达所有适用于ESG和生命周期要求的信息。电池护照将实现以下结果：

- 向电池价值链上的所有利益相关者提供电池在价值链上的所有行为和由此产生的影响。
- 通过确定同类电池中最好的和最差的电池，为可持续和负责任的电池设定最低可接受标准，从而创建一个框架，以根据这些标准对电池进行基准测试。
- 验证和跟踪可持续、负责任和资源节约型电池的使用状态。

考虑到未来电池数量极为庞大，电池护照方案的实现，有赖于开放式数字生态的建立。

德国汽车产业的开放式数字生态实践历程

从2019年到2023年，欧盟相继启动了联邦数字基础（项目名称为

GAIA-X）、汽车数字交换网络（项目名称为 Catena-X）和全制造行业数字交换网络（Manufacturing-X）三个项目，在开放式数字生态建设上迈出了重要的一步，对于包括汽车行业在内的制造行业具有划时代的价值。在这一过程中，德国发挥了主导作用。

GAIA-X 是一个由欧洲发起，主要由德国和法国领导的项目，目标是建立一个统一、透明、联合的数据基础设施，维护最高标准的数据主权和数据隐私。GAIA-X 的概念于 2019 年 10 月首次提出。2021 年 11 月，GAIA-X 启动了首个运营服务，包括 GAIA-X 门户、联合服务和主权数据交换。GAIA-X 的主要目的是提供一个可信赖且安全的数字生态系统，在该系统中，可以在尊重欧洲数据法律和法规的环境中提供、整合和共享数据和服务，这一系统可以提升数据可用性、互操作性、可移植性和透明度。GAIA-X 可用于服务能源、制造、交通、医疗等各种行业，作为连接欧洲各地的云服务和数据平台的接口，使公司、公共实体和个人可以在该地区安全地存储数据，同时从共享的数据基础设施中受益。

Catena-X 是一个联盟，旨在为欧洲汽车行业利益相关者之间的安全和主权数据共享以及商业合作创建一个开放、可扩展的网络。Catena-X 的倡议于 2021 年 5 月公布，由包括宝马、SAP、梅赛德斯 – 奔驰、博世等在内的欧洲汽车和科技行业领军企业牵头。Catena-X 的目的是通过利用数据的力量提升汽车价值链内的效率、可持续性和灵活性。该目标将通过创建一个共享数据和服务的公共数据基础设施来实现，该基础设施允许原始设备制造商、供应商、机械制造商和其他行业利益相关者之间共享数据和服务。Catena-X 背后的主要技术基于上文中的 GAIA-X 数据生态系统，优先考虑数据主权和数据可用性，能够根据欧洲数据保护法规进行数据和服务的安全交换和链接。Catena-X 已于 2023 年 10 月开始运行。在 Catena-X 成功的基础上，欧盟进一步启动了 Manufacturing-X 项目，将同样的理念和技术应用到汽车产业之外的所有制造行业，包括机械制造行业、高科技行业、食品加工行业等，极大地推动了欧盟的工业数字化生态建设进程。

开放式数字生态对于汽车产业的巨大价值

Catena-X 建立的数字生态，对于解决汽车产业难以解决的产业级难题，以及建设汽车产业新商业模式，将会发挥重要的作用，例如可追溯、质量管理、可持续发展、循环经济、需求和产能管理、数字行为双胞胎、业务合作伙伴数据管理等。

可追溯是汽车行业一直以来的难题。由于汽车产品的复杂性、追溯的数据量大、数据来源多、数据质量难以保证、可追溯涉及多个环节，数据共享和合作会遇到各种困难。Catena-X 为解决可追溯的这些问题提供了可行的方案。Catena-X 为端到端的可追溯奠定了基础：所有参与者都使用一个公共的生态系统，通过它记录各自的硬件和软件部署并交换信息，通过 Catena-X 进行数据交换，实现连续的追溯（见图 13-5）。

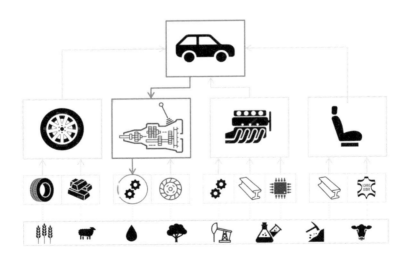

图 13-5　汽车产品的端到端产品追溯

质量管理是汽车行业永恒的主题。今天的汽车正变得越来越复杂，自动驾驶这样的新功能意味着更多的电子元器件和更多的控制单元之间的连接。未来，质量分析会更加基于数据，这离不开可信任的环境。今天在质量管理领域，数据的交换十分有限。只有在车辆进入车间进行维修的时候，才能实地发现问题。

Catena-X 可以比较圆满地解决这个问题（见图 13-6）。通过在网络上随时交换产品的真实数据，主机厂可以建立质量的实时控制回路，可以与供应商展开协作，更早地检测到质量问题，找出产生质量问题的原因，并采取有效措施，让整个过程快捷、方便和安全。

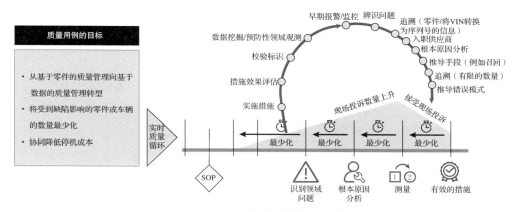

图 13-6　汽车行业端到端的质量管理

资料来源：Catena-X 官网。

可持续发展是 Catena-X 主要的议题之一。在汽车的可持续发展要求中，减碳占据了重要的地位。由于汽车产品主要的碳排放来自上游和下游环节（即范围 3 碳排放），因此，一般来说，企业根据测量值、过去的经验和假设来计算产品的碳足迹，并常常使用行业平均值。这种计算方式的误差很大，并不能反映供应链和产品的频繁变化。通过 Catena-X，主机厂可以与供应商建立碳足迹的数据交换，根据产品结构，获得每一个零部件以及运输等过程的碳足迹数据。这让汽车产业第一次拥有了洞察供应链碳足迹的手段，可以让供应链上的所有企业按照同样的减碳目标进行优化，为可持续发展做出贡献。

Catena-X 正在开发的汽车产业循环经济数字地图，其目标是整合各级价值创造，使循环经济更具可持续性、持久性和透明性。实现循环经济的一个重要前提是，每个参与方都能够提供有关产品和工艺的相关资料，让数据检索方可以简单地读取和使用这些数据，从而实现有针对性的拆卸、分类和处置，减少废物和碳排放，降低对环境的影响，如图13-7所示。通过Catena-X打造的公共平台，整车厂、供应商、物流公司和回收中心可以共同发布和检索数据。对于中小企业来说，循环经济也带来了新的商机。

图13-7　Catena-X促进了汽车产业的工业循环

资料来源：Catena-X官网。

需求与产能管理的目标是安全地交换汽车网络中所有合作伙伴（从原材料和N级供应商一直到整车厂）的需求和产能数据。在今天的汽车行业价值链上，通常只有直接的商业伙伴之间是互联的。谁生产了哪个部分或者谁最后交付了哪些产品，对所有的参与方来说并不总是可以跟踪的。这种情况常常会导致信息丢失，造成产能瓶颈，进而中断供应链，并且在恢复供应链的时候需要付出高昂的代价。凭借需求产能管理，Catena-X网络的成员可以安全地与其他合作伙伴分享它们的需求和产能数据，极大地简化流程，揭示需求和产能之间的相关性和瓶颈。这使合作伙伴能够在早期阶段就对计划和偏差做出反应，共同找到解决方案，从而避免重新计划背后的昂贵成本，提升交货可靠性和客户满足度。今后，即便是在供应链上级别较低的供应商也将有机会积极向供应链上的最高层传递有关需求和产能的信息，以便在必要时及时共同找到解决方案。

数字行为双胞胎（Digital Behavior Twins，DBT）是一种以数据和模型为核心的产品开发和业务支持工具。它通过捕获、分析和解释车辆的行为数据，来模拟和预测其行为。在当前车联网广泛和深入应用的趋势下，数字化手段提供了对运行中的车辆进行实时监控和运营支持的可能，例如预测性维护，这成了支持出行服务的高效运行必不可少的工具。然而，目前要在汽车行业中充分实现这一目标，仍然存在一些问题。由于缺乏统一的、标准化的数据架构，我们只能针对一些特定的问题进行数据采集，并用静态的方法进行分析，这限制了我们对数据的全面理解和利用。因此，我们需要更高效的方法和工具来提高数据的使用效率和价值。在这种背景下，基于Catena-X的解决方案引人注目。它可以实现持续的数字化映射，通过应用数字孪生技术，可以实现产品及其组件的数据沿着整条价值链的无缝集成。这意味着，从产品设计到生产，再到后期的运营和维护，每一步都能利用相关的数据，这大大提高了数据的使用价值。进一步地，通过这种方式，我们可以创造全新的商业概念和数字服务。例如，通过收集和分析大量的车辆运行数据，我们可以预测车辆可能出现的问题，提前进行维护，从而避免可能的故障和降低运营成本。这不仅提高了服务质量，也为公司创造了新的增长点。

业务合作伙伴数据管理在Catena-X中为业务合作伙伴日益增加的数据提供了一个有效的解决方案。随着业务合作伙伴数量的增长，数据质量差、数据冗余、数据时效性不足等问题日益暴露出来。业务合作伙伴数据管理为业务合作伙伴提供了一个所谓的"黄金记录"。这是业务合作伙伴的唯一标识符。通过这个"黄金记录"，可以识别、连接和协调不同来源的业务合作伙伴，删除重复的数据，改善数据记录的质量，添加缺失的信息，自动纠正偏差。在此基础上，通过一系列的补充增值服务，Catena-X平台为业务合作伙伴的数据管理创建了一个全球性的、跨行业的标准。

可持续发展与数字化相结合的发展阶段

企业秉承可持续发展的理念，无疑能够赢得客户的忠诚、吸引投资者的资本、提高公众认可度以及增强员工参与感。虽然当前多数企业的重心仍旧放在遵守监管要求上，但行业的先驱者们已经洞察到前所未有的机遇：通过将可持续性原则融入业务核心，他们正在革新商业模式，创造新价值，进而在新兴市场中取得成功，保持行业领先地位并实现显著的差异化。那些智慧型企业正是通过将可持续性与盈利能力相结合，实现双方的长期可持续性的。

数字化转型已被广泛证明为加快可持续发展的关键途径。随着数字技术的不断完善，企业的可持续发展之旅也在不断演进，经历从简单的"合规"到"优化"，再到"创新"的过程，其中每一步都伴随着业务价值的持续增长，如图13-8所示。

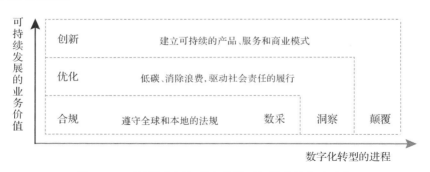

图13-8 可持续发展与数字化转型相结合的实施路线

数字生态系统的构建是数字化转型不可或缺的一部分。在这个生态系统中，企业不仅收集数据，更利用大数据、人工智能和先进的分析技术来深化业务洞察力，从而提高生产效率、优化客户体验、拓展企业边界并促使业务转型，甚至实现颠覆。数字化转型的这一深层逻辑与可持续发展的三个阶段相得益彰。

（1）合规阶段。企业定期测量和报告关键指标，以满足监管和合规要求。此时，企业不仅需要收集可持续发展数据，还要建立起一套集业务、财务与可持续性数据于一体的综合体系。这一体系有助于满足监管、税收和制裁要求，并能生成全面且可审计的实时报告。

（2）优化阶段。在已建立的数据集成基础上，通过端到端的策略，将可持续发展原则深植于业务流程。这包括采取措施评估并减少碳足迹，减少浪费，推行循环经济模型，并积极履行社会责任，以减少资源消耗，提升运营效率，降低成本。

（3）创新阶段。在充分理解企业数据和流程的基础上，结合企业的特色和行业最佳实践，企业将能够创造新的产品、服务和解决方案，从而推动商业模式的创新和革命性变革，建立起更具韧性和可持续性的业务架构，为未来的变革和机遇做好准备。

通过这三个阶段，企业不仅能促进其可持续发展，还能在数字化时代的大潮中走在行业前列，不断开创新局面。

借鉴 Catena-X，开启中国汽车产业开放式数字生态建设的新篇章

中国汽车产业正步入一个全新的可持续发展时代，面临的是任务艰巨、时间紧迫且挑战重重的新局面。在这一转型升级的关键时刻，简单依靠企业社会责任感或者"善意"是远远不够的。为了实现这些宏伟的可持续性目标，我们必须更加深入地挖掘和利用数字化转型带来的低碳经济潜力。特别是数字化支持下的循环经济模式，它的重要性不言而喻，例如实施"电池护照"计划，借助数字孪生技术显著提高电池的再利用与循环回收决策的效率和有效性。

数字孪生技术在打造循环经济的蓝图中占据着举足轻重的地位，它不仅覆盖了广泛的企业网络，还串联了从原材料采集到产品生命周期管理的整个供应链体系。这种深入的数据集成与应用不可避免地会触及数据合法性、数据安全、隐私保护以及数据主权等一系列敏感和复杂的问题。只有深思熟虑，妥善处理这些问题，才能确保数据驱动的系统建立在坚实可靠的基础之上。否则，缺乏法律和道德支撑的系统不仅生命力脆弱，还可能面临突然的、不可预测的风险和挑战。

面对这样的情况，我们可以借鉴源自欧盟的 Catena-X 项目的成功经验。该项目为汽车行业构筑了一个全面的生态数据交换网络，有效解决了上述诸多问题。对中国汽车产业来说，Catena-X 项目在构建开放的数字生态系统方面提供了宝贵的借鉴和指导，为我们在迎接数字化浪潮中的可持续发展道路上，提供了重要的经验和启示，也为我们制定未来的策略指明了方向。通过学习这些经验，中国汽车产业不仅能够在全球化的竞争中保持领先地位，还能够更有效地应对环境挑战，实现长远的绿色发展。

第 14 章
汽车后市场服务生态的开放式创新：以商用车为例

国家统计局与中国汽车工业协会的相关数据显示，中国商用车保有量已突破 3 000 万辆；商用车作为生产资料的属性、多元的运营场景、复杂的维修保养需求，使得商用车后市场的容量不断扩展，对数字化、智能化和新能源化的要求越来越高。中国商用车后市场的市场规模接近 60 000 亿元，但如何以人为本，让千万从业者共创共享行业发展成果，怎样加快数字化建设，向纵深拓展和优化商用车后市场全产业价值链，值得深入研究和探索实践。

重新理解商用车后市场生态

商用车后市场是一个多品牌、多车型、多功能和多使用场景的庞杂市场。从业者卡车司机成为连接商用车后市场生态的关键一环，其作用和感受长期以来被忽视；在数字化、智能化及新能源化新场景下，我们需要从卡车司机，而非以往厂家/商家和行业管理者的视角重新理解商用车后市场生态。我们的研究起点，就是卡车司机的真实生活。

2023 年 7 月～9 月，在中欧校友汽车产业协会的引导下，我们组织行业专家就"汽车产业数字化十大真问题"之十"重塑商用车后市场生态"开展了 4 场研讨会，本节将围绕此问题，探讨商用车后市场开放式数智生态发展路径，深度挖掘数智化商用车后市场的运营价值和生态价值。

作为一名雷诺卡车华南区的销售经理，因为品牌开拓的需要，我得以接触全世界不同的雷诺卡车司机。一次拜访一家夫妻俩创办的小型物流公司的经历给我留下了深刻印象。他们拥有 12 台雷诺卡车，主营欧盟国家之间的公路干线运输，先生是司机，太太负责公司运营管理，我们聊得很愉快，在他们那间不到 30 平方米的客厅兼办公室里，我们了解了车队的运行情况、维修保养成本和车辆质量问题等。多年以后，在走访中国卡车司机时我的脑海中常常浮现这样的场景：这位太太亲手为我们准备了下午茶和甜点拿破仑，茶杯很精致，拿破仑甜点香甜不腻，雅致地摆放在白色瓷盘里。调研结束用好茶点，正好先生出车回来，风尘仆仆的他快速洗漱，换上西装，礼貌地和我们打招呼，愉快地告诉我们，晚上要请太太去听一场交响乐音乐会。

告别客户，感慨万千。当然，生活状态或品位并非我们研究的重点，我们希望通过扎实的调研和行业案例分析，真实地呈现千万名卡车司机的从业状态，映射卡车司机视角下的行业生态。

千万名司机及从业者的样本扫描

我们的研究从千万名司机及从业者的工作现状开始。需要说明的是，本节相关数据主要来自中物联公路货运分会的《2022 年货车司机从业状况调查报告》，清华大学社会学系与传化慈善基金会的《中国卡车司机调研报告》，中国汽车工业协会的《2018 中国商用车后市场年度报告》《中国商用车发展报告 2020》《中国商用车发展报告 2021》《中国商用车发展报告 2022》，罗兰贝格咨询公司的《罗兰贝格中国商用车后市场白皮书 2021》，以及 Fortune Business Insights 调研机构的《全球商用车后市场报告 2021》等相关调查报告。

1. 人 / 司机

我国货车司机从业群体"大龄化"问题逐步加深，36 ~ 45 岁年龄段的司机居多（调查占比 48.68%），46 岁以上的司机占比为 33.84%，占比增加较多，而 35 岁以下司机占比有所减少，如图 14-1 所示。年轻人不愿意踏入这行导致整个货运行业青黄不接。货车司机绝大多数为男性，但女性货车司机从业者近年有所增加，如图14-2所示。

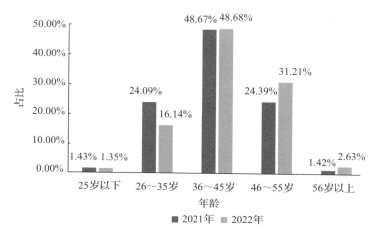

图 14-1　2021年与2022年货车司机年龄对比情况

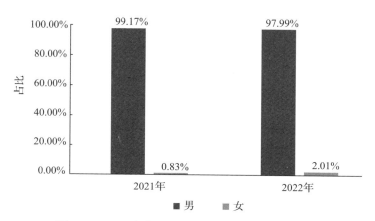

图 14-2　2021年与2022年货车司机性别对比情况

货车司机中"老司机"占比较为稳定（见图14-3），货车司机劳动强度总体较高，健康问题值得关注。据相关调查数据，从事道路货运5年以上的货车司机占比为79.01%；10年以上的占比为58.11%；15年以上的占比为35.95%；20年以上的占比为19.23%。"老司机"仍然是主要从业群体，超过3/4的货车司机日均工作时长在 8 小时及以上，近三成的货车司机日均工作时长在 12 小时及以上，劳动强度总体较高，如图 14-4 所示。由于"大龄化"问题加上日均开车 8～12 小时的高负荷工作，七成以上的货车司机患有胃病、颈椎病、高血压等职业病，如图 14-5 所示。这些有职业病的货车司机的年龄主要分布在 36～45 岁，从事货运行业年限在 11～15 年。

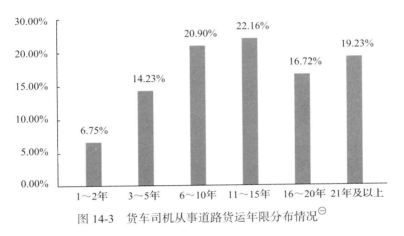

图 14-3　货车司机从事道路货运年限分布情况⊖

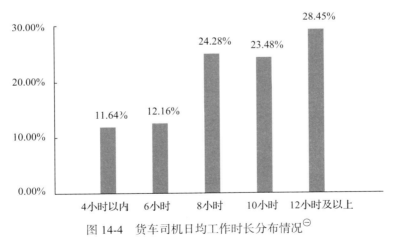

图 14-4　货车司机日均工作时长分布情况⊖

⊖ 图中数据经四舍五入，与实际数据略有出入。

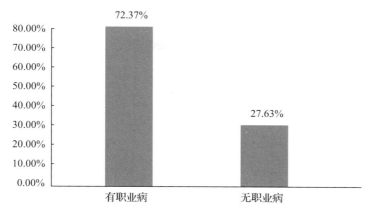

图 14-5　货车司机职业病分布情况

2. 车

国内货车司机以散户为主，自有车辆居多，背负车贷较为普遍，如图 14-6 所示。据调查数据，74.92% 的货车司机驾驶的货车为自有货车，近半数货车司机的货车仍处于偿还贷款的阶段。其中 25.08% 的货车司机驾驶的货车属于受雇企业或车队，表明部分司机考虑到经营风险，选择成为受雇驾驶的职业司机。

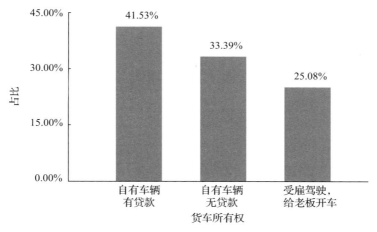

图 14-6　货车司机驾驶货车所有权分布情况

司机"挂靠经营"较为普遍。在自有车辆中，57.49% 的车辆属于挂靠经营。相比于独立经营，挂靠经营的相关经营成本较低，但是也面临一定的责权分离风险。样本车辆类型以重型货车为主。司机驾驶车辆中，重型货车占比为71.96%，而中型货车、轻型货车占比分别为12.03%、10.66%，如图14-7所示。随着车辆的大型化、牵引化趋势，持有A2驾照的货车司机日益成为主流。样本货车司机取得的驾照类型以A2为主，占比为62.89%，其次为B2驾照，司机均为"大车司机"，如图14-8所示。

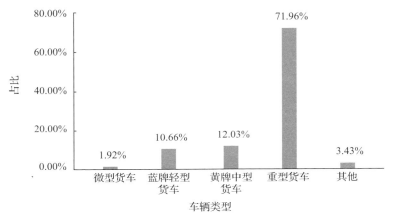

图14-7 货车司机驾驶车辆类型分布情况

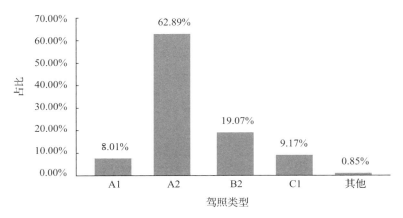

图14-8 货车司机驾照类型分布情况

3. 货

普货运输仍然是货运物流的主要市场。样本货车司机运输货物以普货为主，占比为40.06%，如图14-9所示。

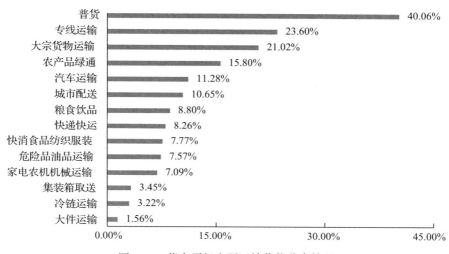

图14-9 货车司机主要运输货物分布情况

大量货车司机没有稳定货源。从前是货找车，现在是车找货。一半以上的货车司机没有稳定的货源；36.02%的货车司机有单边稳定货源；仅11.36%的货车司机有双边稳定货源，如图14-10所示。在没有稳定货源的司机的车辆中，近八成为自有车辆。其中60.68%的自有车辆仍在还贷中，这其中84.87%的自有车辆所有者为个体司机。在有双边稳定货源的司机中，接近一半的司机为受雇司机，说明组织化的企业货源相对稳定。

4. 收入／收入水平分布情况

根据《2022年货车司机从业状况调查报告》，我国卡车司机月均纯收入5 000～8 000元的占比最高，为28.13%，10 000元以上的占比为21.42%，而5 000元以下的占比为27.4%，如图14-11所示。行业的低迷运价直接影响了司机的收入，大部分货车司机收入出现减少。3/4的货车司机2022年收入与上年同期相比明显减少，仅有22.14%的货车司机收入较上年基本持平或出现增长，如图 14-12 所示。这主要是受新冠疫情不确定性的影响，司机群体的抗风险能力较弱。

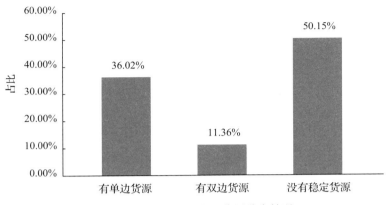

图 14-10　货车司机主要货源分布情况

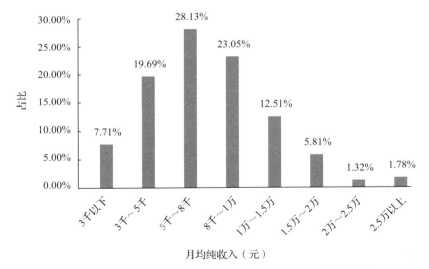

图 14-11　货车司机月均纯收入（扣除通行费、油费等成本）

货车司机对收入的满意度不高。六成货车司机对其收入状况不满意，相较 2021 年有所增加；三成货车司机对目前的收入满意度一般；仅有 4.9% 的货车司机对目前的收入状况表示满意，如图 14-13 所示。与较强的劳动负荷相比，货车司机单位时间收入水平偏低，导致司机对收入水平总体满意度不高。

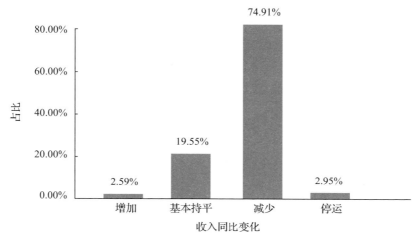

图 14-12　2022 年货车司机收入同比变化情况

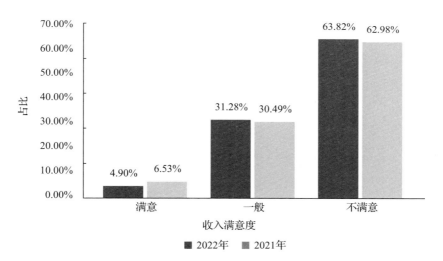

图 14-13　2021 年与 2022 年货车司机收入满意度对比情况

自有运营车辆的货车司机收入明显高于无车受雇的货车司机，相对于其资金及时间投入，货车司机的收入应有更大提升空间。降低成本和提升运营效率是货车司机最关注的改进方向，如图 14-14 所示。

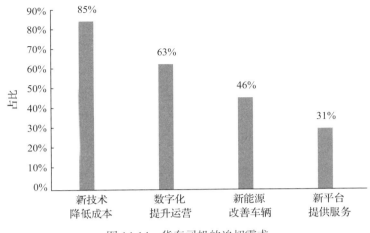

图 14-14　货车司机的迫切需求

从卡车司机的视角看商用车后市场生态现状

一直以来，商用车后市场的逻辑都是以主机厂/行业协会的视角，从商用车全生命周期管理的角度制定市场的逻辑和规则。而作为商用车产品和服务的客户主体——卡车车主/司机，在商用车的选、购、用、换各个环节上，却是最弱势、最没有决定权的群体。对于卡车车主/司机而言，车就是自己的生意伙伴和挣钱工具，以车为家，与路为伴。卡车车主/司机关注的是从整车价格、车辆性能、车辆运营到车辆全生命周期的总成本，包括车辆的购置成本、保险、运营/维护保养成本、二手车甚至残值处置等全生命周期的成本，以及社会保障和政策获得感。

1. 车辆选购环节

根据2021年运输行业从业现状调查数据和国内某知名商用车企业的卡车购买者调查数据，价格、商品特性是卡车车主/司机购车时最看重的两个因素。价格仍然是货车司机选择能源形式的最主要关注点；商品特性中安全性、动力性、可靠性、油耗水平（经济性）是货车司机依次看重的四个基础指标，驾乘舒适性的关注度也逐渐提升。驾驶室是货运司机移动的家，打造移动舒适区是司机的重要诉求。不同车型的货车车主/司机对销售服务、售后服务、金融政策等的看重度有所不同，对网点便利性、维修水平、配件价格及透明的议价过程较为关注。七成以上的货车司机对于燃油（柴油）消费选择最关注的是价格，价格越便宜越好，其次是燃油品质，如图 14-15 所示。

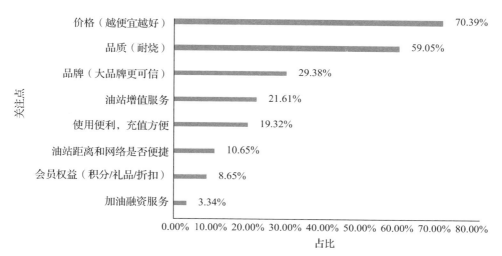

图 14-15　货车司机对于燃油（柴油）消费选择的主要关注点分布情况

2. 车辆使用（运营）环节

公路货运市场高成本低运价是货运司机亟待解决的问题。其核心是"车多货少"、供大于求。根据中物联公路货运分会发布的《2022 年货车司机从业状况调查报告》，对 5 000 多名货车司机的问卷调查显示，公路货运成本与运价之比变化的三大主要原因：一是油价上涨成为货运经营成本上涨的最大推手，如图 14-16 所示。二是车辆过剩加剧市场低价竞争。三是货源不足拉低整体价格。此外，受货运需求不足、运力供大于求的影响，存在货主、企业和中介压价，拉低市场总体运价的问题，如图 14-17 所示。同时由于车辆超载严重，拉低整体运费，导致合规车辆往返程运费都低于成本，严重挤压了合规车辆的生存空间。

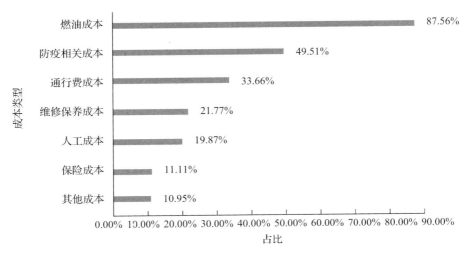

图 14-16　2022 年车辆单位行驶成本变化的主要原因分布情况

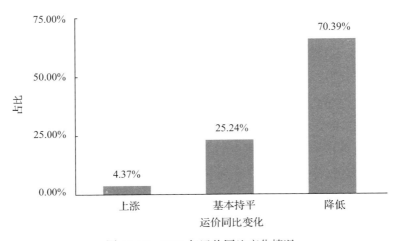

图 14-17　2022 年运价同比变化情况

由于大部分企业签订的运输合同没有涉及油价联动条款，在供过于求的市场环境下运输企业、个体司机缺乏议价权。油价上涨而运价没有相应上涨甚至下跌，司机收益受到严重影响。以低于成本价承运过货物的司机中有一半以上（54.22%）没有稳定货源，有接近一半（48.09%）的司机所驾驶车辆仍有贷款，有 40.94% 的货车司机仍然背负房贷，经济压力迫使司机不得不以低于成本价承运货物来缓解固定支出成本的压力。

大部分司机认为应该干预运价低于成本的订单。九成以上的货车司机认为应该禁止此种订单出现或应该对订单进行干预。应当鼓励数字化货运平台采用大数据运营措施，引导货主合理报价、使用异常低价阻断功能等来提示或纠正货源发布方发出的运价，进而干预过低运价订单进入市场。

商用车后市场服务商仍呈小散乱的状态，服务水平参差不齐，未形成全链条服务。商用车后市场服务典型场景如加油/充电、ETC、维修保养，汽车金融服务、二手车交易中，多数以商用车后市场服务为标签的服务商是从维修保养的维度切入的，二手车业务在国内目前还没有形成规范的销售服务体系。高频场景的加油、ETC 则更多是数字货运平台通过政府/区域补贴的方式维持平台用户黏性，市场渗透率有限。整体来看，商用车后市场的各个场景相对割裂，尚未形成完整的全链条服务。随着物流行业越来越重视精细化运营、新能源车辆的置换驱动，运输企业、个体经营者已不再专注车价等单一要素，而是开始系统性地思考车辆全生命周期成本要素，计算车辆购置/置换、金融、保险、维保、油耗等综合成本。

以人为本的生态：重新理解商用车后市场

数据显示，卡车司机权益保障需求强烈。卡车司机希望社会组织提供的公共性服务主要集中在维权类服务、救援类服务、救济性服务、价格监管类服务和社保类服务五个方面。在维权类服务中，法律援助占比最高，达到 67.69%，其次为纠纷协调和维护权益两项维权类服务，占比分别为 44.34%、30.64%；救援类服务主要集中在应急救援需求方面，占比为 51.48%。在救济性服务中，困难帮扶、事故救济占比较高。在价格监管类服务中，占比最高的为价格指导方面的服务。在社保类服务中，安全教育类服务占比较高，其次为公益体检、子女就学和就业培训。调研数据显示，71% 的货车司机参加过各类单位（所在公司、主机厂、货主、政府部门、平台、协会、园区）组织的培训活动，培训主要针对交通安全、交通法规、驾驶技术，关于车辆日常保养与维修的内容较少。

怎样更好地实现以人为本，如何借助数字化趋势等实现高质量发展，这是商用车后市场建设健康生态系统的核心问题。从法国卡车司机的故事与千万名中国卡车司机生活实践中，从卡车司机面临的成本上升与收入滞后、增长困难中，从卡车司机的人类学与社会学样本分析数据到社会保障现状，以及越来越紧迫的数智化新能源化需求中，我们知道，只有以人为本，以卡车司机为出发点，才能更好地理解商用车后市场，并借助多方力量，建成共创共享可持续发展的商用车后市场生态。

工业和信息化部、发展改革委和科技部共同发布的《汽车产业中长期发展规划》对商用车后市场生态发展有很高的期许及明确的目标。规划要求："实现人、车和环境设施的智能互联和数据共享，形成汽车与新一代信息技术、智能交通、能源、环保等融合发展的新型智慧生态体系。""到 2025 年，重点领域全面实现智能化，汽车后市场及服务业在价值链中的比例达到 55% 以上。"随着二手车交易体系扩展、金融保险等水平事业发展，商用车后市场规模将持续扩展。如何在这一过程中体现不同运营主体的主张，助力卡车司机的价值实现，解决困扰行业发展的重要矛盾，建设可持续发展的中长期商用车后市场生态极为重要。

商用车后市场不同运营主体的环境分析

随着卡车车主/司机需求的多样化，用车场景的不断丰富，用户对于服务的匹配度、便捷性、产品/服务质量等方面提出了更高的诉求，未来互联网将通过数据和技术提升线下商用车后市场的商业效率，带来进一步的产业升级。

商用车后市场大体上可以分为汽车金融市场、汽车保险市场、汽车维修保养市场、汽车用品市场、货运平台及二手车市场六大类。汽车金融市场的主体主要包括汽车金融服务公司、商业银行、汽车财务公司、信托公司、信贷联盟、汽车融资租赁公司和汽车保险公司等。随着汽车行业的高速发展和消费市场的不断进步，近几年汽车金融市场的市场规模快速扩大，2022 年我国汽车金融市场规模为 2.5 万亿元，同比增长 8.7%。我国二手车交易已经连续 18 年持续增长，虽然 2020 年受新冠疫情影响，二手汽车交易量首次出现下滑，但随着新冠疫情得到有效控制，我国二手汽车交易量开始逐渐上升。同时汽车保有量也将会推动新车的以旧换新，推动二手车的交易，以巨大的保有量为基础，在今后的商用车后市场中，对零部件的需求将会继续增加。

商用车后市场主流从业者大致可以分为主机厂、物流公司、挂靠公司、平台型服务商、行业协会，我们选取以下几类做相关的说明。

主机厂：国内商用车企后市场战略布局基本完成

2018 年开始，国内主流品牌主机厂纷纷入局商用车后市场，希望借力独立的售后渠道，加深纵向供应链。主机厂入局有两大原因：其一，新车销售正在从增量市场向存量市场转型，需要新的业务撑起第二增长曲线。其二，主机厂本身具备独立的售后渠道，这对后市场服务的网络化运营而言，属于核心资源，且主机厂的核心资源通过品牌背书、资本、服务驱动进一步盘活，能够辐射更多产业链玩家，从而加深纵向供应链优势。下面我们一起看一下几家车企相关市场的布局情况。

（1）一汽解放。2018 年，一汽商用车公司推出"哥伦布智慧物流开放计划"，正式布局后市场大生态。一汽解放以智能车平台和车联网平台为核心，向全链条生态合作伙伴实施开放计划。该计划从技术创新、模式创新、价值创新三个维度，在后市场进行了广度与深度兼具的全链条布局。2020 年，一汽商用车公司成立赋界科技，落地服务连锁、智慧物流、全链金融、二手车、能源供应以及便捷通行六条产品线，并通过"4+1"无忧解决方案，深度赋能用户降本增效。未来一汽解放还将继续强化后市场业务纵向深度，扩展后市场业务的横向版图。

（2）东风商用车。2019 年，东风商用车公司开始着眼于客户关注的全生命周期成本，率先在国内成立完好率中心。依靠车联网和大数据技术的加持，东风商用车完好率中心帮助客户实现运营价值最大化，提升燃油经济性，保障人车安全，提高企业生产效率和驾驶员工作效率，最终实现全生命周期的降本增效。东风商用车完好率中心的服务涉及上户、保险、改装、故障主动服务、预见性维修、节油主动服务、安全主动服务、货源对接、二手车置换等多个维度，覆盖客户"选、购、月、管、换"的业务场景。2021年，集产品、金融、售后、配套、信息、运营、管理等于一身的全方位一体的客户服务解决方案——东风商用车生态品牌鲲跃正式发布。

（3）中国重汽。中国重汽推出了智慧重汽平台、智能通系统、个性化定制模块、"不停车"服务等，并从"不停车"服务，快速迭代到"全生命周期"服务、"全价值链"服务，打造了一条涵盖二手车整备、租售、养护、保险、汽车文化、汽车金融等环节的经营服务链条，重点解决用户在运营过程中遇到的"货源少、成本高、挣钱难"等痛点问题。

（4）陕汽商用车。陕汽商用车在后市场生态圈建设上，主要打造"物流及供应链服务板块""供应链金融服务板块""车联网及数据服务板块"三大业务，围绕商用车全产业链形成物流、资金流、信息流，实现对零配件供应商、商用车制造商、商用车经销商、个人车主、物流车队与企业、货源企业、政府监管机构等全产业链主要参与者的服务全覆盖。德银天下是其后市场服务的主要支撑。

（5）福田汽车。福田汽车的后市场布局主要围绕用户全生命周期业务经营，包括快修服务、配件服务、运营金融/保险服务、后市场车联网等。福田汽车通过"福田e家""趄联车队"两大客户服务平台，运营智科车联、会享福二手车、卡友配、卡友福全包服务、运营金融及保险五大业务板块，推动后市场生态体系建设和服务升级。比如福田e家覆盖了用户看车、买车、用车、养车、管车、换车的全生命周期服务，超联车队则围绕提升车辆管理效率、降低运营成本、提升车辆安全，聚焦不同客户使用场景，提供定制化开发服务。

社会系服务商：整合线下门店，建设服务网络

社会系服务商主要集中在维保场景，由于过去多年来一直以夫妻店为主、

重资产扩展难，业务带有明显的区域性特征，整合难度大。近几年，伴随着车队的组织化发展，市场上开始出现一些联盟玩家，主要通过整合线下门店形成连锁联盟，建立起服务网络，为车辆尤其是车队客户提供一体化服务。

平台型：侧重流量变现，业务渗透有限

近年来，数字经济深刻影响货运物流行业。截至2022年底，全国网络货运平台超过2 500家，还有各类撮合交易平台，货运互联网平台快速发展，市场普及率较高。有调查数据显示，76%的货车司机使用过货运互联网平台。数字货运平台在各自的细分市场跑到了头部的位置，比如主打干线物流赛道的满帮，在解决了车与货的信息匹配带来的交易效率问题之后，也在探索平台流量进一步变现的可能。

平台成为货车司机获取货源的重要途径。调查数据显示，在使用过货运互联网平台的货车司机中，近三成的货车司机反映货源基本来自货运互联网平台，超过七成的货车司机有一半以上的货源来自货运互联网平台。

平台服务逐步向多样化拓展。货源提供仍是平台提供的最主要服务。调查数据显示，87%的货车司机反映使用货运互联网平台的服务是货源提供。随着司机逐步养成使用平台的习惯，平台数字化服务逐步拓展，如加油加气、ETC服务、维修保养、保险代购、安全培训、救援服务、融资服务、法律咨询等服务。

整体来看，如何盘活现有资源，打通线上线下一体化，如何利用好现有社会平台进行资源整合，如何打通全链条的业务流程，这些是当前整个行业应该深度思考的问题。

商用车后市场的四大矛盾

与乘用车后市场已经建立覆盖面较广的4S店体系不同，商用车后市场相对更加多元化和复杂化。一方面，商用车的新能源化、智能化转型如火如荼，

数字平台、智能营销网络、清洁能源、自动驾驶等前沿技术也将对商用车后市场生态建设产生积极影响。另一方面，商用车后市场的体系和服务能力严重滞后，终端的服务资源较分散，服务质量无法得到保障；前端的行业标准和资源整合仍在进行中，商用车全生命周期数字化管理有待提升，数据建设跟不上数字化新能源化的发展趋势。总体来看，从卡车司机角度看，目前中国商用车后市场生态建设需要解决四大矛盾。

1. 速度与质量之间的矛盾

目前，商用车后市场行业发展突飞猛进，但发展质量亟待提升。商用车多以车队形式集结，需全国流动/跨区域流动，以完成相应载货运输等生产活动，这使得单车平均年行驶里程超 20 万公里。加之中国道路环境的复杂性和载货运输的高损耗特点，导致商用车售后需求不可预测程度远高于乘用车，故障率较高，单车平均年维修保养可达 10～12 次。而在商用车的维修保养中，电路油路、尾气处理等机电一体化系统的故障维修占比较大，这也使得维修端的技术要求远高于乘用车的维保（乘用车维保以保养和钣金喷漆为主，机电故障偏少）要求。

庞大市场需求推动中国商用车后市场蓬勃发展，来自中国汽车工业协会与 Frost & Sullivan 相关数据显示（中商产业研究院综合中国汽车工业协会与 Frost & Sullivan 公开材料），2021 年，中国商用车服务市场行业市场规模达 9 535 亿元，其中商用车售后维保和商用车保险市场规模占比较大，分别为 42.29% 和 29.21%。行业发展突飞猛进，但发展质量亟待提升，商用车维修企业规模小而散的特点仍很突出，据《汽车与配件》与共轨之家（《汽车与配件》2021 年 12 月）2020 年商用车后市场白皮书调研统计，国内维修企业中，3 人以下的小规模店面占比为 60% 左右。

2. 效率与效益之间的矛盾

与欧美等地区的成熟市场相比，中国商用车后市场增长迅速，行业效率不断提升，但效益分配极不平衡，主要体现在车队规模、品牌结构、运营效益及后市场供应四大方面。以物流重卡细分市场为例，罗兰贝格咨询公司的数据显示：在车队规模上，美国物流重卡保有量约为 270 万辆，个体司机占比小于 15%，其中，超过 100 万辆隶属于大型车队，如制造业企业物流、UPS 等，约 90 万辆隶属于租赁市场，剩余 60 万～80 万台分属于中小车队或极少数个体司机，这与中国自购自营车辆比例达 64.2% 形成鲜明对照。在品牌结构上，美国重卡市场前五位品牌为戴姆勒 Freightliner、Paccar 集团 Kenworth、Peterbilt、Navistar 万国、沃尔沃 Mack，总占比超过 90%，品牌集中度高，由此带来市场格局稳定、质量可靠及维修技术规范化（迭代也较慢）；而中国商用车市场仍处于各大品牌跑马圈地的阶段。在运营效益上，美国在用重卡平均车龄大于 10 年，而中国重卡平均车龄小于 6 年，10 年车龄意味着维保、零配件需求充分释放，后市场在价值链上价值占比高、利润稳定。从市场供应来看，美国市场供应车型稳定，车型平均生命周期更长，后市场零部件品类标准化程度较高，不同品牌之间通用性较强，分销环节由 OEM 授权经销商以及专业连锁仓储网络构成，并且已经形成了汽车全品系的后市场连锁网络，更容易建立可追溯的、完善的质量保障体系。从以上四方面可以看出，中国商用车后市场未来需在运营效益和后市场供应链上发力，并更多地从卡车司机及从业者的角度考虑，平衡效益分配，建设更具韧性的后市场生态。

3. 管理与服务之间的矛盾

一直以来，我国商用车后市场领域都受到尾气排放要求升级、新能源化加速渗透、网联管理服务和车队组织化提升等内外部积极因素的多种影响，国内商用车后市场的生态环境正在发生积极变化，相关整合开始提速，行业管理不断强化，但服务的维度和深度不够，尤其站在卡车司机角度，更高质量的服务与更具性价比的产品组合相对不足。

令人鼓舞的是，相关部门正在牵头改善这一状况。2023 年 10 月 12 日，商务部、工信部、交通运输部等 9 部门联合发布《商务部等 9 部门关于推动汽车后市场高质量发展的指导意见》[商消费发〔2023〕222 号]，意见指出 7 个方面的主要任务，提出总体目标为，力争到 2025 年，汽车后市场规模稳步增长，市场结构不断优化，规范化水平明显提升，后市场在汽车产业链、价值链、创新链中的作用更加突出，新产品、新技术应用更加普及，新业态、新模式发展更加成熟，行业管理制度更加完善，汽车使用环境持续优化，更好满足消费者多样化汽车消费需求，有效推动汽车后市场高质量发展。该指导意见明确指出"制订实施汽车后市场配件流通有关标准，鼓励发展连锁经营、电子商务等配件流通新业态、新模式，营造透明、有序、高效的配件流通环境"。相信这些举措将为卡车司机带来更好的使用和服务体验，为行业从业者提供更好的营商环境，为有志进入商用车后市场的相关新机构、新平台塑造更好的发展空间。

4. 数据与经营之间的矛盾

尽管目前我们的商用车产业数字化正在不断加速，但从业者的经营状况并不理想。

美国的汽车后市场已经有 Autozone、Advance Auto Parts、Monro Muffler Brake、FleetPride 等多家专注后市场及维修保养平台公司。中国商用车后市场不仅规模巨大，增长迅速，在数字化、智能化与新能源化领域前景也更加广阔。得益于全行业基础设施与数字化提速，商用车后市场产业互联网应用已具备相当条件，有望改进目前众多商用车后市场从业者"增收不增利"的境况。

中国汽车工业协会的《中国商用车后市场年度报告》相关调研显示，经营困难尤其是利润下滑是我国商用车后市场从业者面临的最大挑战，其次是服务质量不佳或产品质量无保证。85% 的卡车司机希望借助产业数据化降低其采购和运营成本，同时高达 63% 的司机迫切希望大数据与智能网联等帮助提升运营水准。全生命周期数字化服务覆盖从选车、购车，到使用、维保及运营管理等环节，其中数字化维保、金融保险服务、二手车评估检测及转让、零部件销售、轮胎租赁、节油、年审年检服务等项目既是刚需，更是高频需求场景。考虑到六成左右的卡车司机都会选择挂靠车队，产业数字化能更有效、更透明地满足多方需求。

无论从卡车司机实际需求，还是商用车后市场发展空间出发；不管是数据化孕育的精细化管理，还是国家产业政策的引导方向，都在加速商用车后市场产业的数字化进程，不仅助力卡车司机等从业者改善经营效益，还整合资源打造更具创新能力和服务能力的供应链、产业互联网公司。应运而生的卡车 CEO，就是一家立足千万名卡车司机，在商用车后市场数字化、供应链及服务领域拥有独特连接能力的新平台。

卡车 CEO 创始团队，主要在商用车制造、产业数字化、商用车后市场供应链与金融保险领域积累深厚。公司立足卡车司机视角，涵盖车辆选择、购买、使用（运营）及维保等商用车全生命周期，从金融服务、网联监管服务、维修保养、二手车评估和交易服务、加油、路桥费等大数据分析中，从下向上看中国商用车后市场生态现状，重新理解商用车后市场生态。

商用车后市场生态的长期发展逻辑在于，以卡车司机服务为出发点，以产业互联网为依托，在速度与质量、效率与效益、管理与服务、数据与经营四大集群矛盾中探索新的解决方案。卡车 CEO 把握商用车后市场数字化发展趋势，协同外部监管环境及政策，抓住行业内部整合及变革机遇，融合金融、保险等水平事业发展，注重数据驱动，以人为本，打造服务面向公司及个体工商户（S to B to iB）的产业互联网健康生态，与从业者共创，连接千万名卡车司机和行业从业者，成为商用车产业服务平台的缔造者。

在卡车 CEO 创始团队看来，"司机＋车"作为个体工商户（iB），其内涵是：卡车司机＋卡车就是一个运营公司；每一位卡车司机都可以成为自己公司的"卡车 CEO"，也是自己业务的升级经营者，在卡车 CEO 平台，会得到充分的尊重和更好的服务与支持。

商用车后市场生态的未来：数据驱动升级，以人为本共创共享

全球知名调研机构 Fortune Business Insights 在《全球商用车发展白皮书》中预测，到 2027 年全球商用车市场规模将会突破 10 000 亿美元。中国商用车后市场的需求更为可观，随着车辆寿命增加、商用车相关经济活动加密，从金融保险到维修保养的多方面服务需求亟待满足，如图 14-18 所示。

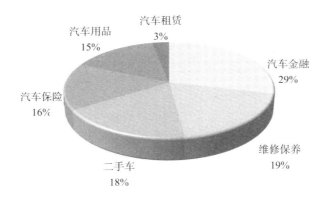

图 14-18　中国汽车后市场细分市场结构图

资料来源：来自德勤 / 观知海内咨询的文章《2023 年汽车后市场现状》。

反观中国商用车后市场现实情况，商用车汽车金融和保险等水平事业蓬勃发展，但维修保养、二手车、汽车用品（零部件）等行业的发展不尽如人意。调研数据显示，商用车后市场零部件制造商超过 5 万家，90% 是中小企业；配件经销商超过 14 万家，亿元以上规模销售企业不足 1%；有资质的维修企业约有 18 万家，如果加上路边店、轮胎店、流动换油车等，则高达 190 万家。

1. 商用车全生命周期的数据逻辑

如何在复杂的商用车后市场生态中，寻找真正能为广大司机提供真实高效产品和服务的市场逻辑？卡车 CEO 产业互联网平台的商业逻辑是，依托于商用车全生命周期数据积累和建模，商用车全生命周期的数据主线，源自主机厂、供应链、后市场服务的运营数据。

商用车后市场生态是一个复杂系统，表现为多样且数量众多的供应商和用户、多样的产品和服务，以及频繁而多样的交易活动。如何在一个复杂系统中寻找真实的用户需求，提供高效的产品和服务，从而发现共赢的市场逻辑？卡车 CEO 认为首先应该谦虚谨慎地观察。唯有严谨而广泛地观察，才能够获取真实且足量的反馈，形成和积累正确的市场认知，从而验证（证实或证伪）产品背后的市场逻辑假设，进而进行更大胆的市场逻辑探索。卡车 CEO 有幸处于商用车后市场的一个关键节点，可以接触到来自主机厂、供应链、后市场服务的广泛数据，希望可以充分利用近来发展迅速的数据处理技术，从这些数据中学习到关键的市场逻辑，提供更加准确的市场洞察，引导卡车 CEO 的商业伙伴创造更有价值的产品和服务，一同推动商用车市场健康发展。

商用车后市场生态中流转的数据可以分为四大类：车辆信息、人物机构、地点、服务流转。每一大类还可分为数个小类。车辆信息可以分为车型、零部件、保险覆盖情况、车况等；人物机构可以分为车主、挂靠机构、保险公司、抵押权人等；地点可以分为现在地、目的地、来源地、注册地等；服务流转可以分为维修保养记录、出险记录、零部件更换回收记录、车辆交易记录、报废记录等。

卡车 CEO 提出"商用车全生命周期数据"，能够通过分析商用车后市场生态数据，追踪商用车全生命周期，为各种市场问题提供解答，如：短途和长途司机购买的车型和车辆功能有何不同？司机和货主是否购买足够覆盖风险的保险？哪里的司机保养支出更高？不同地区的维修服务的种类和价格有多大差异？等等。

卡车 CEO 希望通过提供更加准确的市场洞察，倡导商用车市场生态参与者理性决策，一同发现、学习和维护市场规律，推动商用车市场健康发展。

2. 商用车全生命周期的数据分析方法及数字孪生体构建方法

商用车后市场生态中纷繁多样的供应商、用户、产品、服务，对于数据收集和分析提出了同样纷繁多样的挑战。主机厂之间的自有数据格式经常不兼容；供应商之间使用不同的企业资源配置（ERP）系统，格式不兼容；产品和服务种类繁多，而且难以自动批量匹配类似的产品和服务；等等。卡车 CEO 能够接触到广泛的数据来源，也面临着如何理解和分析这些来源广泛的数据的艰巨任务。

卡车 CEO 选择从车辆基础信息国家标准格式做起，以车辆标准识别码（VIN）为轴心，逐步整合来源广泛的数据信息，包括出厂车辆信息、维修零部件信息、保险信息、维修保养服务信息、零部件更换回收信息、二手车辆交易信息、车辆报废信息，等等。

其基本的数据逻辑如表 14-1 所示。

表 14-1　商用车后市场基本数据逻辑

阶段功能	核心功能	描述
数据整合	多来源数据集成	以车辆为中心，搜集不同阶段的车辆数据
建模加工	车辆 ID-Mapping	根据 ID 的共现规则实现简单 ID-Mapping
	全旅程建模	构建卡车 CEO 统一的数据模型，刻画完整的全旅程生命周期
特征挖掘	关联关系	构建车辆与零件之间的关联图谱
	标签提取	挖掘车辆不同阶段的标签特征
	模型挖掘	在全面的数据的基础上针对风控、估值等建模
数据服务	主题服务	对下游系统提供模型服务、报告服务等
数据应用	全旅程查询	可综合查询车辆的全旅程数据及其数据来源
	探索分析	多维度对卡车数据进行探索性分析，以灵活地发现卡车数据的综合情况，多维度关联卡车数据
	模型服务	估值服务、风控服务等提供建模结果的服务

3. 数据驱动生态协同的卡车 CEO 平台设计

我们以卡车 CEO 大数据平台构建为例，基于威林集团沉淀了 20 年的商用车后市场服务底蕴，在商用车监管平台、整车金融服务、车网联监管服务、二手车评估和交易服务、车务服务等真实业务场景下，构建商用车全生命周期数据底座，如图 14-19 所示。

（1）构建商用车全生命周期旅程。

在当今的商业环境中，构建商用车全生命周期旅程具有必要性和深远意义。从必要性角度来看，随着商用车市场日益复杂和竞争加剧，了解并满足每一辆车在不同阶段的需求变得极为关键。以车为中心，利用大数据技术，可以全面洞察车辆从生产制造到最终退役的整个过程。大数据技术能够实时收集和分析车辆的性能参数、使用情况、故障信息等，为精准的维护和管理提供坚实基础，这是以人为中心无法全面实现的。以人为中心可能会存在主观偏差和信息不完整的问题，而以车为中心借助大数据，能确保对车辆状态有客观、准确的把握。

就意义而言，以车为中心构建全生命周期旅程，大数据能发挥巨大作用。通过大数据的深度挖掘，可以预测车辆的潜在问题，提前进行干预，极大提升车辆的可靠性和运营效率。在全生命周期中，能更科学地规划资源分配和利用，

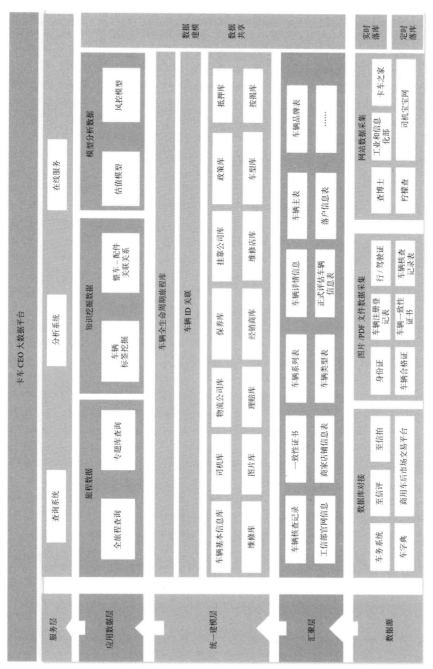

图14-19 卡车CEO大数据平台设计

降低成本。对比以人为中心，大数据支撑下的以车为中心能更好地适应商用车行业快速变化的技术和市场需求，及时调整策略。此外，大数据能帮助企业在车辆的销售、售后等环节提供个性化服务，提升客户满意度和忠诚度。对于整条产业链而言，以车为中心结合大数据能促进各环节的协同合作，提升产业整体水平。同时，这也有利于推动商用车行业向更加智能化、高效化和可持续化的方向发展，为社会和经济带来更多价值。

构建商用车全生命周期旅程，以车为中心并充分结合大数据，是顺应时代发展的必然选择，对于商用车行业的持续进步和繁荣具有不可替代的重要性。

（2）打通关联，构建统一的车辆视图。

在当今数字化的时代，从各种不同来源搜集到 VIN 码、司机信息以及通过 RFID 捕获到车辆信息后，打通关联并构建统一的车辆视图具有极其重要的意义。

通过将这些分散的信息关联整合，可以形成一幅全面、清晰且连贯的车辆视图。这使得我们能够对每一辆车有一个整体而精准的认知，了解其具体身份特征、所属司机以及各种相关状态。有了统一的车辆视图，我们可以更高效地进行车辆管理和调度。无论是在物流运输、交通管控还是在企业车队运营等领域，都能依据准确的信息做出合理决策。比如可以实时掌握车辆的位置、行驶轨迹、司机的工作状态等，从而优化路线规划、提高运输效率、保障行驶安全。

从大数据角度来看，统一的车辆视图为数据分析提供了坚实的基础，让数据分析能够挖掘出更多有价值的信息，如车辆的使用模式、故障规律等，以便提前采取措施预防和维护。同时，这种关联打通也有利于不同部门和系统之间的信息共享与协同工作，避免信息孤岛的出现，提升整体运作效率。

从安全角度来看，统一视图有助于及时发现异常情况，如车辆被盗或司机违规操作等，能够迅速做出响应。此外，在智能化发展的趋势下，统一的车辆视图能更好地与智能交通系统等先进技术融合，推动行业不断向前发展。总之，打通关联，构建统一的车辆视图是实现高效、智能、安全的车辆运营管理的关键步骤，对于众多相关领域都具有不可忽视的重要性和紧迫性。

（3）专题建模，建设对商用车后市场生态更加全面的应用体系。

基于统一的车辆数据视图，进一步对车辆状况进行刻画、贴上对应标签以及建立车辆与零配件之间的关联关系，这一系列举措具有重大意义和价值。

当我们对车辆状况进行细致刻画并贴上精准的标签后，就如同给每辆车绘制了一幅独特的画像。这些标签可以涵盖车辆的使用年限、行驶里程、维修历史、事故记录等诸多关键信息，使我们能直观且全面地了解车辆的实际情况。而建立车辆与零配件的关联关系，则为后续的维护、更换和管理提供了清晰的脉络。

（4）主题建模，深度挖掘垂类业务应用场景。

在商用车专题建模基础上进行二手车估值和风险评估建模，能够极大地提高准确性和可靠性。对于二手车估值而言，通过综合分析车辆的各项标签信息以及车辆与零配件的关联，能够更科学合理地评估车辆剩余价值，为买卖双方提供公正的参考。对于风险评估来说，模型可以根据车辆的状况标签、使用情况等因素，准确判断潜在的风险点，如故障风险、安全风险等，从而提前准备好应对措施，降低潜在损失。

主题建模不仅有助于二手车市场的健康发展，让交易更加透明和公平，也为金融机构等相关方在涉及车辆的业务中提供了有力的决策依据。同时，这种基于详细数据和关联关系的建模，也能推动整个汽车行业向更加智能化、规范化和可持续的方向发展，不断提升行业的整体水平和竞争力。通过这样的方式，我们能更好地挖掘车辆数据的潜在价值，为汽车领域的各个环节带来积极影响和变革。

4. 数据服务典型应用

图 14-20 为商用车全生命周期数据应用的典型场景，卡车 CEO 从卡车司机的购车、用车、修车和换车的四大场景所需要的垂类服务领域，深度理解满足服务的底层逻辑，整合主机厂及行业从业者的数据资源，建立 AIGC 应用模型，为卡车司机提供高效能服务。

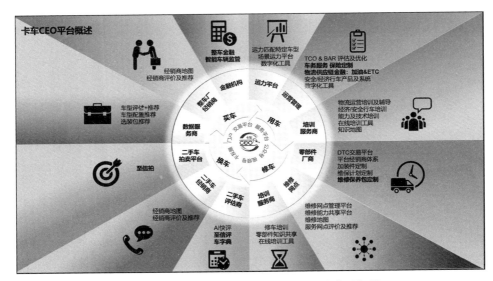

图 14-20 商用车全生命周期数据应用的典型场景

供应链管理和供应链金融是赋能平台高质量发展的基石，依靠商用车后市场新型产业互联网平台搭建的供应链管理体系，以卡车司机为最终用户，以生产厂家为源头，形成端到端的全服务连结。

随着人们对环境问题的日益关注，各国政府和环境机构正在制定严格的排放标准和法律，将驱动商用车市场未来 5 年的电动化和智能化发展，电动商用车市场规模预计为 1 056.6 亿美元，预计在预测期内将达到 3 237.3 亿美元，复合年增长率为 25.1%。重型卡车约占欧盟道路运输二氧化碳排放量的 1/4，并有逐年上升的趋势。

商用车主机厂产品对智能化发展不懈追求，要求智能终端设备生产企业围绕商用车智能化需求进行业务拓展，产品依照新标准和新需求持续升级。如商用车 T-Box，除满足国六标准外，正在向大算力、集成化、模块化等方向发展。

数据智能化在商用车后市场系统应用将成为更广泛的趋势，数字化的基础是标准化，通过标准的在线数据库实现行业统一语言交互，并通过在线的管理和交易一体化的平台，实现信息的互联互通，从而实现产业链主体间的数字化连接、智慧化交易、智能化管理。以数字化技术为支撑的相关零部件制造、流通、数据、维修技术诊断、客户服务等应用将成为未来产品设计、服务包设计的新基建。

商用车品类集成化趋势要求供应端整合加速，从重资产＋高库存向重运营＋落地服务转型。中小经销商主体在纯贸易环节加速出局，或转向平台服务商，以降低新渠道开拓成本和繁杂车型品类带来的资产投入压力。

新技术应用将更加普遍，开发深度不断加深；零部件通用化和标准化程度提高；零部件电子化和智能化水平提高；整车及零部件轻量化成为未来发展趋势；清洁环保技术成为未来产业竞争制高点。

如果说货拉拉是从货的角度出发，为个人、商户及企业提供高效的物流解决方案，满帮是以车为纽带，形成车货匹配的智慧物流生态平台，卡车CEO则是从卡车司机的视角，重新理解中国商用车后市场生态，打造专注服务卡车司机的数字化平台。货拉拉与满帮已经在市场激烈竞争中取得一定成果，卡车CEO的前瞻性构想还有待现实检验。毫无疑问，这些案例平台都有各自要克服的难题，但数据驱动升级的产业提升之路、以人为本共创共享的商业模式不仅具备极强的创新意义和现实价值，更值得商用车后市场从业者实践和研究。

◐ 探索与实践

中国商用车后市场平台的探索与实践

货拉拉：商用车互联网共享平台，让货物运输更轻松

货拉拉是一家商用车业务撮合平台，创立于2013年，成长于粤港澳大湾区，是从事同城/跨城货运、企业版物流服务、搬家、零担、跑腿、冷运、汽车租售及车后市场服务的互联网物流商城。图14-21展示了货拉拉的主营业务，货拉拉通过共享模式整合社会运力资源，完成海量运力储备，并依托移动互联、大数据和人工智能技术，搭建"方便、科技、可靠"的货运平台，实现多种车型的即时智能调度，为个人、商户及企业提供高效的物流解决方案。

图 14-21　货拉拉主营业务图

资料来源：货拉拉招股说明书。

2013 年至今，伴随着货拉拉在内地和海外市场版图不断扩张，其定位也已经从专注于"同城＋即时＋整车"的同城货运平台，转变为综合性互联网物流商城。招股说明书显示，目前货拉拉的主营业务包括三大板块：同城/跨城货运平台服务、综合企业服务、搬家服务、零担等多元化物流服务，以及汽车租售等增值服务。通过市场纵深拓展＋业务横向复制的发展模式，货拉拉在近年来实现了货运订单交易总额、营业收入双增长。

尽管 Frost & Sullivan 的《全球商用车及商用车后市场数据报告 2022》预测，全球货运市场从 2022 年至 2027 年，将以 7.6% 的复合年增长率增长；其中，跨城货运细分市场同期间年复合增长率预计达 4.3%。中国市场增长速度将明显高于全球水准。货拉拉作为商用车互联网共享平台，多次被爆出与司机矛盾突出，运输质量堪忧等负面消息。在完善利益分配机制方面，虽然货拉拉一直在尝试依托数字技术来达成司机、平台、用户三边价值分配的平衡，但收效并不明显，核心原因仍在于其与卡车司机的连接较弱，仅注重交易属性而不提供相应的服务价值。

满帮：以车货匹配智慧物流生态平台为目标，成为干线运输领军者

2017 年 11 月，国内两大网络货运公司运满满和货车帮合并，满帮集团正式启航。灼识咨询数据显示，2021年，满帮平台核心平台总交易额（GTV）为2 623亿元，履约订单数达1.28亿，全年总营收达46.6亿元。满帮集团（YMM.US）发布的2023年第二季度业绩报告显示，报告期内实现营业收入20.6亿元（人民币，下同），同比增长23.5%，非美国会计准则下录得净利润7.2亿元，同比大增170.8%，季度平均发货货主月活增长显著，达到200万人的规模，同比增长30.5%。过去12个月的履约活跃司机达375万人，均创历史新高。㊀

2021年满帮在纽约证券交易所挂牌上市，上市首日收涨超13%，市值为233亿美元，成为中国第四家市值超过千亿元人民币的物流企业，其后市值大幅缩水。除了外部环境影响，缩水原因还包括满帮面临的激烈市场竞争，以及自身的结构性问题。

满帮近年来加强产业数字化建设，在其车货匹配信息平台上，货运司机通过海量大数据，快速、便捷地对接运力和货主两端，让人、车、货精准匹配，以云计算、大数据和人工智能创新物流方式，有效提升整个物流行业的透明度、信任度和效率，降低公路货运的"三空"（空驶、空置、空载）率，从而推动整个物流行业高效运转和节能减排。与此同时，满帮还推出一套货主信用等级体系，旨在引导平台用户形成良好交易习惯，鼓励货主规范诚信经营，为司机接单提供更多参考，打造更健康、更可信的平台环境。

但卡车司机对满帮交易佣金和金融增值服务两个领域诟病不少。满帮集团营收高度依赖各地政府的退税政策，为寻找第二增长曲线，其在交易佣金和金融增值服务方面深入挖掘。公开财报数据显示，自2021年第四季度开始，满帮的交易佣金和金融增值服务收入连续6个季度增长，背后对应的则是超过300万名卡车司机的活跃流量。满帮还针对性地推出司机贷、司机白条、满运贷等金融产品。其中，司机贷满足如货车维修保养、运输途中食宿等日常经营垫资需求，最高授信额度为5万元。司机白条则提供针对包括ETC、加油、购买保险和轮胎等特定场景的贷款，最高授信额度为1万元。但与满

㊀ 数据来源：上市公司公开财报，满帮集团（YMM.US）。

帮提出的普惠金融理念相反，其 2022 年年报数据显示，满帮贷款年利率约为 20%～36%，上限接近法律规定的小额贷款年利率最高限额，且引发了卡车司机投诉。

卡车 CEO：连接千万名卡车司机，连接商用车后市场行业从业者，成为商用车产业服务平台的缔造者

2021 年成立的卡车 CEO 在商用车生态领域的积累不可谓不深，基于团队深厚的行业积累及多元化经验，其理念和平台业务规划也极具开拓精神。卡车 CEO 是首家以 3 000 多万名卡车司机为服务对象，融合整车工程服务、金融服务、供应链管理、专业车联网监管服务、二手车交易服务等跨行业服务生态体系，建立以数据驱动，以人为本的商用车一站式垂类产业服务平台。

在主机厂强管制下的商用车后市场供应链管理，是生态中最复杂和无序的，受制于主机厂技术资料公开度的限制，市场上少有大型（超级）连锁汽车零部件交易平台提供全系列的商用车售后关键零部件供应链体系，主流商用车售后维保体系多由主机厂垄断，卡车 CEO 创始团队深度了解商用车零部件研发、生产、销售体系，深度整合商用车零部件生产供应链，与商用车零部件生产企业共创售后保障供应链管理平台，融合商用车金融保险赋能，平台直接触达百万级卡车司机群体，锚定卡车司机运营场景及痛点，推出以服务卡车司机为使命，追求高效、智能、共创共赢的商用车售后服务产品交易中心（平台）。

卡车 CEO 平台的这一理念，践行以数据驱动和以人为本，通过商用车监管、网联服务、车务管理、金融服务、二手车整备、维保产品金融包的设计等，聚焦卡车全生命周期成本数据，以及卡车司机的运营管理全场景的成本构成比例，以满足卡车司机的基本运营需求为出发点，提供"更安全、更省钱、更赚钱"的平台服务。

第 15 章
汽车生态数智化：车联网的发展与升级

随着新一轮信息、通信、人工智能大模型等技术的高速发展，以及新技术与汽车产业的深度融合，汽车产业电动化、网联化和智能化的转型速度逐渐加快，智能网联新能源汽车为全球汽车产业转型升级带来新的动力。智能网联汽车是物联网的典型应用，我国明确提出智能网联汽车"车路云一体化"的战略发展路径，支持智能网联汽车和智慧城市、交通数字化的协同发展。

本章主要介绍车联网、车路协同、智能网联汽车"车路云一体化"系统等概念及产业发展的状况、趋势和挑战。

车联网概念和国内外产业发展历程

车联网最初的概念是车载信息服务，全球最早的车联网模式可以从1996年通用汽车装载在卡迪拉克车型上的 OnStar 系统开始，那时的车载终端以提供以车辆信息和定位为基础的远程安全服务为主。随着人们对车更加智能化的需求，车联网逐步从提供单纯以车辆数据为核心的服务发展为包括智能车端辅助/控制、多源路侧感知车路协同及车路云一体化智能网联新能源汽车的综合类产业。

全球车联网产业发展

全球车联网产业发展至今已有 20 多年的历史，前瞻产业研究院将车联网分为起步期、早期发展期、高速发展期和智能化发展期四个发展阶段，如图 15-1 所示。1996—2010 年被认为是车联网的起步期，有了车联网的概念并实现了车辆数据的采集与传输；2010—2015 年，车联网进入了早期发展期，车联网技术逐步成熟，应用范围也扩大到远程诊断、车辆追踪、车机控制等，但受通信能力限制，交互功能尚未真正实现；2015 年至今，受益于 5G、人工智能及云计算等技术的发展，车联网进入了高速发展期，人、车、路、网、云、图、安全等要素通过车联网实现信息交互，车联万物的概念真正得以实现；而今后的 5～10 年，随着人工智能、大数据等技术的发展，以及高级辅助驾驶（Advanced Driver Assistance System，ADAS）、高阶智驾（Advanced Driving System，ADS）和自动驾驶对车联网的推动，车联网将快速进入智能化发展期，车联网市场或将面临一个新的竞争格局。

2023 年美国交通部发布了 *Saving Lives with Connectivity:A Plan to Accelerate*

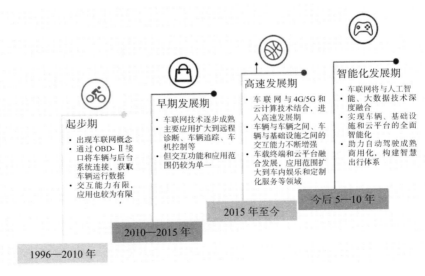

图 15-1　全球车联网产业发展进程

资料来源：《2023—2028 年全球及中国车联网行业发展分析》，前瞻产业研究院，前瞻网，2023 年 10 月 30 日。

V2X Deployment（DRAFT），推进加速 V2X 部署计划，计划在 10 年内实现高速公路车联网应用全覆盖，75 个大城市 80% 的信号灯路口联网，全美国 75% 的路口部署基于蜂窝网的车联网（Cellular Vehicle to Everything，C-V2X）设备，50 个州实现车与车、车与路互联互通，并提出在 2024—2034 年期间将推动 6 家车企、20 款量产车型搭载 5.9GHz 的 C-V2X 通信技术，支持网联驾驶安全应用。

欧洲发布了《网联、协作和自动化出行路线图》，通过地平线 2020、地平线欧洲计划等项目支持基础设施建设与关键技术验证。日本依托战略性创新创造（SIP）项目，开展了规模化测试与示范应用发布。韩国发布了《汽车安全度测试和评价规定》，规定了 V2X 通信设备的试验评价方法，支持前向碰撞预警、红绿灯提示等 10 种应用。

中国车联网产业发展

2016 年，中国车联网被列入国家十三五规划中的 100 个重大工程及项目，同年 6 月工信部下发的《车联网创新发展工作推进方案》中详细列出了关键技术研发、标准体系研究、平台及试验场地建设、基础设施建设、应用推广、网络及信息安全保护等六大重点任务，开始统筹布局中国车联网。2017 年工信部联合国家 20 个部委和单位成立了国家制造强国建设领导小组车联网产业发展专项委员会，从顶层设计、战略布局和发展规划等方面开始系统推进相关工作。

2017 年时任工信部部长苗圩在无锡参加世界物联网博览会时，参观了江苏天安智联的车联网展厅，并对车联网在我国的发展前景给予了充分肯定。在工信部的支持下，无锡开展了由中国移动、华为、中国信通院、公安部交科所、无锡交警支队和江苏天安智联作为核心发起单位的城市级车联网建设项目。中国移动承担 5G 网络支持，无锡交警支队负责车联网在交管领域的应用实践，公安部交通管理科学研究所（简称公安部交科所）负责交通网联信号机的开发，中国信通院负责技术标准，华为提供路侧和车载的智能网联通信单元 RSU(Roadside Unit) 和 OBU（Onboard Unit），江苏天安智联提供车联网运营的平台软件和车载智能终端。图 15-2 和图 15-3 为无锡先导区车联网系统的通信方式及路侧基础设施构成示意图。

266　中篇　四轮驱动：从传统价值链到数智生态链

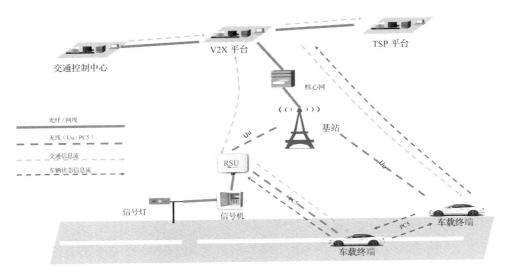

图 15-2　车联网通信方式示意图

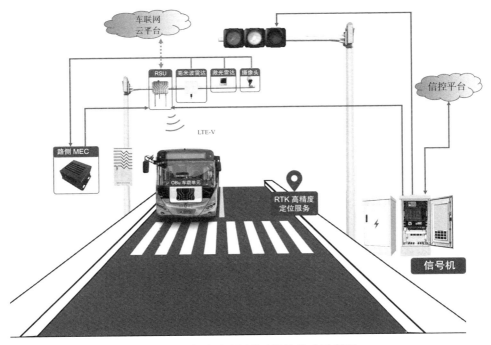

图 15-3　车联网路侧基础设施构成示意图

2018年9月在无锡召开的世界物联网博览会上，无锡车联网先导区示范项目正式亮相，在行业内引发了非常大的反响，有媒体这样报道："9月14日，全球第一个城市级车路协同平台——车联网LTE-V2X城市级示范应用重大项目在无锡亮相。226个路口、5条高架和10万辆车组成的智慧车联网，让'简单的车'驶上'聪明的路'，构筑起'车联万物'的新生态，这标志着我国车联网发展取得重大突破。"

依托车联网路侧感知系统采集的实时交通数据，不仅可以进行区域级数据驱动的信控优化，减轻车辆排队及拥堵情况，还可以完成交通组织的优化，有效降低碳排放，图15-4展示了通过车联网融合感知实现的智慧道路全息信息。目前阶段政府是C-V2X车联网建设的主要推动者和投资者，通过车路协同的全局系统性升级来全面提升智能化水平、发展产业、提高城市治理水平、提升人民满意度是政府推动和投资车联网的目标和动力。

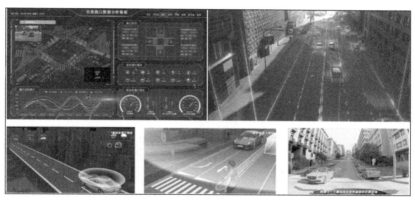

图15-4　基于车联网融合感知的智慧道路全息信息展示

车联网产业作为通信、人工智能、云计算等新兴技术与汽车、交通等传统产业深度融合的新兴产业形态，涉及传感器、汽车电子、软件和车联网设施等领域，主要产品类型包括通信芯片、通信模组、终端设备、整车、智能道路以及车联网的测试验证服务、运营服务等，覆盖市场范畴较为广泛，2023年IDC编制的中国车联网市场洞察报告从安全、平台、服务、解决方案四个角度分析了车联网产业市场及产品的主要构成，如图15-5所示。

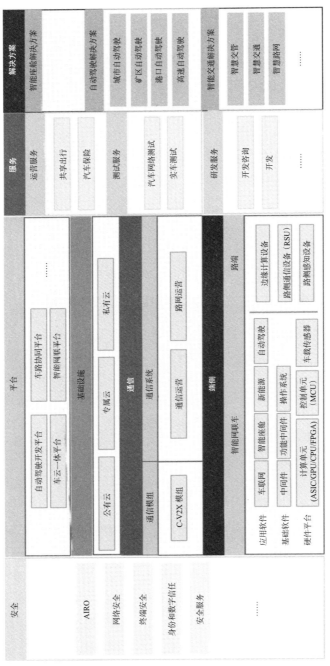

图 15-5 车联网市场鸟瞰概览

截至 2023 年底，我国共建设了 7 个国家级车联网先导区（江苏无锡、天津西青、湖南长沙、重庆两江新区、湖北襄阳、浙江德清以及广西柳州）和 16 个智慧城市与智能网联汽车协同发展试点城市（北京、上海、广州、武汉、长沙、无锡、重庆、深圳、厦门、南京、济南、成都、合肥、沧州、芜湖、淄博）。截至 2023 年底，20 余座城市和多条高速公路合计完成了 8 500 余台路侧通信基础设施（RSU）部署，除高速公路外，部署 RSU 数量居前三位的城市分别是德清、无锡和苏州，RSU 的详细分布情况如图 15-6 所示。

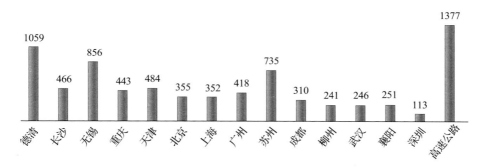

图 15-6　全国 RSU 部署分布

这些车联网新型数字基础设施建设为打造车路云一体化融合发展的产业生态奠定了良好的基础。中国汽车工程学会等机构于 2024 年 2 月联合发布的产能预测分析显示，2025 年的智能化路侧基础设施，包括路侧通信单元、路侧计算单元、路侧感知设备（摄像头、毫米波雷达、激光雷达等）、交通管理设施（联网信号机、联网交通信息发布设施等）等要素，带来的产值增量预计为 223 亿元，2030 年将达到 4 174 亿元；车联网蜂窝网络、高精度地图与组合定位、车联网信息安全三个领域，预计 2025 年、2030 年的产值增量分别为 599 亿元和 1 167 亿元，具体如图 15-7 所示。

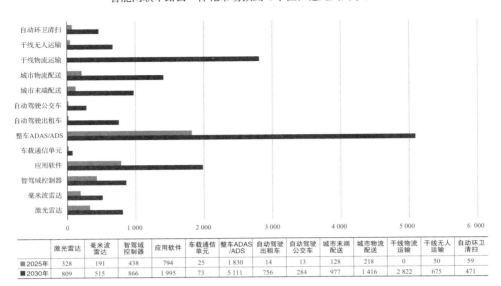

图 15-7　2025—2030 年智能网联汽车车路云一体化产值增量预测

从车路协同到车路云一体化

被誉为新型智能移动终端的智能网联汽车正竞相加速对"智能驾驶"和"智能座舱"的技术升级。"智能驾驶"技术通过车端传感器、计算平台及操作系统等车载车联网系统正逐步实现不同级别的辅助驾驶功能,并不断向自动驾驶功能演进。2023 年上半年,我国具备组合辅助驾驶功能的乘用车在新车销量中的占比已高达 42.4%。"智能座舱"通过车内配置的各类终端硬件和操作系统来实现多模态的人机交互功能,并不断创新以实现更多个性化的配置和沉浸式交互等新型服务。

车联网路和云的基础建设包含了路侧感知系统、通信网络以及负责车联网控制与管理的云平台系统。路侧感知系统中,路侧传感器负责信息的采集和存储,处于感知系统的最前端,是整个系统的性能基石。在通信能力方面,随着网络服务能力及多元化供给能力的提升,车联网 LTE-V2X、5G-V2X 和 PC5 无线通信技术与光纤网络以深度融合的模式形成了多网复合的交通信息通信网络，低时延、高可靠且覆盖面广的网络通信能力为车联网进一步拓宽了应用场景。车联网的大脑中枢云平台服务系统也在摸索车联网的部署与应用中持续创新，城市级和高速公路路端车联网的云平台已有"边缘–区域""区域–中心"以及"边缘–区域–中心"等多种方案。

目前车路协同系统已可以实现将路侧感知系统感知到的行人闯入、路侧异常停车等信息实时提供给车载 ADAS 等车端系统用于决策和执行。随着车路协同场景纳入 C-NCAP（中国新车发布规程）的检测标准中，未来具有智能网联功能的汽车的安全性也会进一步提升。

但无论是单车感知还是车路协同，在推进的过程中，总会出现各个产业间多线平行的境况，特别是交通与汽车，"智能的车"与"智慧的路"都在各自的方向上努力，呈现出各自独立发展、分别探索的态势。在第十八届中国汽车产业论坛上，公安部交通管理科学研究所分享的数据表明，2012 年至 2023 年，汽车保有量年均增长 10.2%，而同期城市道路里程的年均增长只有 5.6%，且各地发展情况不均衡，详细情况如图 15-8、图 15-9 和图 15-10 所示。

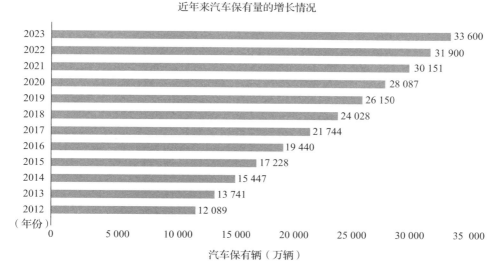

图 15-8　2012—2023 年汽车保有量增长

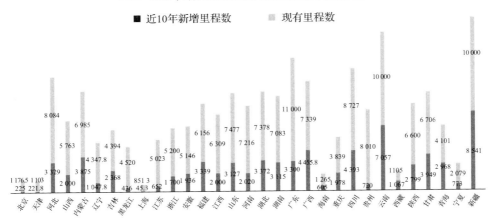

图 15-9 2012—2022 年部分地区公路新增里程数及现有里程数情况

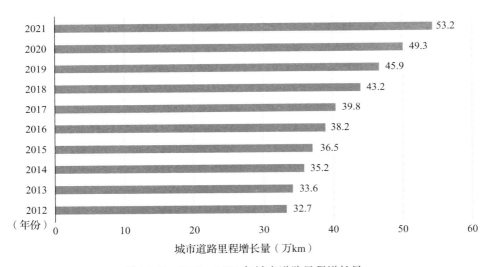

图 15-10 2012—2021 年城市道路里程增长量

2023 年，中欧校友汽车产业协会启动了十大真问题的共创解题尝试，已深耕车联网产业 14 年的杨雷校友提出："如何能让'车'真正'触网'，实现有效的'车路协同'互动？"这个问题被列为十大真问题之六。经过对该问题的三轮深入剖析研讨，在第十八届中国汽车产业论坛上，真问题"数智时代人车路云一体化的共同演进"成为论坛环节的主题,来自腾讯智能交通、上汽通用汽车、工业和信息化部中国信息通信研究院、公安部交通管理科学研究所、日产(中国)、江苏天安智联的六位嘉宾参与了圆桌讨论,这个组合涵盖了汽车、道路、标准以及车联网系统等各相关方,针对中国车联网发展过程中呈现的"车归车""路归路"现象,大家对这一探讨寄予了期待。

车路云一体化是车路协同实现的关键路径,也是汽车智能化的必经道路,2020年中国智能网联汽车产业创新联盟发布的《车路云一体化融合控制系统白皮书》中曾对车路云一体化系统做了如下描述:车路云一体化系统(Vehicle-Road-Cloud Integrated System,VRCIS)是通过新一代信息与通信技术将人、车、路、云的物理空间、信息空间融合为一体,基于系统协同感知、决策与控制,实现智能网联汽车交通系统安全、节能、舒适及高效运行的信息物理系统(Cyber-Physical Systems,CPS)。

国家非常重视产业的协同发展,制度和标准的顶层设计也在不断补充和完善,道路交通法律规章中已明确了智能汽车上路试点通行的责任主体是汽车生产企业和使用机构或个人,并将交通规则符合性也纳入了智能汽车产品的准入测评体系,将智能汽车纳入了现行机动车登记管理体系。与此同时,国家车联网技术标准的编制工作也在快速推进,包含智能网联车辆的登记管理、身份认证与安全、运行管理以及车辆运行管控与服务等全流程在内的管理标准体系正在建立,两项与此相关的国家推荐性标准《智能网联汽车数字身份及认证通用技术规范》和《道路交通管控设施数字身份及认证通用规范》将在2024年完成。图15-11为智能网联车辆数字身份应用的示意图。

随着智能交通与智慧城市的数智化升级,各地车联网示范区、先导区的道路交通基础设施、运行状态和行驶环境已逐步实现众多场景下的融合感知、动态分析和及时播报,借助丰富的实时路网与交通参与者信息,应用数字化及云技术,实现了对交通和城市治理的动态、精准管控,从应用层面进入了车路云一体化实践阶段。

为使我国在智能网联汽车技术研发、应用规模、标准体系建设等方面逐步达到国际领先地位,车路云一体化系统发展需进一步强化四项任务,即深化系统架构认识，推进标准规范制定；强化政策支持力度，聚焦关键技术突破；引导技术产品转化，鼓励开放示范应用；探索应用商业落地，加强国际交流协作。

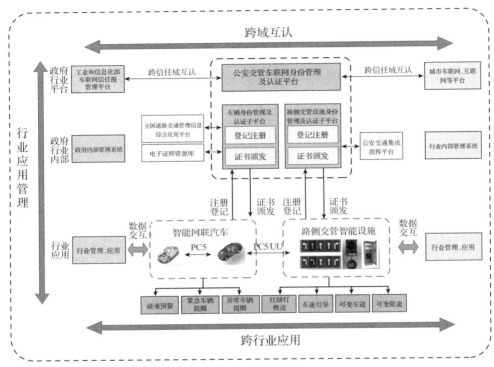

图 15-11　智能网联车辆数字身份应用示意图

资料来源：公安部交通管理科学研究所在第十八届中国汽车产业论坛上的分享。

车路云一体化架构与"车能路云"融合发展

车路云一体化架构最早是由清华大学的李克强院士于 2019 年提出的，近年来逐渐成为行业共识，并被认可为具有中国特色的智能网联汽车发展之路。虽然智能驾驶、自动驾驶技术突飞猛进，但车与外物的距离、天气、光线及亮度的突变都会影响单车的感知和驾驶决策，同时，单车智能也无法感知和判定其他交通参与者将如何做出下一个驾驶决策。通过车路云一体化架构，采用智能化与网联化同步发展的模式，可以充分利用网联化来协同车与车、车与路、车与其他交通参与者的感知、决策与控制功能，在某种程度上也可以适当降低对车辆本身智能化水平的要求，这势必会推动车企更加关注和重视车联网技术、车联网在智能交通领域的部署以及车路云一体化架构设计，并推动车企逐步参与到车路云一体化生态系统中。

2023年1月，中国智能网联汽车产业创新联盟发布的《车路云一体化系统白皮书》，进一步厘清了车路云一体化系统的概念，如图15-12所示。

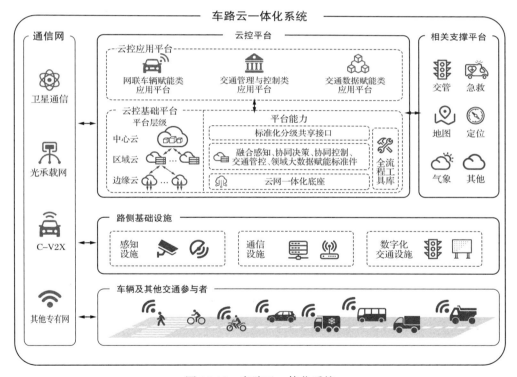

图15-12　车路云一体化系统

资料来源：2023年1月发布的《车路云一体化系统白皮书》。

白皮书指出，车路云一体化系统由车辆及其他交通参与者、路侧基础设施、云控基础平台、云控应用平台、相关支撑平台以及通信网组成，其中云控基础平台是基础，由边缘云、区域云和中心云三级云组成，形成逻辑协同、物理分散的云计算中心。云控系统的产业生态构成从产业链角度，包括了政府及行业监管机构、云控系统供应商、智能网联车辆、出行服务提供商及特定业务提供商等。

以智能网联汽车为核心载体和应用载体，牵引"车－路－云"协同发展，实现创新融合驱动、跨领域协同，是国家对目前阶段车路云一体化融合发展的要求。2023年在国务院常务会议中首次提出了构建"车能路云"融合发展的产业生态，在车路云一体化融合发展的基础上，进一步明确将新能源汽车、智能网络化系统、道路基础设施和云计算技术相融合，形成全新的智能出行生态系统。2024年，"巩固扩大智能网联新能源汽车等产业领先优势"也正式写入了政府工作报告中。

车路云一体化的机遇和挑战

开展顶层设计，明确责任边界

虽然车路云一体化建设已初步形成跨领域跨行业融合协作的共识，但在实际项目建设过程中存在缺乏顶层设计机制或顶层设计能力不足等风险。项目普遍存在产权分散、各地对标准理解不一、缺乏长效运营机制、持续迭代升级难等问题。产权归属经常分散在公安、交通、住建、平台公司等多个主体；遵循的技术标准经常无法统一，最常用的路侧设备如信号机、RSU通信设备以及感知设备等也都有多重标准，导致相关产品和服务在互通性、兼容性等方面都存在问题或留有隐患。即使在同一城市也会因建设区域、启动项目时间、牵头单位不同，导致多头建设、重复建设等问题。

车联网路云建设作为新型数字化公用基础设施，涉及政府部门需求、产业聚集需求和技术路线等多种因素，更需要运用系统的方法，从全局出发，开展顶层设计和统筹规划，集中有限资源，高效、精准地实现目标。车路云一体化系统作为典型的跨行业融合的产业，更需要统筹规划，关注汽车、交通、通信、互联网以及其他相关行业的协同发展。在部署各层级的项目时要具备顶层设计的思维，做好政策、标准、技术、建设、应用、运营等全方位产业思考和规划。

在顶层设计上需考虑"6个一"的规划原则：一个车联网产业规划，一份全域总体规划，一套车联网产业促进政策，一个专业产业园区，一个专业运营团队，一只创投基金。并在满足政府产业集聚需求的前提下，做好产业集聚招商引资、招才引智工作。

在车联网应用不断迭代阶段，还应避免所谓的"交钥匙"现象，基于多年的实践经验，天安智联提出了车联网建设五大责任主体的概念，在设计之初就应厘清管理、投资、产权、集成和运营这五大责任主体的关系和职责，具体分工如图15-13所示。五大责任主体的顶层设计可以避免项目建成后，因产权不明晰，通信基础设施、道路基础设施、云控平台与大数据中心的运营、维护及迭代的责任主体不确定导致各种推诿，影响最终功能的实现。确保车联网数字化新基建项目建成后能有效并持续地开展运营，赋能智能网联汽车的运行，保障车路云一体化系统的协同推进和融合发展。五大责任主体模式得到了多方认可，并在很多车联网建设项目中被参照应用。

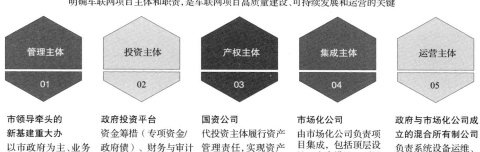

图 15-13　天安智联提出的车联网项目五大责任主体

车路云一体化发展已进入提速期

2024 年 1 月工业和信息化部、公安部、自然资源部、住房和城乡建设部、交通运输部联合发出的《五部委关于开展智能网联汽车"车路云一体化"应用试点工作的通知》释放了一个非常强烈的发展信号。在建设内容方面，更加强调车、路、云、网、图、安全等各环节的统筹协调发展，突出强调了网联化赋能作用；在功能场景方面，覆盖了协同预警、协同驾驶辅助、协同自动驾驶等不同等级的网联化功能应用；在应用规模方面，特别强调了跨城市统一架构，推动城市级"连片"建设，打破"碎片化、烟囱式"的"单点"部署，推动实现规模化路侧覆盖和规模化车端渗透的应用实践。

车路云一体化试点工作要求 3 年内试点城市实现通信基础设施全覆盖，实现交通信号机和交通标志标识等的联网率在 90% 以上；要求提升车载终端装配率，试点运行公共领域存量车辆 100% 安装 C-V2X 车载终端，要求 L2+ 以上新车 50% 车载终端搭载率大幅提升；建立城市级云控基础平台和智能网联汽车监测平台，并能够与车端设备、路侧设备、边缘计算系统和其他交通、城市管理平台等实现安全接入和数据联通；鼓励在限定区域内开展智慧公交、智慧乘用车等多场景应用试点；推动跨行业跨区域联合标准研究；建设跨域身份互认体系，支持跨车型、跨城市互联互认互通；鼓励数据要素流通与数据应用等。

2022 年，我国乘用车新车前装标配车联网功能搭载率已接近 70%，其中前装 5G 车辆达到 41.7 万辆，新车市场前装搭载 C-V2X 达到 17 万辆，10 余款量产车已搭载 C-V2X 直连通信功能。随着 2024 版 C-NCAP 中发布需由 C-V2X 技术实现的场景，将有越来越多的车型在出厂时就具备 C-V2X 直连通信功能。

通过全系统、立体式的"车–路–云"一体化发展应用试点建设的推动，大幅度加快智慧城市建设和道路基础设施智能化提升已势在必行。但目前仍然存在汽车、交通运输、通信行业推进力度不一等情况，"车等路"的困局也普遍存在。另外，因为汽车与交通行业重点关注场景不同，各地现有的基础设施建设方案也难以复制输出，这些都是车路云一体化协同发展中急需解决的"协同"问题。当智能化道路基础设施投资模式与建设标准逐步清晰，车辆智能化与网联化实现相互赋能，车路云一体化架构下可实现跨领域的充分融合时，智能网联汽车"车路云一体化"发展方能进入一个新阶段。

数智化时代如何完善车联网的数据运营

随着车路云一体化系统融合发展进程的加快，各地车联网系统陆续开始进入规模化扩展和应用阶段，目前车联网正在探索"服务运营"和"数据运营"两大方向。

车联网服务对象包括政府交通管理者等 G 端用户、交通出行、物流运输、整车生产及服务企业等 B 端用户，以及作为汽车消费者的 C 端用户。除政府交警部门运用车联网云控平台调度、管理城市交通提升通行效率，以及通过云控平台为运输部门或车辆运营机构提供普适性或定制化服务外，基于"泛 V2X 平台+多种触达方式"，车联网还可以提供很多诸如面向驾驶员的安全预警或信息提醒等"普惠服务"，例如，通过行业版导航地图，物流司机可以获得真正的车路协同能力，享受到车道级导航、周车环绕呈现、超视距事件预警等服务，实现在雨雾天气安全通行，最大限度地兼顾高速通行的效率与安全。但因终端渗透率低，普遍存在的应用场景分散、平台和数据不互通，各地建设相关参与主体缺乏业务运营经验和应用推广能力等问题，跨区域数据信息联通成为非常大的挑战。

车路云一体化作为典型的跨行业融合的新兴产业，在数据研究和应用开发中，尚缺乏统一的语义体系，难以面向多源数据提供完备、统一的数据对象表达、描述和操作模型，不同系统间数据互相"理解"的难度高，对汽车、交通等垂直行业数字化、智能化转型升级需求的内生动力和核心痛点挖掘还不够充分。在车路云一体化架构下，随着车端渗透率的增大，车端、路端和云端数据，通过车-车、车-路、车-云、路-云、云-云之间的业务交互和数据贯通，对数据采集和筛选、数据挖掘和处理、模型分析等能力都提出了更高的要求。

2022 年 12 月 19 日，《中共中央 国务院关于构建数据基础制度更好发挥数据要素作用的意见》（以下简称"数据二十条"）对外发布，针对构建数据基础制度中的数据产权、流通交易、收益分配、安全治理等问题,提出20条政策举措。车路云一体化系统产生的海量数据经过标准化加工处理,有望形成可控、有序、可利用的数据资产,这些数据资产可实现的价值释放值得期待。如何在"数据二十条"框架下开展车联网的数据运营,也许会是车路云一体化系统发展的下一个热点话题。

◐ 探索与实践

中国车联网先导区试点的探索与实践

江苏(无锡)国家级车联网先导区

2019年5月,工业和信息化部宣布江苏(无锡)车联网先导区成为我国第一个国家级车联网先导区,这是在2018年12月份工业和信息化部发布《车联网(智能网联汽车)产业发展行动计划》后,我国设立的首个车联网先导区。无锡从先行先试到建成全国首个车联网"规模化覆盖+深度化应用"城市,进行了大量的创新实践,成为后续同类建设的标杆和示范。作为第一个吃螃蟹的,无锡项目的建设过程充满了挑战。天安智联作为6家核心单位之一,在项目完成后提出了车联网示范区建设必须明确五大责任主体,即管理主体、投资主体、产权主体、集成主体和运营主体,得到了政府和其他核心发起单位的普遍认可,并被运用和借鉴到后续开展的很多项目中。

2022年4月,江苏省交通运输厅印发的《2022年江苏数字交通重点项目建设指导性计划》将无锡市车联网(C-V2X)城市级示范应用项目(二期)列入2022年江苏省数字交通产业发展重点项目之一。根据规划,2022—2024年,无锡将投资2亿元完成升级改造路侧设施、优化通信网络,构建公安赋能、V2X基础能力、多元出行服务等有机结合的综合服务平台,实现公安交警、互联网、车联网等数据的交互,进行精准公交、无人小巴接驳等特色应用建设,探索车联网的商业运营。

无锡在项目规划建设的同时,构建起涵盖传统车辆零部件、智能化终端和芯片、整车制造、路侧设备、车路协同系统集成等相对完整的产业生态环境，聚焦产业链基础设施的车端、路端、云端、图端节点以及综合应用环节，吸引了一批车联网及智能网联汽车企业相继落户无锡，形成了完整的车联网产业链。

截至 2024 年 7 月，无锡已完成全市核心区 600 多个路口的智能化改造，C-V2X 网络覆盖逾 300 平方千米，构建应用场景 30 余项，已形成超过 10 万辆社会车辆的在线服务能力，建成了双向 170 千米的智能网联汽车开放测试道路群，实现开放测试道路与权威封闭测试区（国家智能交通综合测试基地）的无缝衔接，在政策创新、产业规划和项目建设等方面走在全国前列。

天津（西青）国家级车联网先导区

天津先导区是第二个获批的国家级车联网先导区项目。吸取首个先导区的经验，天津先导区在总体规划时即提出以"运营"指导"建设"的理念，成立了以市区两级领导为组长的车联网工作领导小组，统筹决策该市车联网工作，把握重大事项，如车联网产业发展方向、基础设施建设、科技创新等，定期听取汇报并进行决策部署，各项工作都落实到相关责任部门，并成立了天津天安永泰科技有限公司 [由天安智联与天津市永泰恒基投资有限公司（国资）合资]，由其承担项目的整体运营工作。

截至 2024 年 7 月，项目按照"统筹规划，分期建设"的原则，围绕车、路、云、网、图五大核心元素面向场景复杂度以及赋能本地整车及关键零部件厂商、自动驾驶解决方案厂商等业务场景的实际需求，通过高、中、低配方案完成了区域范围内 408 个路口的覆盖，建成了 86 个全息感知路口和 17 个全息感知路段。搭建了"5+3"车路协同运营平台核心架构体系，打造了运营支撑和技术服务支撑两大平台，面向政府、企业、个人提供不同场景的出行服务，为城市管理提供决策依据，助力城市智慧交通体系的建设。

天津先导区自 2020 年建设、运营以来获得了国家部委相关主管部门的高度肯定，树立了车联网发展的天津品牌：区内建成了全国部署规模最大、覆盖面积最广、设备配置最高的车路协同路侧基础设施环境以及基础稳定、功能完善、数据丰富的车联网运营支撑平台，并在此基础上形成了涵盖无人物流、无人环卫、无人安防等多种形式的无人载具生态体系，吸引了包括天安智联、星云智能、希迪等一批车联网知名企业落地西青。截至2022年底，已聚集了108家上下游企业，为先导区进一步打造"低速无人载具生态城"奠定了坚实基础。

在2021年第五届世界智能大会上，天津国家级车联网先导区发布了五大成果，从构建物理环境底座、打造基础数据平台、做好产业发展支撑、营造关键技术自主攻关环境到塑造车联网产业生态，天津先导区积极推进车联网实践从行业管理、标准规范、技术研发、测试验证到商业化运营的完整闭环，探索车联网发展的具体模式和方法，推动汽车产业高质量发展。

湖北（襄阳）国家级车联网先导区

湖北（襄阳）先导区是第五个获批的国家级车联网先导区项目，也是天安智联承接的第三个国家级车联网先导区项目。

襄阳项目秉持"以民为本，以用为先"的核心理念，以打造全国首个"智能网联+智慧交管"全域融合车联网深度应用城市为目标，建设、运营与产业生态并重，通过智能网联基础设施全覆盖和车联网多场景融合，实现"人车路网云"的一体化建设。在应用场景方面，以数据分析为基础、以交通优化为目标，建设"可感知、全覆盖"的民生工程，围绕智慧物流、智慧公交、智慧交管，深度落地车联网应用场景；在生态运营方面，建立专业的车联网运营主体，重点打造车联网运营服务能力，以襄阳方案助力湖北省车联网产业发展；同时，通过产业集聚促进襄阳市智能网联产业研发、测试应用、装备制造、标准制定、产教融合等环节协同发展，打造"促发展、共创新"的产业生态。

项目在开展之初即制定了完善的产业规划、交通规划和项目规划，立足本地汽车产业基础，打造以整车制造业为核心，以零部件制造业为支撑，以C-V2X车路协同体系、整车与零部件测试为保障，以自主创新为动力的智能网联汽车产业集群。明确襄阳车联网发展的定位和目标是聚焦智慧物流、智慧公交和智慧交管三大应用方向，开展路侧智能化设施设备、智能网联平台、网络资源部署以及终端渗透等方案规划，分阶段以"点－线－面"三级递进原则，全面建设襄阳车联网先导区。

截至2024年7月，襄阳在城市建成区域实现了244个路口车联网覆盖，通过 C-V2X 以及 5G 等通信方式，打造多种泛 C-V2X 应用。基于路侧感知数据，红绿灯可以根据车流量自动调整配时，不会再出现空等、空放的现象，高峰期路口排队长度从上百米减少至 50～60 米。从"车看灯"到"灯看车"的转变，极大提高了城市交通效率，让襄阳成为全国领先的车联网深度应用城市。

常熟智能网联车测试基地

截至 2024 年 7 月，作为江苏省级车联网先导区示范项目和苏州"三区一走廊"城市级车联网验证与应用项目的重要组成部分，该项目以 G524 常熟部分及常熟高新区为主，包含常熟市区核心范围，共完成了 143 个交通路口和 113 千米城市道路的智能化改造，完成 55 个功能场景、5 项专利和 3 项标准。项目由天安智联与常熟大学科技园有限公司的合资公司苏州昆朋智能网联科技有限公司建设运营，是典型的产学研实践落地的案例。

项目在建设模式、场景应用进行了多方面的创新探索。在建设模式上，相关参与方共同探索低成本、高复用的智能网联建设实践，充分复用现有杆路、交警信控平台数据，避免重复建设。在场景应用上，结合京东无人物流能力打造了国内首个基于 V2X 的可商业化运营的低速智能驾驶无人物流配送场景；在交通安全方面，实现了行人横穿预警、匝道汇入汇出预警、右转辅助预警等多项实用性功能，保障了行人的出行安全；开展了公交网联化应用实践，重点实施车前行人"鬼探头"提醒、车尾屏实时红绿灯和车头行人提醒等，保障市民出行安全；规模化推广存量车市场的车载 C-V2X 设备加装应用，使普通车具备 C-V2X 智能网联功能，实现了用户的广泛覆盖。

2023 年在苏州召开的第 29 届智能交通世界大会议程中，专门设置了苏州 5G 车联网示范项目常熟参观路线，100 多位中外嘉宾参观并体验了常熟车联网核心区，亚太智能交通协会秘书长山本昭雄表示："今天看到的很多东西在日本可能还在准备、研发过程中，但是在中国的现实生活中竟然已经实现了，尤其是无人物流配送车的安全性、配送效率等实际问题，我在常熟看到了很好的方案，相信在今后的工作中能够切实解决很多社会性课题。"

共创解题

你们的产业生态如何在数智化过程中开放式创新

我们认为，4WDV 模型和共创解题方法不只适用于汽车产业，也具有一定的普遍性。如果读者所在的企业也在进行数智化转型，我们真诚地希望将 4WDV 模型和共创解题方法传递给你，帮助你所在的企业一起来探索并定义针对自己的"真问题"。

问题之思

第四部分内容主要围绕"生态价值驱动的核心：开放式创新与生态数智化"展开，探讨汽车产业如何在数智化创新的过程中，通过开放合作和跨界创新，构建更加高效和可持续的产业生态系统。你的企业在生态价值驱动方面有哪些需要解决的真问题呢？

跨界合作：如何在开放创新中找到最佳合作伙伴？

【思考互动】在你的行业中，哪些领域的企业可以成为你理想的合作伙伴？它们能为你的创新过程带来哪些独特的资源和视角？

【动手实践】绘制一幅"合作伙伴生态图"，标出潜在的跨界合作伙伴，并描述每个合作伙伴的独特优势和可能的合作领域。

资源共享：如何通过开放平台实现资源最大化？

【问题导引】在数智化过程中，哪些资源可以通过开放平台共享？如何确保共享过程中资源的安全性和高效性？

【共创任务】组织一次"资源共享圆桌会"，邀请不同部门和合作伙伴，以及潜在的本行业甚至跨行业的价值共创者，一起探讨资源共享的可行性和具体实施方案。

创新孵化：如何在生态系统中创新并推动创新项目落地？

【虚拟互动】设想你的企业建立了一个创新孵化平台，可以帮助初创企业和内部团队将创意转化为现实。这个平台应具备哪些功能？如何吸引创新项目？

【策划挑战】设计一个"创新孵化计划"，包括如何选择和支持最有潜力的创新项目，以及如何在生态系统中促进合作和资源共享。

生态协同：如何实现价值生态各环节的无缝对接？

【灵魂拷问】在你的价值生态中，哪些环节需要加强协同？协同能为你带来哪些真实价值？如何通过数智化手段提升价值生态的整体协同效率？

【故事共创】讲述一个关于价值生态协同成功案例的故事，分享通过数智化手段实现产业链各环节无缝对接的实践经验。

直面问题：哪个问题才是"真问题"？

【问题征集】在推进开放式创新过程中，最让你头疼的问题是什么？这些问题背后真正的挑战是什么？

【解决方案工作坊】针对你提出的"真问题"，请列出三种可能的解决方案，并邀请团队成员打分，讨论每个方案的优缺点及可行性。

行动 TIPs

√ 成立"合作伙伴生态共创"委员会

　　"合作伙伴生态共创"由委员会由企业高层牵头，由相关跨部门高管和主要合作伙伴参与。

√ 举办"数智化生态共创大会"

聚焦产业转型升级的关键节点，举办"数智化生态共创大会"，邀请行业内外的领军企业、创新先锋、科研机构及高校等多方参与者。通过主题演讲、圆桌论坛、创新项目展示与路演等形式，搭建一个开放交流与合作的平台。企业不仅能够拓宽合作视野，发现新的技术趋势与商业机遇，还能直接对接前沿技术和潜在合作方，加速自身数智化解决方案孵化与落地。

√建立"跨界融合创新工场"

以"数智化生态共创大会"为起点，成立一个实体与虚拟相结合的"跨界融合创新工场"，作为企业可持续探索多元化合作模式和孵化跨界项目的基地。工场内集合设计思维实验室、快速原型制作车间、数据科学工作站等多功能区域，支持跨行业团队驻场协作，共同攻克产业痛点，开发新产品、新服务或新模式。企业借此可深入理解不同行业的运作逻辑，整合多元资源，推动颠覆性创新的实现。

√构建"数智化协同网络"

构建一个基于云平台的"数智化协同网络"，将企业内部各部门、供应链伙伴、客户及第三方服务商紧密相连。通过API接口、数据共享协议和协同工作工具，实现信息流、物流、资金流的实时交互与优化配置。此计划旨在打破信息孤岛，提高决策效率，同时利用AI算法分析网络数据，为企业提供智能化的运营建议和风险预警，促进整个生态系统的高效协同与价值共创。

下篇

中国汽车
面向世界,开往未来

第16章
面向世界：再全球化

在全球化背景下，汽车产业作为制造业的支柱产业，是衡量一个国家工业实力的关键，也影响着一个国家的国际竞争力以及在全球政治经济格局中的地位。发展先进制造业，特别是面向世界的汽车工业，成了提升国家整体工业化水平和综合国际竞争力的战略重点。

但在面向世界的过程中，中国汽车产业面临着诸多困难。早期的中国汽车产业缺乏关键核心技术和自主知识产权，长期依赖进口技术和设备；管理水平也相对落后，中国车企内部缺乏有效的组织架构和管理机制，导致生产效率低下和管理效能不足；生产技术方面也存在诸多不足，生产线落后、工艺简单，无法满足高品质、高效率的生产需求。

为了走向全球，中国车企从20世纪90年代开始，大力引进和消化吸收国外先进技术，加强自主研发和创新能力；引进国外先进管理理念和方法，提升管理水平；加大生产技术投入，提升产品质量和生产效率。与此同时，中国政府出台了一系列包括鼓励技术创新、推动产业升级、支持自主品牌发展在内的政策措施，给中国汽车产业全球化发展提供了有力支持。

在这样的背景下，中国汽车产业一一攻克了横亘在全球化之路上的技术、管理和生产难题，并在此过程中实现了产业的快速成长和壮大，逐步实现与国际市场接轨，成为全球最大的汽车市场之一。中国车企通过提升产品质量、加强品牌建设、开拓海外销售渠道等方式，逐渐在国际舞台上崭露头角。

在全球化进程中，出口是一个关键指标。1990—2023年，汽车出口轨迹映射出中国汽车国际化发展的飞跃。初期，中国汽车出口量有限，多为低端车型及CKD，出口至叙利亚等发展中地区。21世纪初，伴随加入WTO，中国汽车出口量缓慢增长，2002年全年出口仅2.2万辆。2012年，中国汽车出口首次超过百万辆，达到106万辆。进入21世纪20年代，新能源汽车成为新增长点，比亚迪、吉利等品牌在国际舞台崛起，中国汽车出口量激增。根据中国海关总署数据，2021年、2022年，我国汽车出口量连续迈上了200万辆、300万辆的台阶，2023年，更是跨越了两个百万级台阶，出口522.1万辆，同比增加57.4%，如图16-1所示。根据日本汽车工业协会数据，2023年日本汽车出口442万辆。这意味着，中国首次超越日本成为全球第一大汽车出口国。此外，中国海关总署还公布了一组值得关注的数据，当前中国制造出口的"新三样"为电动载人汽车、锂离子蓄电池和太阳能电池，2023年合计出口额破万亿元，同比增长30%。这些数据皆展现出中国汽车产业国际化进程的重大突破，也反映了中国制造业整体实力的显著增强。

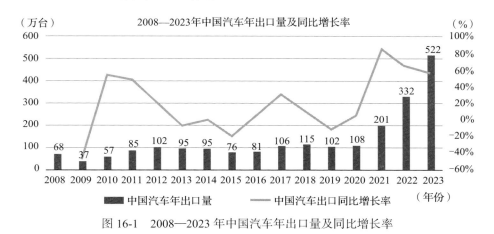

图16-1 2008—2023年中国汽车年出口量及同比增长率

在过去近半个世纪的时间里，中国与世界之间的经济联系正在悄然改变，中国已逐步融入全球产业链体系，这种趋势在未来充满不确定性的环境中还会继续。本章中，为了帮助读者更快厘清中国汽车国际化发展脉络，我们将其分为代工"走出去"、资本"走出去"、产品"走出去"、产能"走出去"四个阶段。

代工"走出去"：全球化起步阶段

这一阶段是从 20 世纪 80 年代到 90 年代初。当时正值中国汽车产业起步阶段，国内汽车市场相对封闭，技术和生产水平与国际先进水平存在差距。在这一时期，中国政府提出了引进国外技术、吸收国外资金、通过国际合作提高技术水平的政策，推动了中国汽车产业的发展。

与此同时，国际汽车市场已经相对成熟，美国、日本、德国等国家的汽车企业处于领先地位，具有先进的技术和管理经验。中国汽车企业在国际市场中的地位相对较低，主要作为劳动力成本较低的制造基地，承接国际汽车企业的代工生产订单。中国汽车企业在国际市场中还缺乏自主品牌和自主知识产权。

在这一背景下，中国汽车企业与国际汽车巨头展开合作，通过代工的方式，承接了大量的汽车生产订单。其中，北京汽车与现代汽车的合作是代表性案例之一。1985 年，北京汽车与现代汽车签订合作协议，北京汽车为现代汽车代工生产轿车和轻型商用车；同时，现代汽车为北京汽车提供先进的技术和管理经验，帮助其迅速提升生产水平和产品质量。通过代工生产，北京汽车成功进入国际市场，提升了品牌知名度，为国际化打下基础。随后，上海汽车与大众汽车、长城汽车与日本三菱汽车也展开了这种合作。中国政府也出台了对外开放、鼓励引进外资和技术、提供税收和财政支持等政策，鼓励和支持中国的汽车企业与国际汽车企业开展合作，促进汽车产业的国际化发展。

代工"走出去"阶段，中国汽车企业积累了生产技术和管理经验，提升了产品质量和生产效率，为中国汽车产业国际化奠定了基础。

资本"走出去"：全球化资本扩张阶段

这一阶段是从 20 世纪 90 年代末到 21 世纪前 10 年，是中国汽车产业逐渐从国内市场走向国际市场的重要时期。当时，中国汽车产业面临着国内市场竞争激烈、产能过剩等问题，寻求海外市场是提升竞争力、实现产业升级的重要路径。在这一时期，中国汽车企业开始积极寻求国际合作和并购，以获取先进技术、品牌和市场资源。

其中，最具代表性的案例之一是吉利收购沃尔沃。2010 年，吉利以 18 亿美元收购了瑞典沃尔沃，是中国汽车企业首次收购跨国汽车品牌。这一收购不仅提升了吉利汽车在国际市场的知名度和影响力，还为其带来了先进的汽车制造技术和管理经验，加速了企业的国际化进程。

此外，上汽集团也在这一阶段展开了一系列的国际合作和并购活动。1997 年，上汽集团与美国通用汽车成立了合资企业上汽通用汽车有限公司（2015 年更名为上海通用汽车有限公司），开启了在中国市场的合作之旅。随后，上汽集团还相继与德国大众、英国罗孚等国际汽车巨头展开合作，加快了企业的国际化步伐。

这一阶段的特点是中国汽车企业通过跨国并购和合作，快速获取先进技术和品牌资源，加速了国际化进程。同时，这些合作也为中国汽车产业的自主创新提供了重要支持，为未来中国汽车品牌走向国际市场奠定了基础。

产品"走出去"：全球化产品输出阶段

该阶段发生在 21 世纪初，是中国汽车产业逐步实现产品国际化的重要阶段。当时，在国内汽车市场竞争日趋激烈的背景下，中国汽车企业积极寻求在海外市场推广产品。中国汽车企业开始将自主研发的产品推向国际市场，主要通过开拓海外销售渠道和与当地的经销商合作，进入多个国家和地区的市场。这一阶段，中国汽车企业在海外取得了一定的销售成绩，并逐步树立了在国际市场的品牌形象。

以长城汽车为例，2006 年，长城汽车开始大规模出口销售自主研发的哈弗系列 SUV。通过开拓海外销售渠道，长城汽车成功进入澳大利亚、中东等多个国家和地区的市场，并取得了一定的销售成绩。特别是在澳大利亚市场，长城汽车的销量逐年增长，逐渐树立起了在当地市场的品牌形象。

吉利汽车也是该阶段的典型案例。吉利汽车通过与海外经销商的合作，将自主研发的汽车产品销售到欧洲、南美等地区。2003 年，吉利汽车首次将自主研发的车型出口到欧洲，成为中国首个登陆欧洲市场的汽车品牌。

产能"走出去"：全球化产能输出阶段

近年来，在国内市场竞争日趋激烈、国际市场需求增长的背景下，中国汽车企业积极拓展海外市场，并将产能输出到海外，以提升品牌竞争力和国际市场份额。这一阶段，中国汽车企业通过建立海外生产基地、合作建厂、并购等方式实现了产能输出。

以建立海外生产基地为例，中国汽车企业在全球范围内建立了多个生产基地，包括装配厂、零部件工厂等。建立海外生产基地不仅可以更好地适应当地市场需求，还可以减少运输成本和关税，提升产品竞争力。

例如，长城汽车在俄罗斯建设了一座制造工厂，实现了本地化生产，并成功打入俄罗斯市场。此外，一汽集团、上汽集团等中国汽车企业也在海外建立了多个生产基地；比亚迪更是在美国建立了电动车生产工厂，成为中国首个在美国建立生产基地的汽车制造商。

除了建立海外生产基地，中国汽车企业还通过合作建厂、并购等方式实现了产能输出。通过与当地企业合作建立生产基地，中国汽车企业可以更快地进入当地市场，降低投资风险和成本。通过收购当地汽车企业，中国汽车企业可以快速获得当地市场份额和品牌知名度。例如，吉利汽车通过收购沃尔沃等品牌，实现了在欧洲市场的产能输出和品牌扩张。中国与其他一些出口大国在出口模式上存在显著差异。与大型企业数量与中国相当的其他出口大国相比，中国的出口总额远超这些国家，这在一定程度上归功于中国庞大的中小企业群体。这反映了中国出口经济不是仅依赖少数几家大型跨国公司，而是广泛依靠众多中小型企业，形成了一个多层次、多维度的出口生态系统。这一体系的灵活性与多样性是中国在全球化市场中保持竞争优势的关键因素之一。

综上所述，中国汽车产业经过二三十年的发展，完成了早期"走出去"的进阶。在"走出去"阶段，中国车企主要关注的是产品推广和销售，即通过出口产品、建立海外工厂或合资企业等方式，将产品推向国际市场，以获取更多的销售额和利润。

从"走出去"到"走进去"

接下来，中国车企要提升国际竞争力，需要从当前的"走出去"往"走进去"进一步升级，这意味着中国车企将从原先简单的产品销售渐进式地扩展到更深层次的本地化生产、市场定制和品牌塑造。除此之外，真正"走进去"要立足当地，给当地客户和社区创造新的价值。

近年来，中国凭借在新能源汽车领域的技术优势，提升了中国汽车产业在全球的地位与话语权。中国车企通过自主研发和全产业链整合逐渐在欧美等发达市场崭露头角，获得了国际市场的认可，彰显了中国汽车的技术实力和市场竞争力。

我们看到不少走在前列的中国车企已经在积极从"走出去"向"走进去"进阶。比如长城汽车，通过积极参与巴黎、底特律等国际车展以及赞助世界汽车拉力锦标赛等国际赛事等，在全球塑造自己国际化、专业化的品牌形象；比如比亚迪，在全球范围内建立生产基地和销售网络，基于不同国家和地区的环境特点和消费者偏好，进行本地化生产和市场定制。

中国汽车产业的全球化路径演变呈现出由简单出口到全球融合的过程。这一演变不仅是中国汽车产业对外开放的必然结果，更是中国汽车品牌在国际舞台上逐步确立自身地位的历程。中国汽车企业通过不断开拓海外市场、积极学习国外先进技术和管理经验、推动自主品牌国际化进程以及建立全球化供应链体系等，逐步实现了从"走出去"到"走进去"的转变。这一路径演变的关键在于坚定不移地追求国际化，提升品牌知名度和影响力，以及加强国际合作与交流，这不仅是中国汽车产业发展的必由之路，更是实现中国汽车产业全球化的关键途径。

要实现从"走出去"到"走进去"的目标，不仅要使中国汽车产品具有国际竞争力，获取更大的增长空间，更重要的是要提升中国汽车品牌的叙事能力，塑造一个跨地域、跨文化的独特形象和价值观。通过与全球消费者建立更广泛的共鸣，中国汽车产业能够增强在国际舞台上的话语权，推动全球汽车市场发展。

再全球化背景下的汽车产业"出海"再思考

当前，中国已融入全球的汽车产业价值生态。但是，全球化并非一帆风顺的过程，尤其是面对全球自然环境和政治经济环境的不确定性、技术发展的日新月异、全球品牌之间的激烈竞争以及各地区客户需求的个性化演变，中国汽车企业从"走出去"向"走进去"进阶的过程中，面临着前所未有的挑战。如何积极针对当前全球化环境寻找适应新时代的新框架，使得投资服务和产品更容易，同时建立管理数字贸易的规则，确保在快速增长的领域有更加公平的竞技场，是全球汽车产业面临再全球化（re-globalization）的重要课题。

再全球化将以国际合作为中心，将贸易一体化扩大到更多人、更多经济体以及更多问题的解决之中；再全球化并不是将供应链重新外包给一个由"朋友"组成的小团体，而是进一步将一些被边缘化的经济体重新融入全球贸易体系，这将意味着经济增长、减贫和提高生产率，也意味着创造新的就业机会。

在全球化框架更迭的背景下，中国汽车产业"出海"的发展策略也需要重新思考和调整。我们提出以下几个方向的建议，希望能够激发正在从"走出去"向"走进去"进阶的中国车企迭代再全球化的"出海"策略。

强化国际合作与多边关系：在全球贸易新框架下，中国车企应积极参与国际规则的制定，利用WTO等多边机制，推动形成更加开放、公平的贸易环境。通过建立广泛的合作网络，中国车企不仅与发达国家深化技术合作，也要加大对发展中国家的支持，共同参与全球产业链的重塑，实现共赢。

绿色低碳转型与技术创新：在全球环保意识提升和碳中和目标的推动下，中国车企应加速向新能源汽车、智能网联汽车车企转型，引领全球汽车产业的绿色变革。通过加大在电动汽车、氢能源、自动驾驶等领域的研发投入，推动技术创新与标准制定，形成新的竞争优势。

品牌国际化与文化融合：在"走进去"的过程中，中国车企需更加注重品牌文化的国际化表达，通过本地化策略，深入理解并尊重目标市场的文化习俗，打造具有全球影响力的汽车品牌。利用全球性的体育赛事、艺术活动等，提升品牌的国际知名度，实现品牌价值的全球传递。

数智化供应链建设：在再全球化进程中，数字化和智能化成为提升供应链韧性和效率的关键。中国车企应借助云计算、大数据、区块链等技术，优化全球供应链管理，提高响应速度和透明度，同时构建弹性供应链，减少对单一市场的依赖，以应对潜在的地缘政治风险。

社会责任与可持续发展：在全球化的新阶段，企业社会责任（CSR）成为衡量企业国际形象的重要指标。中国车企应积极履行社会责任，不仅应关注环保，还应致力于增加当地就业、促进技术转移，以及参与全球减贫和可持续发展目标的实现，展现负责任的企业形象。

人才培养与知识共享：在全球化的知识经济体系中，人才是第一资源。中国车企应加强国际化人才的培养，建立全球性的人才网络，促进技术交流与知识共享。同时，与国际高等学府、研究机构合作，共同培养面向未来的汽车工业人才，为全球汽车行业的持续发展贡献力量。

案例：打造全球化的汽车品牌

特斯拉："走进"中国市场的超级速度[一]

特斯拉是一个通过品牌塑造加速进入海外市场的典型代表，尤其是特斯拉快速进入中国市场，在中国市场快速建设超级充电站以及建立超级工厂的案例，

[一] 感谢上海金桥（集团）有限公司招商部原总经理金玮琦女士、上海金开市政工程有限公司朱理立先生对本案例的支持。

非常值得中国车企在"走进"全球舞台的过程中进行相关的思考与学习。下面我们来谈谈特斯拉"走出去"的步伐。

1. 品牌的差异化定位吸引了全球的关注

特斯拉在没有量产之前，就开始在全球范围内塑造一个引领电动汽车创新的品牌形象。特斯拉的品牌使命是"加速世界向可持续能源转型"，它在使命中刻意弱化了汽车的产品价值，而是精心打造了一个为人类未来而不断努力的叙事体系，从而获得了更多海外媒体的关注和报道以及全球有环保等前沿理念的早期消费者的价值认同，并为它进入新的海外市场带来了巨大的提速作用。

2. 新产品进入新市场需要基础设施提升消费者信心

中国市场是全球最大的乘用车市场之一，也是特斯拉国际化的关键一环。2013年，特斯拉计划布局中国市场。此时，中国新能源汽车市场刚处于萌芽阶段，截至2014年4月初，在北京的智能充换电网络管理服务平台上，能查询到的可供私人预约的公共纯电动车充电桩（站）只有4处。充电的基础设施问题成为特斯拉在中国开展销售的一只拦路虎。此时，特斯拉已经在美国启动了超级充电站的建设，并于2014年初在美国完成了100个超级充电站的建设。超级充电站只需要20分钟就能为电动汽车充满一半的电量，超级充电站对消费者购买特斯拉电动车起到了提振信心的作用。

2013年，特斯拉开始筹备在中国市场的发展，同年在北京设立了中国总部，并开设了首家旗舰店。为了解决"走进"中国市场的层层"拦路虎"，特斯拉计划在上海设立华东区销售总部、旗舰体验店及保税维修中心，并建设中国首个超级充电站。

3. 当地政府与政策支持对进入新市场至关重要

2014年初，特斯拉选择将上海浦东金桥开发区作为华东区销售总部、旗舰体验店及保税维修中心的落地点。当时，距离特斯拉中国首批车主交车仪式只有不到15天的时间，特斯拉在上海市政府的大力支持（包括各种资质审核绿色通道）下，短短12天内就完成了中国也是亚洲超级充电站和旗舰店的建设。当时，特斯拉在美国建设超级充电站，在确保拿到正式批复和正式设计图纸的基础上，按正常施工流程起码要3个月。

对于让特斯拉在中国首批车主交车仪式前落地超级充电站，上海市政府起到了非常关键的作用。一般而言，一个海外品牌入驻上海，企业注册需要市工商局、市商务委配合，进入新能源汽车目录享受补贴需要市经信委支持，上车牌照以及维修服务资质需要市交通部门审核，充电桩电力则需要与电力部门进行协商，充电桩入沪还要得到海关、出入境检验检疫局的支持，充电站、充电桩等电动汽车充电设施的设置以及电动汽车上海用户的充电桩安装及电费的补贴也需要发改委的支持，电动汽车的维修资质申请也需要建交委的支持……

为了使得特斯拉项目能够按要求如期推进，上海浦东金桥开发区专门成立了专项指挥部，与特斯拉团队共同成立了工商登记注册组、供电配套组、超级充电站租赁整备组、物业装修组、商务谈判组、宣传工作组以及协调联络小组共7个工作小组，分别同步推进注册登记、电力配套与增容、商务谈判、环境整治、公司设立与优惠政策、活动推广以及合法合规等各项事宜。在特斯拉从美国总部调派的专业技术人员以及管理人员抵达上海起，上海市政府已经为特斯拉建厂扫清了前期各方面的障碍。

由于当地政府团队前期准备充分，特斯拉团队入场后，双方在短短2天内就确定了充电站的平面布局、各部分施工责任人及施工进度计划，并根据双方确认后的充电桩、充电机、钢筋结构、车位尺寸、太阳能系统、开关柜、管线等具体规格与参数，落实采购任务并启动项目施工。前后总共花了12天的时间，建设完集展示、体验、维修以及补能等功能为一体的金桥碧云国际社区的特斯拉服务中心，当时这个服务中心的超级充电站不仅是中国第一个超级充电站，也是全球第一个安装太阳能装置且建设速度最快的超级充电站。

此外，特斯拉上海工厂2019年1月7日破土动工，8个月完成工厂建设，12个月就实现了量产交付，如果没有当地政府对海外汽车品牌的大力政策支持，这几乎是很难完成的任务。

特斯拉这一案例充分说明，特斯拉在全球打造的"电动汽车创新领导者"的品牌形象为它进入新的国家和地区带来了先发制人的好印象，从而使其更容易争取到当地更有利的政策环境，包括减税、补贴和优惠政策，以及当地相关单位的落地支持。

比亚迪：走向全球汽车市场

在全球经济一体化的进程中，跨国企业通常专注于其核心领域，利用技术、市场或资金优势扩展业务并建立品牌。然而，有些企业选择全产业链布局，例如，三星在消费电子领域从晶圆制造到产品销售的全覆盖，英特尔在芯片制造领域实现设计、生产、封装测试到销售的全链条掌控。在中国，汽车制造商比亚迪也采用了全产业链布局的模式，成为唯一一家具备多家晶圆厂，能够自制汽车电子、SiC、IGBT电控芯片的中国车企。凭借这些技术，比亚迪在新能源汽车领域逐步在全球确立了品牌地位。一起来看看比亚迪是如何走向全球汽车市场的。

1. 比亚迪的全球化之路

比亚迪成立于1995年，1998年开始拓展海外业务，截至2023年底已在全球70多个国家和地区超过400个城市销售新能源汽车。其出口战略依托于全球化布局和技术领先，通过核心自主全产业链布局和强大的执行力推动出口乘用车销量快速增长。2023年10月，比亚迪乘用车月销量破30万辆，其中海外销量突破3万辆。此外，比亚迪积极在海外建厂，实施本地化生产战略，以确保产业链和零部件的稳定与可持续发展。

比亚迪在中国市场已经崭露头角，其高端新能源商用车在日本、德国、澳大利亚等发达国家成功打开市场。在欧美、拉美和东南亚等地区，比亚迪品牌已经具备较高的市场认可度和竞争力。在新能源乘用车领域，比亚迪汉、比亚迪唐在欧美多数国家售价为30万～40万元，在拉美甚至高达60万元，而在国内基本售价为20万元。比亚迪在海外市场的成功，表明中国新能源汽车品牌在全球市场上已经取得显著进展，赢得了尊重和认可。

2. 坚持核心技术研发

比亚迪成功的关键因素是其对核心技术的重视和持续的研发投入。从最初的电子代工到如今的新能源汽车全产业链布局，比亚迪逐步攻克了各个关键环节的核心技术，形成了强大的产业链优势。2023 年 1—9 月，比亚迪在研发上的投入超过 290 亿元。这种高额投入在汽车行业位居前列。比亚迪早在 2002 年就成立了半导体团队，为后来的汽车生产奠定了坚实基础。比亚迪现已成为全球最大的新能源汽车企业，拥有比亚迪半导体、弗迪电池、弗迪动力、弗迪模具和弗迪科技等子公司，涵盖了电池、电机、电控、汽车电子、材料和底盘等领域，形成了完整的产业链。

比亚迪快速发展的背后是其强大的技术实力和对研发的长期投入。通过自主研发和技术积累，比亚迪不仅在国内市场占据优势，在国际市场也展现出强大的竞争力。比亚迪新能源汽车在国内外市场的爆发式增长，离不开其 20 年来在技术上的积累和突破。比亚迪坚持绿色出行和能源科技变革的初衷，通过技术创新和品牌自信，在全球市场上树立了"中国制造"的新形象。

3. 可持续发展的文化输出

比亚迪在发展过程中，注重培养从产线工程师到博士后的各类高级人才，同时重视企业社会责任，比如举办了"我们的毕业歌"音乐节等文化活动，展示了企业的人文关怀和社会责任感。比亚迪的企业价值观还体现在其产品上，例如"云辇跳舞"功能展示了技术的创新和用户体验的提升。比亚迪还通过"山河中国""国宝守护计划"和"为地球降温 1℃"等项目，倡导环保和可持续发展。

总的来说，比亚迪的成功是其对核心技术持续投入、全产业链布局和制定全球化战略的综合结果。在新能源汽车领域，比亚迪通过技术创新和品牌建设，实现了从中国市场到全球市场的全面突破，展示了中国企业在全球经济中的新风貌。比亚迪不仅是中国新能源汽车行业的领先者，也在全球市场上树立了"中国智造"的标杆。

第17章
开往未来：全域化与智能体化

在"新四化"与"经典四化"两浪叠加的推动下，我们正站在产业数智化深刻变革的深水区。同时，人工智能技术将驱动第三个浪潮的到来，进一步加速全球汽车的产业变革。凯文·凯利在《失控》中预见的技术无缝连接和智能进化将在未来的汽车行业中全面实现。这场变革不仅将重新定义汽车的角色，更关乎全球市场的深度整合，也将深刻影响全球经济、社会结构和人类生活方式。汽车产业正走向一个前所未有的奇点，在未来的光谱中，汽车不再仅仅是机械与速度的代名词，而是一场跨越物理与数字边界的全域化与智能体化的变革。

全域化：重塑产业边界，构建无缝连接的未来

我们所定义的全域化，是指通过全方位的技术整合和应用，使得汽车、基础设施、用户和环境形成一个无缝连接的整体、无边界的生态系统。这不仅意味着车辆能够互相通信，还意味着车辆能与交通系统、能源网络、城市规划等多方面全面协同。未来，全域化的图景将描绘一个高度互联、智能协同的世界。每一辆汽车不仅是一个独立的交通工具，更是数据的感知器、能源的转换站、城市服务的接入点。

从移动工具到生活空间的全场景延伸

汽车的未来形态,正经历着一场从单纯交通工具到多元化生活空间的深刻转型。这一转变不仅是技术层面的进步,更是对人类生活方式与出行体验的重新定义。未来的汽车,不再局限于两点之间的物理移动,而是成了生活、工作、娱乐、健康一体化的全场景的移动生活空间。

汽车内部将嵌入高度敏感的生物识别技术与情感识别系统,能够细致入微地捕捉乘客的生理指标与情绪波动,从而自动调节车厢内的光线、温度、湿度乃至气味,营造出最适宜的乘车环境。无论你是需要一个宁静的休憩空间,还是一个充满活力的工作环境,汽车都能瞬间满足,实现个性化舒适度的即时优化。

在全场景覆盖的汽车空间中,移动办公将变得更加高效与便捷。车载办公系统与云平台无缝对接,支持高清视频会议、文档编辑、项目协作等功能,使得通勤时间不再被浪费,而是转化为生产力的高效时段。同时,结合穿戴设备与健康监测系统,汽车能够提供定制化的健康管理建议,如在长时间驾驶后推荐放松练习,或者依据健康数据提醒饮食调整,真正实现了时间与健康的双重增值。

随着虚拟现实(VR)、增强现实(AR)技术的成熟应用,汽车将成为一个沉浸式体验的载体。无论是将车厢变为私人影院,享受身临其境的观影体验,还是在虚拟环境中进行健身锻炼、参加远程教育课程,汽车都能根据乘客的需求,创造出多元化的沉浸式生活场景,使旅途中的每一分钟都充满价值与乐趣。

从个体智能到城市生态的全维度融合

未来的智能城市将实现高度的交通协同和资源优化。智能红绿灯系统能够根据实时交通流量自动调整信号,提高道路通行效率;智能停车系统可以引导车辆找到最近的空闲车位,减少寻找停车位的时间和能源浪费。这种全域化的愿景不仅提升了交通效率,还减少了环境污染,构建了更加可持续的城市生态。

自动驾驶技术的成熟将大幅降低交通事故率,实现"零伤亡"的愿景,并通过精确的路线规划减少拥堵,提高城市交通效率。此外,智能汽车将深度融入智慧城市体系,与基础设施(如智能交通信号、充电站、停车管理系统)无缝对接，共同构建一个高效、环保的出行网络。

全域化对汽车产业的影响

全域化对汽车产业的影响是深远的、可持续的。它打破了传统汽车制造商与消费者之间的界限，制造商不再仅仅是车辆的生产者，而是提供综合出行解决方案的服务商。这种转变促使汽车产业重新审视商业模式和核心竞争力，汽车企业的主要价值创造可能将从单纯的产品制造向综合服务转型。

已经有不少汽车企业开始了全域化的探索。沃尔沃推出的 360c 自动驾驶概念车就是全域化理念的典型案例。这款车设计了多种内部布局，可以作为睡眠空间、办公室或娱乐室、社交空间。它改变了人们对汽车的传统认知，让人们认识到汽车不仅是一辆车，更是一个能够服务用户全域生活场景的移动空间。特斯拉也正在朝全域化的方向探索，不仅致力于制造高性能的电动汽车，还在全球布局超级充电站网络，提供无缝的充电服务。更为重要的是，特斯拉的每一辆车都通过软件更新不断进化，使得车辆在整个生命周期内持续提升性能和功能，这正是全域化的体现。此外，特斯拉与马斯克的其他企业，如太空探索技术公司（SpaceX）和太阳能电池制造商 SolarCity 等，共同构建了一个更广阔的愿景，通过整合太空、能源和智能出行等领域的技术，为全球创造更加智能、可持续的交通生态。

此外，中国的智能网联汽车也在全域化进程中发挥着重要作用。例如，百度的自动驾驶项目 Apollo 不仅将人工智能技术应用于车辆驾驶，还整合了交通管理、地图导航等多方面的信息，为用户提供全方位的智能出行服务。这些实践展示了全域化对于汽车产业的影响，并预示着未来智慧城市的交通将越发智能化和高效化。

智能体化：开启自我进化，重新定义未来出行

通用智能体，这个概念源自对未来科技的宏伟构想，是未来智能的原型，

它模拟了自然界的生命系统，是一种能够感知环境、学习、决策甚至能自我进化的综合性实体。不同于传统程序的固定逻辑，通用智能体具备适应性和泛化能力，能够在不同场景中自我调整，实现跨领域的智能表现。正如凯文·凯利在《失控》中所预言的，未来的智能体将是自然界与人造世界融合的产物，它们能够像生物一样进化，学习并适应环境，最终形成一种全新的共生生态系统。

智能汽车的发展将迈入一个新的纪元——"通用智能体化"。随着 L4 与 L5 级别自动驾驶技术的成熟与普及，交通效率将达到前所未有的高度，同时，法律法规也将随之重构。汽车智能体化的触角伸展至每一细节——智能座舱、语音助手、情感交互系统等，共同织就一幅驾驶体验与舒适性大幅提升的未来图景。

这一未来图景中，汽车将不再是简单的移动工具，更是一种智慧生命体，具备了自我学习和进化的能力，成为高度智能的移动生活空间，一个能够理解、预测并主动响应乘客需求的伙伴。它们能够感知周围环境，并根据情况做出智能决策，保障乘客的安全和舒适。

智能体化重新定义汽车产品

智能体化将重新定义汽车产品，从传感器与算法的深度融合出发，迈向自我进化与修复的智能系统，开启了软件定义汽车的新时代。这一转变不仅体现在硬件的迭代，更体现在智能体验的全面革新，主要表现在以下几个方面。

感知与决策层：车辆搭载的高精度传感器阵列，包括雷达、激光雷达、高清摄像头等，构建了 3.0 度无死角的环境感知能力，配合先进的 AI 算法，使汽车能够实时分析周围环境，做出精准的驾驶决策。

智能交互：语音识别、面部识别、情绪识别等技术的集成，让汽车能够理解并响应驾乘者的需求与情绪，实现自然流畅的人机交互。

自学习与优化：通过机器学习，汽车能够根据驾驶习惯、路况变化等数据自我学习，不断优化行驶策略，提升驾驶安全性与舒适度。例如，特斯拉的 Autopilot 系统，通过海量的实际驾驶数据训练，持续优化辅助驾驶功能。

智能体化升级延展用户体验

智能体化将出行体验推向了新的境界，使汽车不仅是从 A 点到 B 点的移动工具，更是一个移动的生活空间、个性化助手乃至情绪的共鸣者，主要表现在以下几个方面。

个性化旅程：根据用户的偏好，智能汽车能自动调整座椅、空调、音乐甚至路线规划，为每位乘客定制独一无二的出行体验。

安全与便捷：自动驾驶技术减少了人为失误，极大地提高了行车安全性。同时，智能导航和自动泊车等功能让出行更加轻松无忧。

情感联结：汽车不再冷冰冰，通过情绪识别与反馈，它能适时提供令人感到安慰或兴奋的驾驶环境，成为用户情感的延伸。

智能体化重构汽车产业生态

汽车智能体化的萌芽已经为汽车产业带来显著的变化，主要表现在以下几个方面。

安全性跃升：智能体化汽车通过集成高级驾驶辅助系统（ADAS）、环境感知传感器（如雷达、激光雷达、摄像头）以及强大的数据分析能力，能够实时监测路况、预测潜在危险，大幅降低交通事故的发生率。这种能力不仅能保护车内乘客，也能为行人和其他道路使用者提供更安全的交通环境。

交通效率优化：随着车辆间（V2V）和车辆与基础设施间（V2I）通信技术的发展，智能体化汽车能实现协同驾驶、优化路线规划、减少交通拥堵，提高整体交通流的效率。城市交通管理系统可以实时调整信号灯配时，引导车辆流畅通行，从而节省能源，减少排放。

环境友好与可持续性：智能体化汽车能够更精准地控制燃油消耗或优化电动汽车的能量使用，减少不必要的能耗。此外，通过优化行驶路径和速度，减少塞车造成的怠速排放，对环境保护产生正面影响。长远来看，智能交通系统结合自动驾驶车辆，有望推动汽车向零排放交通工具转型。

智能体化重塑人类未来出行

智能纪元的推进，正悄然改变着人类与技术的共生界面。智能汽车不再是简单的运输载体，而是演变成具有情感理解与生活协同能力的智能伙伴，它们在重塑出行体验的同时，也深刻地影响着人类生活的每一个角落。这是一次从机械服从到智能共生的深刻转型，汽车与人的情感纽带和生活协同日益紧密，预示着一个更加细腻、互联的智能生活圈的成型。

在全球汽车产业的智能体化浪潮中，中国同样站在了创新与挑战并存的十字路口。这不仅是追逐前沿技术的竞赛，更是一场关于伦理、责任与社会可持续发展的深刻思考。行业领航者必须在技术创新的高速路上，同步铺设道德规范的轨道，确保技术的每一次飞跃，都能在促进社会公平、保障安全、维护和谐的框架内稳健前行。

智能汽车的未来愿景，远不止于拥有绿色、智能与可持续的标签，它将成为智慧城市神经网络中的智慧节点。它将深度参与交通优化、能源管理乃至公共健康等广泛领域，推动社会进入一个高度个性化、情感响应式的智能生活新阶段。这不仅是技术的胜利，更是人类对智能生活哲学的一次深刻实践，展示了技术在尊重个体、增强社群联系中，如何创造更加和谐的社会生态系统。

新一轮四轮驱动与真问题探索

汽车产业的变革速度超乎想象，无论是自动驾驶技术的突飞猛进，还是新能源汽车的全球普及，都预示着未来出行方式将彻底改变。然而，速度并不代表一切，正如赛车在赛道上，速度快很重要，但精准的操控和策略同样重要。汽车产业的未来同样需要在高速发展中保持方向的精准，这就要求我们不能仅仅满足于追逐最新的技术或模式，而是要深入理解这些变化背后的逻辑。

吉姆·柯林斯（Jim Collins）和杰里·波勒斯（Jerry Porras）在《基业长青》这本书中写到，伟大公司的创始人通常都不是报时的人，而是制造"时钟"的人。他们致力于定义并建立一个全新的"时钟",而不仅仅是找对一个时机,用一种适销对路的产品打入市场。我们深知,为读者提供一个既精准又具有前瞻性的未来指南是困难的,因为未来本身就充满了不确定性。但是,我们希望本书对未来汽车产业的畅想能够给未来伟大的中国汽车企业一些制造"时钟"的启发。

无论汽车产业如何演变,我们认为,"四轮驱动"的底层逻辑是不变的,它像指南针一样,无论产业如何风云变幻,都能指引我们找到正确的方向。客户价值的深度挖掘、产品创新的持续迭代、运营效率的不断优化、生态合作的开放共赢,这些原则如同汽车的四个轮子,缺一不可,共同推动着汽车产业向前行驶。

当我们谈论"新一轮四轮驱动与真问题探索"时,实际上是在探讨一个动态、复杂且充满未知的未来。正如书中所揭示的,汽车行业的四轮驱动——客户价值、产品价值、运营价值和生态价值,构成了汽车产业发展的核心框架,它们既是产业前行的驱动力,也是面对挑战时的导航仪。但在这个瞬息万变的时代,如何精准把握这些驱动力,如何在快速迭代的技术和市场环境中找到正确航向,是每一个从业者和研究者共同面对的课题。

本书的结尾希望是一个新起点的预告。我们期望,本书不仅能够为读者提供关于中国汽车产业数智化转型的深刻洞察,更能够作为一个触点,激发全球汽车产业的一线实践者、行业专家、学者等更多人士加入对汽车产业"真问题"的探索中来,不断在实践中发现问题,在合作中探索和解决问题,推动中国乃至全球汽车产业健康和可持续发展的车轮不断滚滚向前。

后记

过去一年多，我被询问最多的问题是为什么要启动"汽车产业数字化十大真问题"（简称十大真问题）项目。最重要的原因是，汽车产业数字化转型期的企业遇到诸多全新挑战，但管理者在工作中往往会被伪问题纠缠，导致问题的本质被忽略，不少企业因为致力于处理伪问题而陷入各种复杂利益关系的撕扯，无法获得预期的绩效。

根据我们的观察，这种情况在汽车行业相当普遍，其后果就是让数字化业务链条上的甲乙双方企业集体"受伤"。这种没有赢家的多输场景总让企业管理者懊恼和焦虑，使得汽车产业数字化相关岗位沦为高风险岗位，相关部门经常被指责投入大、产出小，看不到显著成果。从中欧国际工商学院毕业后的20多年里，我一直在摸索如何让汽车产业B2B业务的投入产出比最大化。在总结复盘诸多汽车产业数字化项目的成败得失后，2023年1月，我们先在中欧汽车校友圈启动"汽车产业数字化十大真问题"的共创解题尝试，希望数字化业务的甲乙双方都能跳出多输之坑，提高投入产出比，实现降本增效的多赢。

截至2024年1月，我们汽车校友团队已为14个校友企业梳理真问题，以简易行动学习法等引导技术完成了20多个共创解题工作坊。

对相关真问题的学术研究感兴趣的多位中欧教授也参与进来，与校友们共创解题。产业界与学术界共创解题，达成了以下一系列成果：

- 校友企业通过共创解题工作坊获得解决数字化问题的新视角和新路径。
- 校友企业通过共创解题的过程找到了解决方案的共创伙伴甚至新客户。
- 教授与校友企业合作撰写企业案例，使得商学院课程的理论结合中国实践，课堂知识交付更生动具体。

- 教授为其学术研究和论文发表找到感兴趣的研究方向和研究问题，包括从企业自述问题提炼最值得学术研究真问题的这个方法论本身。

呈现在读者面前的这本书也是我们的成果之一。在重庆长安的共创解题工作坊后不久，方跃教授就鼓励我们将探索解决真问题过程中沉淀下来的新知识升华为一部著作。最初，本书暂定名为《汽车产业数字化转型十大真问题》，抛出真问题的多位校友企业案主和共创解题者加入写书小组，分别负责不同的章节内容。确切来说，"十大真问题"的"十大"并非限定筛选十个问题，"十大真问题"是持续推进的项目名称，它就像"十万个为什么"并不代表真有十万个问题。

我们期待本书能帮助汽车行业的企业高管、数字化业务负责人、人力资源及培训负责人、研究汽车行业企业管理问题的学者、咨询公司合伙人更有效地识别并解决真问题，从而创造新价值。

有三个问题很久以来一直困扰着我：

- 学术界的研究成果真的无助于解决产业界遇到的实际问题吗？
- 如何利用学术界既有研究成果推动产业界前沿最新痛点的解题共创？
- 我们的这套真问题驱动的共创解题方法论能否应用到其他行业？

在共创完成本书后，我想我找到了答案。

打通产学两界的校企共创解题实践

我的汽车行业从业经历可从20多年前我从MBA专业毕业算起。最初十多年，我总感觉学术界对产业界所面对的实际挑战几乎没有贡献，直到2018年3月大众汽车的德国高管来访，用专题讨论组织文化变革，让我对这个问题有了新的认识，也改变了我的人生轨迹。

为了准备接待德国大众高管，在翻阅埃德加·沙因（Edgar H. Schein）撰写的《组织文化与领导力》时，我发现原来学术界在很久前就已经开始研究两个行业巨头的50%–50%合资企业将会遇到什么问题，唯一的解法是什么。

通常，即使知道前人有大量的研究成果可为我们所用，我们也不容易找到能解决企业当下问题的方法。我认为造成这种情况的主要原因有两个。

第一个原因是学术界的研究问题并不总以企业的实际问题为中心。

产业界的企业问题和学术界的研究问题之间经常相差甚远。正如学术界知名学者丹尼斯·焦亚（Dennis Gioia）所指出的：大部分学术文献，产业界看不懂，也不相关，所以企业不看。焦亚就读 MBA 和 DBA 之间的 3 年（1972—1975 年）曾是福特汽车工程师，在底特律负责协调整车召回。他从福特汽车和波音飞机的制造业案例切入，强调定性研究的价值，以及为企业问题归因的重要性。他呼吁学术研究要以企业为中心，借鉴优秀媒体的做法，写出让产业界愿意看而且看得懂的文献。

学术界的研究问题无法以企业的实际问题为中心，企业问题与既有研究成果之间往往不是一对一，而是更复杂的一对多，也就是说，该企业问题需要融合多个跨界学者的不同研究成果才能看到价值。这就引出了以下第二个原因。

第二个原因是最前沿的企业问题通常需要学术界各方研究成果的跨界提炼。

在最近 6 年的学术海洋淘宝过程中，我发现对汽车产业数智化创新从业者具有价值贡献的研究成果广泛分布在经济学、管理学、社会学、信息系统学、人类学、心理学、教育学等领域的学者文献和著作中。在汽车产业的边界不断延展和跨界融合的同时，与之相应的企业问题也需要对应的学术界研究成果的跨界提炼。

聪明的读者一定会问，既然汽车产业数智化创新背后的企业问题往往是一对多的学术匹配关系，那么能否找到既懂信息系统又懂管理学，还一直研究汽车产业的复合型学者呢？虽然很难，但我认为我们已经找到了。

2023 年 11 月工信部原部长苗圩在第十八届中国汽车产业论坛的主题报告中特别提到了 1990 年出版的《改变世界的机器》。这本专门研究汽车的书汇集了由麻省理工学院牵头的 IMVP（国际汽车计划）项目的研究成果，当时参与 IMVP 项目的麦克杜菲和藤本隆宏两位管理学教授在论坛中也分享了他们对汽车产业数智化创新的最新研究成果。IMVP 项目对全球汽车产业影响深远，负责主导 IMVP 项目的麻省理工学院与汽车产业的渊源极深。1952 年，时任通用汽车总裁的阿尔弗雷德·斯隆赞助 500 万美元成立了斯隆商学院。而作为本书创作发起人和"汽车产业数字化十大真问题"总顾问的方跃教授就毕业于斯隆商学院，他是一位具有信息系统专业背景的管理学教授。

尽管如焦亚所说，学术界的研究问题和产业界的企业问题之间遥遥相对，但商学院不乏教授愿意围绕企业实际问题展开研究。接下来的内容介绍我们是如何从 2023 年开始基于商学院平台尝试匹配产业界的企业问题和学术界的研究问题的。

真问题的五级驱动共创解题之道

2019 年开始筹建"腾讯出行学院"时，我曾认为汽车产业数智化创新的关键是为汽车产业导入必要的数字化知识，制定培养数字化人才的高品质培训课程。交付完 129 个培训课程后，我发现无论是培训、咨询还是学术研究，都应紧扣企业真问题，否则很难为企业创造真正的价值。如果我们对真问题做出清晰的定义和分层分级，不断优化实践并形成有效的方法论，就真正能帮助企业解决实际问题了。那么，真问题到底是什么？真问题可以分层分级吗？

真问题只是伴随着产业数智化进程产生的新问题吗

根据我的观察，随着汽车产业数智化，汽车企业决策层和高管的关注点更有可能被很多陌生的"假"问题带偏，从而导致人财物资源的浪费。

我们不愿把新冒出来的表面问题说成是伪问题，因为它们往往都是真实存在且亟待解决的，这类问题我们把它表述为"表象问题"。例如，"我们如何在未来两年完成以客户为中心的数字化组织转型"就是亟待有效拆解为真问题的前期表述，它的选词用字体现出当下决策者思考的关注点，透露出企业对其面对问题的熟悉程度。当企业对问题越陌生，其文字表述就会越宏观，覆盖面越广，用词越靠热点。反之，其文字表达就会越精准，覆盖面窄，用词就更有自主特色，包含自主观点。例如，长安汽车总裁在第十八届中国汽车产业论坛上谈的问题是，重构基于新技术应用的组织结构，找到非稳态环境下的组织状态最佳实践。显然，该表述有自己的立场，要完成全新的非稳态组织建设。

我们把面对陌生问题的前期表述称为"表象问题"，经过提炼共创揭开表象后生成的新问题称为"真问题"。经过提炼拆解后的"真问题"直指案主企业的痛点本质。自 2023 年 1 月起，我们用一年的时间为 14 个校友企业提炼"真问题"，经过每次不超过四个小时的共创解题工作坊，每个问题都有不同程度的升级，旧问题被一个个新问题所迭代。

真问题并不仅是汽车产业数智化所带来的新问题，它还包含更高的解题能量，能指引新的解题方向。我们能不能通过对真问题的分级来驱动它不断升级，直到足以解决案主企业的问题呢？

问题如何被区分为 QA、QB、QC、QD、QE 五级

启动"汽车产业数字化十大真问题"项目时，我们把从产业界的企业问题到学术界的研究问题分为五级，从企业表象问题的 QA 级到学术研究问题的 QE 级，分别简称为表象问题（QA）、振前问题（QB）、振后问题（QC）、共创解题（QD）和研究问题（QE）。

表象问题（QA）：案主企业决策层对其当下最紧迫且重要的问题具有已形成初步共识的问题表述。

振前问题（QB）：经过外部引导师共同拆解提炼原问题后达成新共识的问题表述。

振后问题（QC）：围绕振前问题，经过简易行动学习的同频共振后达成新共识的问题表述。

共创解题（QD）：通过工作坊或行业论坛，围绕振后问题，破圈连接全球相关专家进一步共创解题。

研究问题（QE）：基于知识共创的成果开发企业案例和教学课程，发表论文或出版书籍实现知识沉淀。

根据之前对真问题的定义，QA 还不是真问题，它只是企业内部对新问题的初步共识表述，还有待被提升到更高阶的真问题，一旦到了 QE，就完全进入了学术研究范畴。真问题的提炼升级就是填补 QA 和 QE 之间的鸿沟，让产业界实际问题找到扎实的理论框架，让学术界研究问题更接地气，如图 A-1 所示。

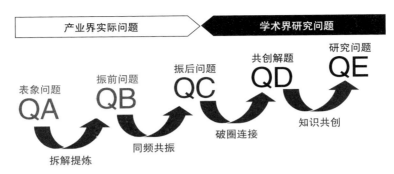

图 A-1 真问题的五级提炼升级与产学两界问题的双向奔赴

QA 和 QE 通常是产业界问题和学术界问题的常态，QB、QC 和 QD 这三级才是我们为了连接产学两界所做出的价值贡献，接下来我们就重点介绍这三级问题。

1. QB 是真问题提炼升级的起点

从理论上讲，如果 QA 已经质量很高，那么就可以直接采用简易行动学习法实施共创解题工作坊。但是实践证明，没有一个案主企业的表象问题可以直接成为共创解题工作坊的讨论问题。QB 的生成过程其实是对 QA 的编译重构，并且在过程中需要与案主企业反复确认以下事项：

- QA 是不是案主企业最高管理层和决策者有共识的重要问题？
- QA 是不是案主企业当下最紧迫而且今年年内就要解决的问题？
- QA 是不是行业普遍存在的问题？

如果以上回答都是"是"，那么我们就开始和案主企业磨合 QA，挖掘 QA 背后的本质，直到高质量的 QB 出现。

QB 尽可能在 30 个字以内，简明扼要、清晰易懂，能够有效吸引相关校友专家来参加共创解题的问题就是高质量的 QB。2023 年我们提炼升级的 QB 如表 A-1 所示。

只要能磨合出简明精准的 QB，我们就知道应该邀约哪些校友专家和教授来参加共创解题。接下来我们就来看看 QC 如何能够让产业界和学术界在这个中间节点各取所需，共创价值。

表 A-1　已提炼升级的 QB

四轮驱动	振前问题（QB，按字数排序）
客户价值驱动	长周期产品的品牌如何穿越长周期，数字化触达并留存消费者，形成有效的客户黏性机制？可以产生哪些多元化的业务机会与价值？
客户价值驱动 生态价值驱动	作为车企数字化供应商，包括电信运营商在内的 ICT 企业，如何在车企 DTC 的转型中为车企带来价值，同时沉淀自身的数智化能力？
客户价值驱动 产品价值驱动 生态价值驱动	以目标客户的需求为中心，通过数据驱动新能源汽车产品设计开发的最大难点及其解决思路是什么？
客户价值驱动 运营价值驱动	DTC 的流程和组织变革如何落地？传统渠道和经销商怎么办？客户/用户运营如何涵盖不同渠道？
客户价值驱动 运营价值驱动	新能源车有纯直营、代理直销、代理经销这三种营销模式，哪种更能顺应数字化时代新营销趋势？
产品价值驱动 生态价值驱动	如何驱动汽车产品技术架构升级（如软件定义汽车）和 DTC 直面用户带来的组织变革？
生态价值驱动	如何让车企更重视智能网联对交通的赋能和对智能网联汽车安全效率的提升？
客户价值驱动	国际客户接受度高但周期长，国内客户高度"内卷"且教育成本高，如何破局？
客户价值驱动 生态价值驱动	企业如何协调好数字化人才培养的投入与企业 EBIT 之间的平衡？
客户价值驱动 产品价值驱动	在汽车"新四化"的趋势下，零部件产品和业务模式应该如何创新？
客户价值驱动 生态价值驱动	如何将智能充电桩多快好省地接入既有的停车平台？
客户价值驱动	如何打造新能源汽车品牌 IP，升级价值观数字化？
生态价值驱动	如何高效构建商用车后市场生态？
客户价值驱动	车企用户运营如何考量 ROI？

2. QC 已具备相当的解题能量，是产学两界的会师点

到底什么是 QC？什么是高质量的 QC？

（1）QC 是最具神秘魅力的价值爆炸点。

我有幸参与几乎所有 14 个真问题从 QA 到 QC 的提炼过程，并作为主引导师交付其中 12 个生成 QC 的工作坊。

尽管案主的获得感取决于 QC 的质量和解题能量的高低，但共创解题的价值体现不仅仅是案主企业的满意度。一个成功的工作坊能够让所有参加提炼真问题的校友专家和教授都有很强的获得感，这是生成 QC 的最大魅力。经过精心设计并邀约到场的校友专家组合不但能够急速提升真问题的解题能量，而且

现场就能为案主找到后续产学共创落地的生态合作伙伴。

（2）QC 的同频共振让产业界找到解题新思路。

我们从十大真问题项目启动之初就设定了 4 个小时的 8 步标准流程。

1）全体自我精准介绍：为了快速消除陌生感，现场共创专家都按照引导师的规范要求做自我介绍。

2）引导师介绍真问题提炼规则：引导师概述工作坊目标，强调共创解题的行为规范，要求严格按照引导流程进行，确保同频共振的达成效果。

3）案主介绍问题背景和期待：案主介绍问题的背景、当前状态和共创解题的预期目标。

4）校友专家向案主提出高价值问题：基于上一环节已了解到的问题的背景信息，共创专家请案主进一步详述，澄清相关情况。这是最具挑战的环节，引导师必须随时关注现场解题能量的走势，严格把控共创专家只能提问，不给建议，不做评判。如果偏题跑题，需要立即干预。

5）案主选出最有价值的提问：案主从上一环节收到的问题中选出最具洞察力、最直击本质的问题。

6）引导师引导共创解题：基于更全面的输入，共创专家提出解题建议。

7）教授或引导师总结：导入最具参考价值的学术理论框架、研究成果和最佳实践，进一步启发案主和专家。

8）案主结束环节：案主总结工作坊收获，确认解题方向，并提出下一步行动计划。

不过，在实践中我们会根据实际情况做以下的三类调整：

- 分组与不分组的共创解题工作坊流程。
- 需方案主与供方案主的共创解题工作坊流程。
- 教授参与和教授不参与的工作坊流程。

除了上述三种不同于标准流程的调整，还有不少以案主企业问题为中心的定制化调整。所有这些调整设计安排都是为了在 QC 阶段能够快速拔高企业实际问题的解题能量。

根据迄今为止真问题提炼现场我的观察和切身体会，从 QA 到 QE 的解题能量攀升大致如图 A-2 所示。

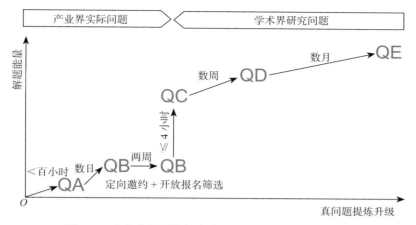

图 A-2　十大真问题的提炼升级与解题能量攀升的关系

以上介绍了 QC 对产业界的案主企业和校友专家带来的价值，每个真问题都至少需要达成 QC 级解题能量的脉冲式"涨停"，让所有来自产业界的共创解题者的获得感达到一个小高潮。十大真问题之一的提炼升级与解题能量攀升如图 A-3 所示。接下来就介绍真问题提炼给学术界的教授带来的价值。

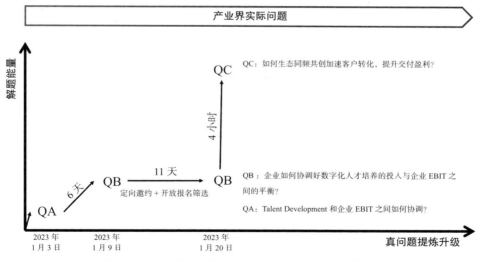

图 A-3　十大真问题之一的提炼升级与解题能量攀升

3. QC 的知识共创让学术界找到新研究方向

与 QA 和 QB 相比，QC 级的真问题提炼相对轻松，除了最惊险的十大真问题之三和最难组织的十大真问题之八，其他的真问题都依照既定方法论定制设计的预期共创相当高的解题能量。尽管 2023 年 QA 和 QB 的实践挑战更大，但我们对 QC 花费的笔墨最多，因为 QC 最璀璨动人。每当解题能量达到同频共振点，所有人都被点燃。

4. QD 是产学两界紧密合作的提炼升级

并不是所有 QC 都需要演进到 QD，除非案主和我们都感觉意犹未尽，需要在 QC 的基础上在夏大的平台上吸引更多权威专家跨界共创。例如，在 2023 年中欧国际工商学院举办的第十八届中国汽车产业论坛上，所有议题都源自校友企业已提炼到 QC 级的真问题。

走到 QD 级的必是产学两界都判定为非常重要的复杂的前沿问题，像十大真问题之九这样汽车产业数智化转型所需的非稳态组织构建问题，在短期内没有短平快的答案。

基于商学院的跨组织学习社群最有助于共创解题

常有人问我："这套真问题驱动的共创解题方法论能否应用到其他行业？"总结一下我们的十大真问题项目能够在汽车产业快速推动起来的原因，聪明的读者就自然明了了。

首先，汽车产业正经历百年一遇的大变局，由燃油车沉淀下来的高度确定性受到电动化和数智化的高度不确定性的强烈冲击。外部环境的变化使得汽车产业的边界延展而出现更多无人区，再加上产业本身的转型，使得既有知识库急需加速新知识共创来充实既有的培训和咨询体系。于是，随着汽车产业电动化和数智化进程的加速，各个企业原本行之有效的知识能力增强体系很快就跟不上产业巨变了。这就是善于研究产业底层因果关系的学术界进场填补培训和咨询体系不足的最佳时机。

其次，商学院校友信任网络和教授们的强关系纽带是我们推动真问题驱动的土壤，再加上中欧汽车校友原本就具有跨组织学习社群 CoP（Community of Practice）的知识网络形态积累，所以在征集 QA、磨合 QB、邀约共创 QC、组织召集 QD、产学携手 QE 的这些真问题提炼阶段，都能比较顺利地快速提升解题能量。本书的创作团队也是一个精干默契的国际化 CoP。

以上两点是复盘十大真问题时总结出来的最重要的外部和内部环境基础。假如其他行业也有类似的条件，那么我相信也能够很快共创解题，产出自己行业的成果。

本书是十大真问题从 QA 走到 QE 的一个成果，十大真问题之六和之十的校友案主分别负责撰写了第 15 章和第 14 章。十大真问题之三和之四的部分研究成果体现在中篇第一部分，十大真问题之七和之八的部分研究成果出现在中篇第三部分。十大真问题有可能为产业界和学术界做出双重贡献。

本书是"汽车产业数字化十大真问题"五级驱动打通产学两界问题的 QE 级成果。杨蔚教授、张玲玲教授、陈威如教授、方跃教授、江源教授、王雅瑾教授、鲁蕙教授分别参与了真问题之三、之四、之六、之八、之九和之十一的共创解题，而且是从 QB 阶段就参与进来。

我们将 QE 级成果形态分为三种：A. 发表论文或著书；B. 撰写商业案例；C. 导入优秀实践案例到教学课程。本书就属于 A 类成果；陈威如教授所参与的十大真问题之六产出了案主江苏天安的研究案例，属于 B 类成果；张玲玲教授所参与的十大真问题之四则使案主元兵科技的企业实践融入中欧既有课程，让学员们更深刻地理解张教授的 W 理论，属于 C 类成果。

2023 年 6 月，方跃教授带着我们盘点已走到 QC 的八个真问题，评估哪些真问题进入第十八届中国汽车产业论坛的 QD 阶段，邀请全球产学两界更多跨界专家继续共创解题，目前已有六个真问题走到了 QE 阶级（见图 A-4）。方教授在盘点总结会上鼓励我们一定要把真问题提炼出来的知识精华沉淀为文字，积极发表成果。会后不到两个月，方教授就带着我们启动了本书的撰写。

我认为，十大真问题的提炼实践以及本书所呈现的成果，对于其他与汽车产业一样进入数智化转型进程的产业和企业同样具有借鉴意义和参考价值。十大真问题的尝试可以用 Q-CTR 模型来解释（见图 A-5），它是围绕产业/企业真问题的咨询、培训和研究的简易综合体。它有利于不断遇到数智化新问题的产业界高管快速得到学术界既有研究成果的赋能，也有利于学术界教授更快锁定最值得研究的前沿问题，产学两界牵手，同时解决双方各自关注的问题。

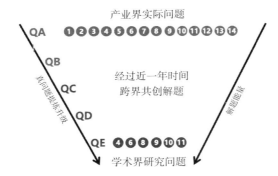

图 A-4　近一半产业/企业实际问题从 QA 抵达 QE

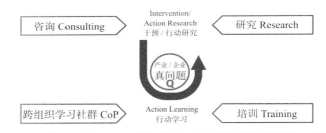

图 A-5　Q-CTR 模型，基于 CoP 围绕产业/企业真问题的轻咨询+培训+研究

创作团队介绍和未来展望

（姓名按照拼音字母顺序排列）

崔洪波

品牌战略与营销增长领域的资深专家与顾问，上海正见品牌战略创始人兼首席执行官。专业研究与能力聚焦于企业战略、品牌与营销等专业领域。在中国率先开展集团与公司品牌战略咨询，"新品类战略"的提出者和倡导者，也是全球消费与零售创新方面的资深学者，中国企业"出海"和全球化品牌的研究者。

未来展望

中国正在发生的产业演进与迭代之路能够给已经发生，正在发生以及未来即将发生变化的国家和市场带来新的启发和指引，是全球传统汽车向新能源汽车大转变情况下的引领性变革。四轮驱动是我们对中国汽车数智化产业革命时代系统而集中的共创和全新思考。中国汽车业在商业模式、产品、营销、数智化和生态平台的引领和实践都只是刚刚开始，中国汽车人身处这个伟大的时代，我们期望看到一轮由中国引领的汽车行业的产业革命，能够真正催生中国的世界级公司、世界级品牌，以及开创一个全新的世界级品牌变革的时代。

樊小莉

中欧校友汽车产业协会理事。专业研究与能力聚焦于产品、品牌和商业战略。坚持"以人为中心"的创新理念，针对不同类型、不同阶段的企业，研究其企业战略、产品战略和组织运营。

未来展望

如果说精益供应的核心是，在一款车型的生命周期内，硬件产品的生产制造成本不断降低，并在后续的几年里带来产品自身的成本降低，企业由此获得的收益以降低价格的形式回馈给用户，那么在数智化时代，在一款车型的生命周期内，软件带来的好处是让车理解人的意图的能力越来越强，人与车交互的效率越来越高，这样使用的场景就会越来越多，汽车获得的人类反馈数据也会越来越多，汽车就会越来越懂你，成为真正属于你的助手、管家和伙伴。让我们共同期待那一天的到来。

范杰

威林集团执行副董事长。在汽车行业有 35 年的工作经验，在央企、外企和合资企业、民企担任供应链管理总经理多年，有多次从 0 到 1 的供应链体系的创建经验，专注于汽车工程管理、质量管理、"供应链国际化 + 数字化体系建设"、供应链金融以及产业互联网应用和平台运营。

未来展望

汽车行业从来都是引领世界变革的先锋，随着科技进步，数字经济、智能 AI 开始引领世界工业的大变局，自动驾驶的实现犹如百年前汽车的发明，将颠覆人们的生活方式。

我们不能预测未来，但是我们正在参与创造未来！展望汽车产业的未来，技术引领、服务创新、智能改变生态、万物互联让生活更便捷的同时，也带来人类对安全的担忧，且行且怀疑、且行且犹疑、且行且坚定，未来就是现在！

方跃

麻省理工学院博士，现任中欧国际工商学院经济学与决策科学系教授及系主任、AI与管理创新研究中心主任、亿纬锂能经济学与决策科学教席教授、AI与企业管理研究领域主任、企业数智化转型课程联席课程主任。2018年，在中欧国际工商学院创办大数据研究中心并担任首届主任。2024年初，在中欧国际工商学院成立并负责AI与管理创新研究中心，致力于构建具有商学院特色的AI产学研平台和AI与管理创新的高端智库。加入中欧国际商学院之前，作为终身教授执教于美国多所大学，担任麻省理工学院国际金融服务研究中心、麻省理工学院制造业领袖项目以及美国能源部能源信息管理局的研究员，并为包括AT&T、GE Capital、Intel Capital在内的多家跨国公司和中国企业提供数智化转型、大数据、人工智能以及金融科技等方面的咨询服务。著有《数字化领导力》等书。

未来展望

技术驱动的趋势和产业转型的加速将是未来发展的重要方向，会不断重新定义汽车制造、供应链、合作伙伴和消费者行为。车企需要踏实认真地造车，坚持长期主义和价值创造理念。中国汽车产业的竞争秩序、行业生态和能否"走进"海外市场，将影响未来 10 年全球汽车产业的市场格局和中国汽车产业可持续增长的潜力。

高铎

钉钉大制造行业总经理。负责数字化解决方案、客户成功和业务拓展。加入阿里巴巴前，曾参与创立过老虎地图、TalkingData 等公司，有 8 年移动大数据及营销相关经验。曾供职于百度，负责地图、搜索增值、百付宝、电商知心等业务的运营或产品规划，对搜索业务有实战经验。北京大学硕士，于美国圣菲研究所（SFI）进修复杂系统科学，2017 级中欧国际工商学院 EMBA 学生，机械工业出版社出版的《数据应用工程: 方法论与实践》一书的作者，有 5 项国家专利局授予的专利、多篇 SCI/EI 索引的 AI 相关论文。

未来展望

新能源，汽车和智能网联汽车的发展使中国在汽车行业实现了局部领先，但汽车行业是系统工程集大成的领域，在工业智能等方面，中国同仁还是要有坐冷板凳的韧性和勇气，厚积薄发，完成最终的超越。

蒋逸明

普华永道思略特汽车行业合伙人、数字化增长服务合伙人。拥有超过 15 年的战略咨询、管理咨询与产品设计咨询的经验，专注于服务汽车行业，尤其在战略规划、数字化运营、产品定义、体验设计、数字化技术架构方面有丰富的经验。

未来展望

对于传统汽车产业来说，国外汽车强国已经有上百年的历史，我国的传统汽车产业大规模发展也就二三十年的时间，可以说过去发展的主题是追赶和模仿。但是对于新能源汽车及智能网联汽车来说，我国的汽车产业可以说后来居上，甚至在某些方面引领世界汽车工业。作为中国汽车工业人，我们需要不断跳出既有框架，从本质出发突破创新，找到中国汽车在全球汽车产业板块中的位置。

蒋岳

钉钉大制造业行业架构师。专注于汽车、专用设备和消费电子领域。有十余年制造业数字化转型的经验，擅长产品精益、敏捷组织、两化融合领域。

未来展望

未来，技术浪潮重塑产品，行业版图发生巨变，大国雄心争相进场，鼎革之际鹿死谁手？本书集结了多个领域的"船长"，带领读者穿透迷雾，置身其中看清这场变革，以此见微知著，理解我们所在的"又一场文艺复兴"的大时代。参与进去，不要辜负。

吕星航

中欧国际工商学院经济学与决策科学系方跃教授的研究助理、中欧 AI 与管理创新研究中心主任助理。毕业于美国哥伦比亚大学应用数据分析专业，于 2019 年入职中欧大数据研究中心担任研究助理，专注于数据分析、人工智能、企业数字化转型等领域，参与多个与人工智能和数据分析相关课程的开发。同时，所参与撰写的案例荣获"中国工商管理国际最佳案例奖"。

未来展望

本书中，我们围绕四个价值探讨了汽车产业的数智化转型之路。未来，我们预期中国汽车产业将迈向全域化和智能体化。技术和模式的创新将推动中国汽车产业实现高质量、可持续发展。

马玲

众引传播 CCO，中欧校友汽车产业协会副秘书长。有 20 多年的媒体行业经验，从大型门户网站到杂志，再到视频平台，研究各类媒体如何影响受众，内容营销随媒体变迁而变化的趋势，以及品牌传播方式的演变。

未来展望

关于全球汽车产业未来发展趋势，我看到三个"重构"：①智能驾驶提速，逐渐走向 L4、L5 级，大幅提升道路交通效率，并改变各国法律法规的设计；②出行模式重构，汽车的工具属性、玩具属性清晰分化，如通勤用、娱乐用等，车型开发会根据用车场景有极致细分，差异化明显；③竞争格局重构，汽车工业的竞争演化为生态之争，有能力建立完整软硬件融合生态的大公司将会掌握更大的话语权。

总体上，汽车产业作为全球的支柱产业，格局、能力都将发生深刻变化。

那莉

中欧国际工商学院案例中心兼职研究员、中欧校友汽车产业协会副会长。有二十多年汽车行业研发、生产、经营及管理咨询从业经历，目前主要研究课题包括卓越运营、供应链管理、变革管理等。

未来展望

关于数智时代的汽车有很多描述，也有很大想象空间，在编写数智时代的车联网发展相关内容时，我对未来汽车的发展有这样一些憧憬和期待：

汽车不再是独立行驶的工具。通过智能网联，V2I 的车联万物功能将汽车置于更加安全、可控、高效、可信赖的"车路云一体化"生态环境中，使汽车成为一个移动的生活、办公、娱乐新工具；依托车路云一体化生态，路端、云端、车端的交互可以让产业链上的各种服务更加高效、安全、智能、可靠，生态链上的企业基于各种大数据开展的服务响应、敏捷运营、高效研发也更加贴近用户和市场需求，不断催生出新的引领行业突破发展的链主企业，推动车路协同、车路云生态圈不断破局、重生和发展。

彭俊松

SAP 大中华区副总裁，行业咨询负责人，工学博士，中国第一位汽车行业博士后。在企业数字化战略与价值管理、制造与售后供应链、工业物联网与智能制造等领域有超过 20 年的从业经验，先后出版了《汽车行业供应链战略、管理与信息系统》《工业 4.0 驱动下的制造业数字化转型》《软件定义智慧企业》《数字化驱动企业可持续发展》等 11 本个人专著。

未来展望

在中国汽车市场电动化和智能化转型进程持续加速的同时，全球汽车市场呈现出新的趋势和方向。2023 年下半年以来，欧美车企在延缓电动化进程的同时，加快了对数字化系统的升级和全球化布局的进程。它们通过云转型和深化 AI 应用等手段，强化企业数字化核心竞争力，建立汽车全产业链数字生态，来迎接汽车工业"数字化转型"与"绿色转型"并行的双轨进化新时代。对中国汽车企业而言，深入学习和借鉴国外的数字化成功经验，融入全球汽车工业，依旧是产业发展的必由之路。

钱文颖

AI 与管理创新研究中心秘书长。有十余年产业界与学术界跨界融合经历，聚焦于研究汽车产业互联网、企业数智化转型、人工智能与人等方向。曾任嘉宾商学高质量发展研究院院长、中欧国际工商学院案例中心研究员与新型案例负责人、字节跳动高级营销专家、易观智库汽车互联网行业研究总监。是工商联汽车经销商会特聘专家、上海报业集团旗下鲸平台智库专家、SMG 广播台常驻嘉宾，为多家汽车及互联网企业提供咨询及培训服务。主要参与编写《中国汽车互联网电子商务发展报告》蓝皮书、《创业裂变：从 0 到 1，从 1 到 N》《走向数字经济》等图书。曾主导开发数十篇汽车行业研究报告，多篇案例荣获国际案例大奖、入选哈佛案例库。

未来展望

中国汽车产业正驶向未来的奇点。这不仅是技术进步的浪潮，更是对出行方式、社会结构以及人类生活方式的彻底革新。未来汽车将不再只是简单的交通工具，而是拥有智慧、理解并回应乘客需求的智能伙伴，成为跨越物理与数字边界的智能生活空间，甚至每一辆车都将融合数据、能源与情感，成为智慧城市的感知节点和能源转换站，创造出一个无缝连接的生态系统。

四轮价值驱动框架——客户价值、产品价值、运营价值、生态价值，如同智能汽车的四个轮子，驱动汽车产业高速前行。客户价值将体现在高度个性化的出行体验中，每一程都充满了对用户需求的细致洞察和即时响应。产品价值通过持续的技术创新和软件更新，使汽车在整个生命周期内不断进化。运营价值在于高效的生产与供应链管理，使每一辆汽车都能迅速适应市场变化，优化资源配置。生态价值体现为广泛的协同合作，构建一个共享、开放的智能出行网络，推动行业迈向更高效、更环保的未来。

王天若

普华永道中国科创及私营企业服务部合伙人，中欧国际工商管理学院EMBA，毕业于中央财经大学金融系，中国注册税务师，国际注册专业会计师公会北亚理事会理事。拥有二十余年的税务咨询服务经验。具有丰富的企业投资及经营架构设计和税务咨询的经验，服务于国内合资汽车企业和外资汽车企业的相关涉税咨询。曾参与过财政部、国家税务总局一些重大税法起草的研讨与意见咨询工作，还通过丰富的并购重组谈判和实施、涉税争议案件的解决，积累了大量中国税法在实操中的工作经验。

未来展望

汽车行业被誉为"现代工业皇冠上的明珠"，这不仅是因为汽车行业向上整合了品类齐全的产业链，向下延伸到消费者的出行，还因为汽车行业是人类有史以来通过集体智慧共创的部门、影响了从现代企业管理到财税管理，并改变了我们生存概念的一个行业。

中国在汽车工业的发展浪潮中后来者居上，时代的洪流浩浩荡荡，裹挟着市场对参与者的高期望，我们即将成为这一行业的主角，准备好站在舞台的中央了吗？

杨雷

天安智联创始人/董事长、中欧校友汽车产业协会副会长。拥有三十余年汽车行业从业经验，曾担任天奇股份CEO十余年，创办的天安智联是国内第一批专业的车联网公司。获国务院特殊津贴，入选国家"百千万人才工程""国家有突出贡献中青年专家"，作为汽车 / 车联网产业专家受聘于南京航空航天大学、同济大学、东南大学等多家高校。

未来展望

放眼世界，汽车产业已然成为全球经济博弈的焦点，大力发展智能网联汽车和新能源汽车已成为国家的战略和方向。车联网一路探索实践，最终肩负起汽车产业数智化转型的重任。

野边继男

名古屋大学客座准教授。先后在 NEC、软银和日产任职，目前在英特尔推动汽车与 ICT 的融合。2004 年起，作为日产车联网负责人以 ICT 技术让汽车连接数据中心，实现了智能网联汽车和物联网。全面负责 LEAF 电动汽车 IT 与云端连接，根据环境和驾驶数据为车主预测续航里程，为自动驾驶技术开发奠定了基础。2012 年起，推动名古屋大学和英特尔的 ICV 技术开发，专注于新能源汽车 ICV 化。2014 年起，在名古屋大学教学。

未来展望

为了使汽车企业在这场竞争中生存下来，在这场竞争决出胜负的 2026 年之前，日本必须首先在日本市场投入大量的支持 SDV 的电动汽车，尽快形成 50 万辆数智化汽车的规模，从而产生足够的数据用于进一步提升数据学习技术，打造全新的量产体制，推出在海外也有竞争力的数智化汽车产品。

幸运的是，欧美一些老牌汽车企业，除了部分高端品牌，目前由于各种原因在电动汽车市场上停滞不前。它们已经公布推迟目标出货时间和削减投资金额。因此，传统汽车制造商制订 2026 年的计划，现在看来可能还赶得上。不过，这仍有可能是最后背水一战的机会。

周频

TCC 生态圈创始人、中欧校友汽车产业协会常务副会长。23 年汽车产业数智化跨界创新从业经历。法国里昂商学院工商管理博士，专注于研究汽车产业开放式创新生态与跨组织学习社群。除了十大真问题，其他行动研究实践还包括作为发起人和联席课程主任，交付两期中欧首个汽车行业高管共十一个模块公开课。

未来展望

未来就是十大真问题提炼出来的四轮驱动之路。QD 级共创解题邀请藤本隆宏、麦克杜菲和雅各比德斯几位学术大咖导入的 CAP 和熊彼得 Mark3 进一步揭示了客户、产品、运营和生态是四个紧耦合关联的驱动轮，也是全球汽车产业演进的底层逻辑。但中国数智化创新之路从第二阶段就与其他国家不同。汽车 ICT 在第一阶段无线通信车载系统（Telematics）时期主要是电信运营商巨头的深入；第二阶段 SDV 启动主要是互联网巨头的交融；现在第三阶段数智化则是手机生态链巨头的交融，比亚迪、华为、小米和吉利是典型代表。这些中国独有的汽车产业数智化现象的冰山之下是 PSD-T 模型所揭示的独特思维认知，未来底层制胜的关键是快速掌握并内化数智化新知识的跨组织学习和共创能力，以及打造生态级信任的跨组织设计和落地能力。还想自己完全垂直整合已不可能，只能是关键部分垂直整合的管控 + 开放式创新生态的编排（Orchestration）。

竺大炜

橙竹洞见工作室主理人。拥有十多年汽车智能化研发和产品管理经验、三年汽车智能化方案咨询经验，专注于智能化产品方案的设计、运营和商业模式构建。

未来展望

数智化创新是中国汽车行业又一次超车机会，要真正实现从概念到落地，车企需要经历技术和组织的双重变革。数智化创新的本质是业务创新，数智化是手段，而非目的。

吴钊

罗兰贝格全球合伙人兼大中华区副总裁。拥有超过 15 年战略咨询经验，专注于汽车行业。长期支持乘用车主机厂、后市场服务商和投资人等开展汽车出行领域的整体战略、业务转型规划、组织体系优化和投资并购支持等。在汽车全价值链的多个领域拥有丰富的项目经验，尤其关注前瞻趋势课题如新能源、智能网联、移动出行和新零售等。

未来展望

汽车行业的变革之势势不可挡。在过去十年中，我们见证了汽车产业升级求变和突破创新的探索，也见证了外部环境变局之下我国汽车产业的韧性、复苏和挑战。未来十年，汽车产业将开始新的篇章，它仍将充满令人期待的新机遇和新挑战。模式创新、格局重塑和效率卓越将会是汽车产业多年不变的主线。我们期待"四轮价值"能够持续驱动产业生态的革新与升级。

参考文献

[1] 苗圩. 换道赛车：新能源汽车的中国道路 [M]. 北京：人民邮电出版社，2024.

[2] 三浦展. 第四消费时代 [M]. 马奈，译. 北京：东方出版社，2022.

[3] 菅野久美子. 孤独社会 [M]. 蓝春蕾，译. 北京：北京时代华文书局，2021.

[4] 阿克. 品牌相关性：将对手排除在竞争之外 [M]. 金珮璐，译. 北京：中国人民大学出版社，2014.

[5] 方跃. 新能源汽车的三方博弈与三个战场 [J]. 财经，2021（24）：100-102。

[6] 沃麦克，琼斯，鲁斯. 改变世界的机器：精益生产之道 [M]. 余锋，张冬，陶建刚，译. 北京：机械工业出版社，2015.

[7] 普拉哈拉德. 自由竞争的未来：从用户参与价值共创到企业核心竞争力的跃迁 [M]. 于梦瑄，译. 北京：机械工业出版社，2018.

[8] 克里斯坦森. 颠覆性创新 [M]. 崔传刚，译. 北京：中信出版集团股份有限公司，2019.

[9] DYER J H. Collaborative advantage: winning through extended enterprise supplier networks [M]. New York：Oxford University Press，2000.

致谢

特别感谢对本书提供过各种形式支持和帮助的单位（排名不分先后）。

NXP	火山引擎	同济大学
アズールドットネット	极越汽车	威林集团/卡车CEO平台
阿维塔	江苏（无锡）国家级车联网先导区	沃顿商学院
安永	江苏天安智联科技股份有限公司	
保时捷	捷豹路虎	一汽红旗
比亚迪	京东	上海海优威新材料股份有限公司
常熟智能网联车测试基地	里昂商学院	元兵科技
诚迈科技	理想汽车	早稻田大学
创略科技	伦敦商学院	长安汽车
达才睿（上海）管理咨询	罗兰贝格管理咨询	长安马自达
德勤	名古屋大学	长安深蓝
钉钉	普华永道	中欧AI与管理创新研究中心
东风本田	汽车产业校友联盟	中欧国际工商学院
东风集团	上汽大通	中欧校友CMO俱乐部
猛士科技	上汽大众	中欧校友电子半导体协会（筹）
飞书	上汽通用	中欧校友汽车产业协会
谷元文创科技	思爱普	中欧校友人力资源管理研究会（上海）
广汽丰田	腾讯	众引传播
广汽集团	天津（西青）国家级车联网先导区	南京隼眼电子科技
湖北（襄阳）国家级车联网先导区	通用汽车/道朗格平台	上海莫吉娜
江苏菲沃泰纳米科技	PP停车	永达汽车
岚图汽车	睿博光电	Smart
联通智网	悠跑科技	玛仕迪电气技术
流金岁月传媒科技	蔚来汽车	上海市管理科学学会管理思想践行专业委员会博桥项目
中国（上海）自由贸易试验区管理委员会金桥管理局	金桥股份	

"日本经营之圣"稻盛和夫经营实录
（共6卷）
跨越世纪的演讲实录，见证经营之圣的成功之路

书号	书名	作者
978-7-111-57079-0	赌在技术开发上	[日]稻盛和夫
978-7-111-57016-5	利他的经营哲学	[日]稻盛和夫
978-7-111-57081-3	企业成长战略	[日]稻盛和夫
978-7-111-59325-6	卓越企业的经营手法	[日]稻盛和夫
978-7-111-59184-9	企业家精神	[日]稻盛和夫
978-7-111-59238-9	企业经营的真谛	[日]稻盛和夫

最新版
"日本经营之圣"稻盛和夫经营学系列
任正非、张瑞敏、孙正义、俞敏洪、陈春花、杨国安 联袂推荐

序号	书号	书名	作者
1	978-7-111-63557-4	干法	[日]稻盛和夫
2	978-7-111-59009-5	干法(口袋版)	[日]稻盛和夫
3	978-7-111-59953-1	干法(图解版)	[日]稻盛和夫
4	978-7-111-49824-7	干法(精装)	[日]稻盛和夫
5	978-7-111-47025-0	领导者的资质	[日]稻盛和夫
6	978-7-111-63438-6	领导者的资质(口袋版)	[日]稻盛和夫
7	978-7-111-50219-7	阿米巴经营(实战篇)	[日]森田直行
8	978-7-111-48914-6	调动员工积极性的七个关键	[日]稻盛和夫
9	978-7-111-54638-2	敬天爱人:从零开始的挑战	[日]稻盛和夫
10	978-7-111-54296-4	匠人匠心:愚直的坚持	[日]稻盛和夫 山中伸弥
11	978-7-111-57212-1	稻盛和夫谈经营:创造高收益与商业拓展	[日]稻盛和夫
12	978-7-111-57213-8	稻盛和夫谈经营:人才培养与企业传承	[日]稻盛和夫
13	978-7-111-59093-4	稻盛和夫经营学	[日]稻盛和夫
14	978-7-111-63157-6	稻盛和夫经营学(口袋版)	[日]稻盛和夫
15	978-7-111-59636-3	稻盛和夫哲学精要	[日]稻盛和夫
16	978-7-111-59303-4	稻盛哲学为什么激励人:擅用脑科学,带出好团队	[日]岩崎一郎
17	978-7-111-51021-5	拯救人类的哲学	[日]稻盛和夫 梅原猛
18	978-7-111-64261-9	六项精进实践	[日]村田忠嗣
19	978-7-111-61685-6	经营十二条实践	[日]村田忠嗣
20	978-7-111-67962-2	会计七原则实践	[日]村田忠嗣
21	978-7-111-66654-7	信任员工:用爱经营,构筑信赖的伙伴关系	[日]宫田博文
22	978-7-111-63999-2	与万物共生:低碳社会的发展观	[日]稻盛和夫
23	978-7-111-66076-7	与自然和谐:低碳社会的环境观	[日]稻盛和夫
24	978-7-111-70571-0	稻盛和夫如是说	[日]稻盛和夫
25	978-7-111-71820-8	哲学之刀:稻盛和夫笔下的"新日本 新经营"	[日]稻盛和夫